Bernard Braun, Tanja Klenk,
Uwe Klemens (Hrsg.)

SELBST verwalten!

Wie Ehrenamtliche unser
Gesundheitswesen mitgestalten

Verlag W. Kohlhammer

Dieses Werk einschließlich aller seiner Teile ist urheberrechtlich geschützt. Jede Verwendung außerhalb der engen Grenzen des Urheberrechts ist ohne Zustimmung des Verlags unzulässig und strafbar. Das gilt insbesondere für Vervielfältigungen, Übersetzungen, Mikroverfilmungen und für die Einspeicherung und Verarbeitung in elektronischen Systemen.

Die Wiedergabe von Warenbezeichnungen, Handelsnamen und sonstigen Kennzeichen in diesem Buch berechtigt nicht zu der Annahme, dass diese von jedermann frei benutzt werden dürfen. Vielmehr kann es sich auch dann um eingetragene Warenzeichen oder sonstige geschützte Kennzeichen handeln, wenn sie nicht eigens als solche gekennzeichnet sind.

Es konnten nicht alle Rechtsinhaber von Abbildungen ermittelt werden. Sollte dem Verlag gegenüber der Nachweis der Rechtsinhaberschaft geführt werden, wird das branchenübliche Honorar nachträglich gezahlt.

Dieses Werk enthält Hinweise/Links zu externen Websites Dritter, auf deren Inhalt der Verlag keinen Einfluss hat und die der Haftung der jeweiligen Seitenanbieter oder -betreiber unterliegen. Zum Zeitpunkt der Verlinkung wurden die externen Websites auf mögliche Rechtsverstöße überprüft und dabei keine Rechtsverletzung festgestellt. Ohne konkrete Hinweise auf eine solche Rechtsverletzung ist eine permanente inhaltliche Kontrolle der verlinkten Seiten nicht zumutbar. Sollten jedoch Rechtsverletzungen bekannt werden, werden die betroffenen externen Links soweit möglich unverzüglich entfernt.

1. Auflage 2022

Alle Rechte vorbehalten
© W. Kohlhammer GmbH, Stuttgart
Gesamtherstellung: W. Kohlhammer GmbH, Stuttgart

Print:
ISBN 978-3-17-041722-9

E-Book-Formate:
pdf: ISBN 978-3-17-041723-6
epub: ISBN 978-3-17-041724-3

Kohlhammer

Inhalt

Zum Geleit 9
Hubertus Heil (MdB), Bundesminister für Arbeit und Soziales

Zur Einführung 11
Uwe Klemens

Wer oder was ist die Soziale Selbstverwaltung?

Geschichte der Selbstverwaltung 23
Bernard Braun

Die ökonomische Vernunft der Selbstverwaltung 42
Hartmut Reiners

Mehr Staat macht das System schwächer, nicht besser 53
Anne Thomas und Katrin Schöb

Zum Steuerungspotential sozialer Selbstverwaltung
im Spannungsfeld zwischen Markt und Staat 58
Thomas Wüstrich

Die Selbstverwaltung im System des Gesundheitswesens 71
Claudia Maria Hofmann

Die Soziale Selbstverwaltung und ihre Wahrnehmung
in den Medien 92
Tim Szent-Ivanyi

Soziale Selbstverwaltung als bürgerschaftliches Engagement:
Wer sind die Selbstverwalter? Was motiviert sie? 102
Interview mit Jürgen Schuder und Elvisa Kantarevic

Ein Blick in das Nachbarland: Soziale Selbstverwaltung
in Österreich 106
Tanja Klenk

Was die Soziale Selbstverwaltung leistet

Selbstverwaltung soll Sozialleistungen gestalten! 121
Harry Fuchs

»Alle Entscheidungen von grundsätzlicher Bedeutung«:
Möglichkeiten des Verwaltungsrates bei der Mitgestaltung
im Leistungsrecht 136
Dieter Schröder und Luise Klemens

Rechtsschutz und Selbstverwaltung: Widerspruchsausschüsse
in der Sozialversicherung 141
Armin Höland und Felix Welti

Das Ohr an der Basis: Aus der Praxis der Widerspruchsausschüsse 153
Roland Schultze im Interview

Der politische Umgang mit der Corona-Pandemie.
Ein Blick auf das kollektive Risikomanagement aus Sicht
der Selbstverwaltung 157
Anke Fritz

Legitimation und Legitimationsmängel der Sozialen
Selbstverwaltung 161
Thomas Gerlinger

Die Sozialwahlen als Fundament der Sozialen Selbstverwaltung

Die drittgrößte Wahl in Deutschland: Ablauf, Anspruch, Realität und Weiterentwicklung der Sozialwahlen durch Online-Wahlen 179
Rita Pawelski

Ist die Selbstverwaltung im 21. Jahrhundert angekommen? Zumindest wird sie weiblicher! 183
Ulrike Hauffe

Soziale Selbstverwaltung zwischen Legitimationszweifeln und Innovationsstau 190
Winfried Kluth

Verfassungsmäßigkeit von Online-Wahlen im Rahmen der Sozialwahlen 204
Hans-Jürgen Papier

Raus aus der Dauerkrise der Sozialwahlen – Trendwende durch E-Voting? 215
Christian Schreiner und Nadin Fromm

Ausblick

Einflussverluste und Reformpotenziale in der Sozialen Selbstverwaltung der gesetzlichen Krankenkassen 233
Wolfgang Schroeder

Die Zukunft der Sozialen Selbstverwaltung 247
Peter Weiß

Anhang

Die Autorinnen und Autoren 255

Zum Geleit

Hubertus Heil (MdB), Bundesminister für Arbeit und Soziales

Es scheint fast ein sich wiederholendes Ritual zu sein: Alle sechs Jahre, wenn die Sozialversicherungswahlen stattfinden, melden sich die Kritiker zu Wort. Die Vorwürfe lauten: »Zu teuer.« »Zu intransparent.« »Zu kompliziert.« Mich stimmt diese Kritik nachdenklich. Denn sie wird der gesellschaftspolitischen Bedeutung der Sozialversicherungswahlen nicht gerecht. Und auch nicht der ehrenamtlichen Arbeit der vielen Selbstverwalter:innen.

Die Sozialversicherungswahlen sind gelebte Demokratie. Die Selbstverwaltung in der Sozialversicherung steht für unseren demokratischen Sozialstaat. Sie garantiert die Unabhängigkeit der Sozialversicherungsträger gegenüber der staatlichen Verwaltung. Etwa 50 Millionen Bürger:innen sind bei den Wahlen wahlberechtigt. Damit sind sie die größten Wahlen in Deutschland nach der Europawahl und der Bundestagswahl.

Auch 2023 finden die Wahlen wieder statt. Zum zwölften Mal und genau 70 Jahre nach den ersten Sozialversicherungswahlen der Nachkriegszeit. Dabei sind einige Dinge neu. Die Bundesregierung hat in der vergangenen Wahlperiode auf viele Kritikpunkte reagiert und verschiedene Verbesserungen umgesetzt. Fünf Dinge sind mir dabei ganz besonders wichtig:

Erstens: Wir sorgen für mehr Urwahlen. Das Unterschriftenquorum wurde gesenkt. So wird ein erleichterter Zugang zu den Gremien bzw. Wahlen ermöglicht.

Zweitens: Die Sozialversicherungswahlen sollen noch bekannter gemacht werden. Das ist wichtig, damit sich künftig noch mehr Menschen an den Wahlen beteiligen. Deshalb soll die:der Bundeswahlbeauftragte künftig während ihrer:seiner gesamten Amtszeit über die

Sozialversicherungswahlen und die Arbeit der Selbstverwaltungsorgane informieren.

Drittens: Wir wollen den Frauenanteil in der Selbstverwaltung steigern. So gibt es künftig bei den Vorschlagslisten für die Vertreterversammlungen und Vorstände der Renten- und Unfallversicherungsträger eine Geschlechterquote. Diese Vorschlagslisten sollen zu mindestens 40 % aus Frauen bestehen. Bei den Verwaltungsräten der Krankenkassen gibt es diese Quote von 40 % bereits.

Viertens: Die gewählten ehrenamtlichen Selbstverwalter:innen haben nun einen Anspruch auf Freistellung und Fortbildung. Das ist notwendig, denn die fachlichen Anforderungen an die Selbstverwaltung steigen.

Fünftens: Zur Modernisierung der Sozialversicherungswahlen gehört auch die Digitalisierung. Bei den nächsten Wahlen werden wir daher eine Premiere erleben: die Erprobung von Online-Wahlen. Zunächst ausschließlich für die Organe der gesetzlichen Krankenkassen. Ich bin gespannt, welche Schlussfolgerungen sich daraus ableiten lassen.

Abschließend wünsche ich diesem Buch eine große Beachtung. Gerade im Vorfeld der Sozialwahlen 2023 bietet es vielfältige Denkanstöße. Und es schafft eine gute Grundlage, um über die Zukunft der Sozialen Selbstverwaltung zu diskutieren. Wir brauchen diese Diskussion. Denn die Selbstverwaltung in der Sozialversicherung ist wichtiger, als viele meinen.

Zur Einführung

Uwe Klemens

Sozialwahlen gehören zum Grundstock der Demokratie in Deutschland. Das Sozialgesetzbuch legt es fest: Alle sechs Jahre werden Versicherte und Arbeitgeber aufgefordert, ihre Vertreter:innen in die Sozialparlamente der Sozialversicherungsträger zu wählen und damit die Soziale Selbstverwaltung neu zu konstituieren. Bei den Kranken- und Pflegekassen sind das die Verwaltungsräte, die über Grundsatzentscheidungen zu beschließen haben, etwa über die Festlegung des Beitragssatzes oder über wichtige Versorgungsverträge oder besondere Leistungen (Satzungsleistungen) für Versicherte. Aber auch politisch bringen sich die Vertreter:innen ein, um die Interessen der Versicherten und Arbeitgeber zu vertreten. Damit stellen die ehrenamtlich tätigen Selbstverwalter:innen sicher, dass die hauptamtliche Verwaltung versichertenorientiert und praxisnah entscheidet. Sie sorgen für eine qualitativ hochwertige, umfassende und bezahlbare Gesundheitsversorgung – und das unabhängig von politischen Erwägungen oder Konstellationen. Durch die Sozialwahl ist ihr Handeln zudem auf breiter Basis demokratisch legitimiert.

Auch 2023 finden die Sozialwahlen wieder statt; es handelt sich dabei um die drittgrößten Wahlen in Deutschland nach den Bundestags- und Europawahlen. Bei den Ersatzkassen (TK, Barmer, DAK-Gesundheit, KKH, hkk und HEK) werden die Versichertenvertreter:innen traditionell durch Urwahlen bestimmt, das heißt die Versicherten können ihre Vertreter:innen direkt bestimmen. Ein urdemokratisches Prinzip, das jetzt – neben der Briefwahl – erstmalig durch die Option der Online-Wahl besonders unterstrichen wird. Alle Ersatzkassen mit etwa 22 Millionen Wahlberechtigten beteiligen sich 2023 an diesem Modellversuch, mit dem gerade die jüngeren Wähler:innengruppen angesprochen und die Wahlen modernisiert werden sollen.

Das deutsche Modell der gesetzlichen Sozialversicherung bzw. Krankenversicherung (GKV) ist weltweit sehr selten. Die Sozialversicherungen gehören in Deutschland nicht dem Staat, auch wenn sie als staatsmittelbare Verwaltung hoheitliche Aufgaben umsetzen. Sie sind auch keine privatwirtschaftlichen Unternehmen mit der Absicht, Gewinne zu erzielen. Die Sozialversicherungen werden durch die Versicherten und die Arbeitgeber finanziert und gesteuert, also durch die Betroffenen selbst. Sie organisieren die Versicherungen füreinander und miteinander. So ist sichergestellt, dass die soziale Absicherung gegen Risiken wie Krankheit oder Alter weder allein dem freien Markt noch dem Staat überlassen wird. Die Betroffenen verwalten ihre Versicherungen selbst mit. Dafür wählen sie ehrenamtliche Selbstverwalter:innen in die Gremien der Versicherungsträger.

Seit Bestehen der gesetzlichen Krankenversicherung (1883) hat sich dieses auf Konsens und Mitbestimmung beruhende Prinzip bewährt. Es hat zwei Weltkriege sowie die Wiedervereinigung überstanden, viele Wirtschaftskrisen und auch Pandemien bewältigt. Es hat ganz entscheidend dazu beigetragen, dass der soziale Frieden in Deutschland gewahrt bleibt.

Wenn 2023 die jetzige Amtsperiode endet, werden die Versichertenparlamente auf eine arbeitsreiche Zeit zurückblicken. Das zeigt ein Blick in die bisher schon geleistete Arbeit, bei der der Fokus auf den Themen Digitalisierung, Prävention und Pflege lag. Die Vertreter:innen der Sozialen Selbstverwaltung haben sehr viele wegweisende Entscheidungen in den Verwaltungsräten der Ersatzkassen getroffen. So bereiteten die Verwaltungsräte den Weg, um die elektronische Patientenakte und die digitale Arbeitsunfähigkeitsbescheinigung einzuführen, und sie beschlossen zahlreiche kassenspezifische Digitalangebote wie Gesundheits-Apps. Sie brachten neue Präventions-Satzungsleistungen, wie Vorsorgeuntersuchungen für Menschen mit Risikofaktoren, ebenso auf den Weg wie besondere Projekte zur Unterstützung pflegender Angehöriger, etwa den Pflegelotsen oder den Pflegecoach. Die Selbstverwaltung half maßgeblich mit, die Corona-Krise zu bewältigen. An vielen unbürokratischen Regelungen für die medizinische Versorgung unter Pandemiebedingungen, wie etwa die Krankschreibung per Telefon, war sie mit beteiligt. Sie setzte sich zudem dafür ein, dass die Versicherten finanziell entlastet werden: Seit 2019 werden die Beiträge zur Krankenversicherung wieder zur Hälfte von Arbeitgebern und Arbeitnehmer:innen gezahlt. Eine Reform des Finanzausgleichs zwischen den Krankenkassen sorgt seit 2021 für mehr Gerechtigkeit.

Die Soziale Selbstverwaltung muss sich immer wieder in Auseinandersetzung mit dem Staat dafür einsetzen, dass ihre Rechte erhalten bleiben. Eingriffe in diese Rechte fanden vor allem in der letzten Legislaturperiode von 2017 bis 2021 in einem nicht zu tolerierenden Ausmaß statt. Der von der Regierung verordnete Abbau der Kassenrücklagen, um die drohende Finanzlücke in der gesetzlichen Krankenversicherung zu schließen, war ein massiver Eingriff in die finanziellen Entscheidungskompetenzen der Selbstverwaltung und darf sich keinesfalls wiederholen. Die Abschaffung der Sozialen Selbstverwaltung im Verwaltungsrat des GKV-Spitzenverbandes konnte nach heftiger, auch öffentlicher Kritik verhindert werden. Ebenso bleibt die Soziale Selbstverwaltung weiterhin an zentraler Stelle in den Verwaltungsräten der Medizinischen Dienste eingebunden. Die Selbstverwaltung nutzte auch den Rechtsweg, Staatshandeln zu hinterfragen. Sie hat die rechtswidrige Finanzierung der Bundeszentrale für gesundheitliche Aufklärung aus Mitteln der GKV beklagt. Und durch das Bundessozialgericht Recht bekommen.

Gut ist es, dass die Politik die Rahmenbedingungen für die Sozialwahlen gesetzlich weiterentwickelt hat. Für Selbstverwalter:innen gibt es nun einen verbesserten Anspruch auf Freistellung von der Arbeit für die Teilnahme an Sitzungen, zusätzliche Urlaubstage für Weiterbildungen und insbesondere eine verpflichtende Geschlechterquote von jeweils mindestens 40 % bei der Aufstellung von Vorschlagslisten für die Sozialwahlen. Außerdem wurde die Möglichkeit geschaffen, 2023 erstmals Online-Sozialwahlen durchzuführen.

Dies kann aber nur ein erster Schritt sein. Die Rahmenbedingungen für die ehrenamtlich Engagierten könnten beispielsweise über angemessene Steuerfreibeträge für die Aufwandsentschädigungen oder durch verbesserte Regularien für digitale Beschlussverfahren der Gremien weiter verbessert werden. Besonders wichtig ist, dass die politischen Eingriffe in die Handlungsautonomie der Sozialen Selbstverwaltung zukünftig unterbleiben. Die Entscheidungskompetenzen der gewählten Vertreter:innen der Versicherten und Arbeitgeber müssen respektiert und wieder ausgeweitet werden. Die auf Subsidiarität aufbauenden Handlungs- und Entscheidungsstrukturen in der GKV sollten als unumstößlicher Grundsatz zukünftig von den politischen Entscheidungsträger:innen akzeptiert werden.

Die Soziale Selbstverwaltung für die Zukunft gut aufzustellen, setzt auch ein breiteres Verständnis in der Bevölkerung und mehr öffentliche Aufmerksamkeit voraus. Dieses Anliegen soll das vorliegende Buch unterstützen. Der Sammelband hat den Anspruch, erstmalig die Soziale Selbstverwaltung im Gesundheitswesen in ihren vielen Facetten zusammenhängend und umfassend zu erläutern. Mit dem Buch ist ein Grundlagenwerk entstanden, das sich überblicksartig mit Geschichte, Arbeitsweise, Bedeutung und Entwicklungstendenzen der Sozialen Selbstverwaltung beschäftigt. Der Schwerpunkt der Abhandlungen liegt auf der gesetzlichen Krankenversicherung. Darüber hinaus stellen die Beiträge Bezüge zur Gemeinsamen Selbstverwaltung im Gesundheitswesen her, die es in der Zusammenarbeit der Krankenkassen untereinander, wie auch mit Ärzt:innen, Krankenhäusern und weiteren Leistungserbringern gibt.

Das Buch richtet sich an alle Akteure aus der Politik und dem Gesundheitswesen, an Wissenschaftler:innen, Journalist:innen und an alle politisch Interessierten, die sich mit dem Thema befassen (möchten).

Ich freue mich sehr, dass es gelungen ist, Prof. Dr. Tanja Klenk und Dr. Bernard Braun als Mitherausgebende für das Buch zu gewinnen. Sie haben mit großem Engagement und profunden Fachkenntnissen an dem Projekt gearbeitet, die Autor:innenansprache übernommen und sich selbst mit wissenschaftlichen Beiträgen in das Buch eingebracht. Viele verschiedene Akteur:innen befassen sich aus ganz unterschiedlichen Blickwinkeln und Professionen hauptamtlich und ehrenamtlich mit dem Thema. Diese verschiedenen Blickwinkel wollten wir zusammenbringen und haben dafür renommierte Wissenschaftler:innen ebenso gewinnen können wie Vertreter:innen der Politik, einen Medienvertreter und die Ehrenamtler:innen selbst – die Vertreter:innen der Versicherten und Arbeitgeber, die uns einen umfassenden Einblick in ihre Tätigkeit geben.

Unser Buch ist in vier große Abschnitte gegliedert. Zunächst erläutern wir aus unterschiedlichen Blickwinkeln, was die Soziale Selbstverwaltung ausmacht und wer die in ihr handelnden Akteure sind.

Bernard Braun schaut zurück auf die Anfänge der Sozialen Selbstverwaltung im wilhelminischen Kaiserreich und skizziert ihre Entwicklung bis heute. Er beschreibt die gesetzliche Krankenversicherung als ein »atmendes System« mit einem per Gesetz mehr oder weniger weit gefassten Rahmen, in dem die Soziale Selbstverwaltung ihre Handlungsmöglichkeiten zu bestimmten Zeiten mehr oder auch weniger ausschöpfte. Wie und wodurch dieses System in den bisher 139 Jahren funktionierte, wird an verschiedenen Beispielen näher beleuchtet.

Der Ökonom Hartmut Reiners geht der Frage nach, wie unser Gesundheitssystem mit den steigenden Kosten umgehen kann. Damit könne die gesetzliche Krankenversicherung effektiver umgehen als die immer wieder ins Spiel gebrachte private Krankenversicherung oder gar der Staat per Steuerfinanzierung. Einen Systemwechsel zu einem steuerfinanzierten Gesundheitswesen hielte er für grundfalsch, weil dadurch vor allem einkommensschwächere Schichten belastet würden. Zugleich mahnt Reiners, endlich unnötige Ausgaben zu vermeiden, z. B. durch die Schaffung einer sektorenintegrierende Versorgungsstruktur.

Anne Thomas und Katrin Schöb aus dem Verwaltungsrat der Techniker Krankenkasse (TK) setzen sich mit den zunehmenden Eingriffen der Regierung in die Kompetenzen der Sozialparlamente auseinander. Sie appellieren an die politischen Entscheidungsgremien, die Soziale Selbstverwaltung wieder als Partner zu begreifen statt als Konkurrenz, die es zurückzudrängen gilt. Nachhaltigkeit im Gesundheitswesen brauche das Miteinander und den Interessenausgleich.

Thomas Wüstrich beschäftigt sich mit dem Steuerungspotential der Sozialen Selbstverwaltung im Spannungsfeld zwischen Markt und Staat. Wer die Selbstverwaltung stärken wolle, müsse auch den Blick auf die Ergebnisse des Selbstverwaltungshandelns richten, argumentiert er. Legitimation erhalte die Soziale Selbstverwaltung nicht nur durch die regelmäßig stattfindenden Sozialwahlen (Input-Legitimation), sondern auch durch ein versicherten- und patientenorientiertes Handeln (Output-Legitimation). Um die Output-Legitimation zu verbessern, brauche es weitere Reformen.

Claudia Maria Hofmann erläutert die Umsetzung des Prinzips der Selbstverwaltung im Gesundheitswesen insgesamt. Im Zentrum ihres Beitrags steht eine umfassende Darstellung der Selbstverwaltung in den Verwaltungsräten in der gesetzlichen Krankenversicherung. Sie informiert aber auch über die ebenfalls selbstverwalteten Kassen(zahn)ärztlichen Vereinigungen, die Selbstverwaltung der sogenannten Freien Berufe und die Gemeinsame Selbstverwaltung im Gemeinsamen Bundesausschuss einschließlich seiner wissenschaftlichen Institute bis hin zu der für die Telematikinfrastruktur im Gesundheitswesen zuständigen gematik.

Für Harry Fuchs, der selbst Erfahrungen als Versichertenvertreter in einer Ersatzkasse gemacht hat, ist die Gestaltung der gesundheitlichen Verhältnisse der Versicherten die vorrangige Aufgabe der Verwaltungsräte der Krankenkassen. Der Gesetzgeber habe diese Aufgabe zwar weitgehend der Gemeinsamen Selbstverwaltung, d. h. dem Gemeinsamen Bundesausschuss (G-BA), übertragen, doch trotzdem verfüge die Selbstverwaltung von Krankenkassen noch über wichtige Gestaltungsspielräume, z. B. durch die Gestaltung der Satzung, die Zuständigkeit für Entscheidungen von grundsätzlicher Bedeutung für die Kasse und im Rahmen des Haushaltsrechts. Fuchs plädiert in diesem Zusammenhang dafür, die Aufgabenverteilung zwischen Kassenselbstverwaltung und Kassenverwaltung durch eine Stärkung der Selbstverwaltung zu konkretisieren.

Dieter Schröder und Luise Klemens vom Verwaltungsrat der DAK-Gesundheit nähern sich diesem Thema aus der Perspektive der Sozialparlamente selbst. Sie analysieren, welcher Spielraum den Verwaltungsräten verbleibt, um im engen Rahmen der gesetzlichen Vorgaben ganz praktisch auf die Versorgung der Versicherten Einfluss zu nehmen. Dabei kommen sie zu dem Schluss, dass die Selbstverwaltung durchaus über Möglichkeiten verfügt – sie müssten nur kreativ genutzt werden.

Tanja Klenk wirft in ihrem Beitrag einen Blick in unser Nachbarland Österreich. Auch dort ist das Sozialversicherungssystem nach dem Modell der Sozialen Selbstverwaltung strukturiert, und auch dort wird intensiv über Reformen diskutiert. Im Unterschied zu Deutschland entscheidet sich Österreich jedoch für eine weitere Zentralisierung von Entscheidungskompetenzen sowie für eine Reduktion der Selbstverwaltungsgremien, während die Verbesserung der direkten Partizipationsmöglichkeiten der Versicherten praktisch keine Rolle spielt.

Tim Szent-Ivanyi, Hauptstadtjournalist für das Redaktionsnetzwerk Deutschland, beschreibt das Verhältnis von Sozialer Selbstverwaltung und Medien in Deutschland. Die Selbstverwaltung sei in der Öffentlichkeit weitgehend unsichtbar, konstatiert er; viele Informationen blieben nur an der Oberfläche, es mangele an Transparenz. Der Autor gibt zugleich Anregungen, wie die Wahrnehmung der Selbstverwaltung in der Öffentlichkeit verbessert werden könnte, und wirbt für eine baldige öffentliche Debatte darüber, wie Repräsentation und staatsferne Selbstverwaltung im 21. Jahrhundert aussehen sollten.

Jürgen Schuder und Elvisa Kantarevic aus dem Verwaltungsrat der Hanseatischen Ersatzkasse (HEK) sprechen in einem Interview darüber, woher die Frauen und Männer kommen, die sich in den Sozialparlamenten engagieren, was sie motiviert und auch was sie frustriert. Sie stellen sich zugleich der Frage, wie sich die Soziale Selbstverwaltung ändern muss, um ein echter Spiegel der Gesellschaft zu sein.

Im zweiten großen Abschnitt unseres Buches geht es um die Frage, was die Soziale Selbstverwaltung für die Versicherten und die Arbeitgeber tagtäglich leistet.

Armin Höland und Felix Welti würdigen in ihrem Beitrag die Widerspruchsausschüsse als ein zentrales Element der (Selbst-)Kontrolle von Rechtmäßigkeit und Zweckmäßigkeit der Verwaltungsentscheidungen von Sozialversicherungsträgern. Sie zeigen, dass diese Ausschüsse einen maßgeblichen Beitrag für eine gelingende Kommunikation zwischen Versicherten und den Sozialversicherungsträgern und ihrer Selbstverwaltung spielen können. Zugleich weisen sie darauf hin, dass die Arbeitsbedingungen und Arbeitsweisen der Widerspruchsausschüsse bei den Sozialversicherungsträgern höchst unterschiedlich ausgestaltet sind – ein Fakt, der in der Diskussion über die Reform der Sozialen Selbstverwaltung bislang zu wenig Aufmerksamkeit erfahren habe.

Gleich im Anschluss berichtet Roland Schultze, Vorsitzender des Verwaltungsrates der Handelskrankenkasse (hkk) und seit fast 30 Jahren Mitglied eines Widerspruchsausschusses, aus der Praxis dieser Gremien. Er erläutert die Arbeitsabläufe, beschreibt die Ermessensspielräume und erklärt auch, wie die in den Widerspruchsausschüssen gesammelten Erfahrungen von den Krankenkassen im Sinne der Versicherten aufgegriffen werden.

Anke Fritz aus dem Verwaltungsrat der Kaufmännischen Krankenkasse (KKH) analysiert in ihrem Beitrag die Rolle der Kassen bei der Bekämpfung der Corona-Pandemie. Sie kritisiert in diesem Zusammenhang, dass die Stärken der bürgernahen Selbstverwaltung nicht wirklich genutzt worden seien, und sie stellt die Frage, welche geltenden Regelungen im Datenschutzrecht die zeitgemäße Ausgestaltung des Gesundheitswesens eher behindern als fördern.

Thomas Gerlinger greift die bereits von Thomas Wüstrich getroffene und untersuchte Unterscheidung zwischen Input- und Output-Legitimation der Sozialen Selbstverwaltung noch einmal auf. Er reflektiert die vielfältige und anhaltende Kritik am Zustand beider Verfahren, vergleicht Ur- und Friedenswahlen, beschreibt Staatseingriffe und Dominanz der hauptamtlichen Vorstände und problematisiert die Interessendivergenz zwischen Versicherten und Patienten. Gerlinger verweist auf Beispiele, die zeigen, dass effektive Selbstverwaltungsarbeit möglich ist. Um daraus einen Regelfall werden zu lassen, müssten aber Makrostrukturen der gesetzlichen Krankenversicherung umgestaltet und die Versichertenvertreter:innen gezielt gestärkt werden.

Der dritte Abschnitt des Buches widmet sich den Sozialwahlen, aus denen die Selbstverwalter:innen die Legitimation für ihr Wirken ableiten.

Lebhaft schildert Rita Pawelski, die frühere Bundeswahlbeauftragte für die Sozialversicherungswahlen, wie sie zu ihrem Amt kam. Die Soziale Selbstverwaltung beschreibt sie als einen »Diamanten«, der freilich noch den einen oder anderen Schliff benötige. Pawelski beschreibt die Reformen der Sozialwahlen, die sie während ihrer Amtszeit bereits umsetzen konnte, z. B. die Einführung einer Online-Wahloption, und sie lässt durchblicken, dass sie darauf hofft, bei den nächsten Sozialwahlen 2023 eine höhere Wahlbeteiligung zu erreichen.

Ulrike Hauffe, stellvertretende Vorsitzende des Verwaltungsrates der Barmer, fordert in ihrem engagierten Beitrag eine wirkliche Gleichberechtigung der Geschlechter in der bislang männlich dominierten Sozialen Selbstverwaltung. Es gelte, die Kenntnisse, Sichtweisen und Einschätzungen von Frauen von Anfang an einzubeziehen und ihre Expertise zu nutzen. Fortschritte seien in jüngster Zeit erkennbar, und zwar nicht nur die Einführung von Geschlechterquoten bei der Sozialwahl. Sie reichten aber bei weitem noch nicht aus.

Winfried Kluth, Jurist und ausgewiesener Experte für funktionale Selbstverwaltung, beschreibt die Sozialwahlen als eine verfassungsrechtlich gesicherte Konkretisierung des Demokratieprinzips im Sinne einer Betroffenen-Selbstverwaltung. Dazu müssten aber die Betroffenenvertreter:innen auch aktiv legitimiert sein und in Entscheidungen einbezogen werden. Insbesondere Urwahlen anstelle von Friedenswahlen seien ein wichtiger Beitrag zur Stärkung der Selbstverwaltung.

Hans-Jürgen Papier, ehemaliger Präsident des Bundesverfassungsgerichts, befasst sich mit der Verfassungsmäßigkeit von Online-Wahlen, wie sie – zunächst einmal als Modellprojekt – bei den Sozialwahlen der gesetzlichen Krankenversicherung stattfinden werden. Zentrale Bedeutung hätten dafür zwei Grundsätze: Haben möglichst alle Wahlberechtigten Zugang zur Wahl, und wird durch Online-Wahlen der Grundsatz der Öffentlichkeit beeinträchtigt? Wegen der herausragenden Bedeutung einer höheren Wahlbeteiligung, so lautet Papiers Schluss, sind Online-Wahlen in jedem Fall verfassungsrechtlich zu rechtfertigen.

Ob durch Online-Wahlen die Wahlbeteiligung tatsächlich gesteigert werden kann – das ist die Frage, mit der sich auch Christian Schreiner und Nadin Fromm in ihrem Beitrag beschäftigen. Sie sind vor dem Hintergrund der Erfahrungen mit Online-Wahlen in anderen Ländern vorsichtig optimistisch, machen aber auch deutlich, dass es mit der bloßen Verlagerung des Wahlaktes in das Medium Internet nicht getan ist. Um die Wahlbeteiligung dauerhaft stabil zu halten, sei es ebenso wichtig, durch Information und Kommunikation das Interesse für die Arbeit der Selbstverwaltung zu steigern.

Der letzte Abschnitt des vorliegenden Buches widmet sich den Perspektiven der Sozialen Selbstverwaltung. Wolfgang Schroeder, Politikwissenschaftler, aber auch mit Gesundheitspolitik-Erfahrung in einem Landesministerium, sieht aktuell ein Gelegenheitsfenster für die Weiterentwicklung der Sozialversicherung und auch der Sozialen Selbstverwaltung. Trotz Kompetenzdefiziten auf der Seite der Selbstverwalter:innen und eingeschränkten Entscheidungsmöglichkeiten der Selbstverwaltung sieht er eine Reihe von Reformpotenzialen. Dazu zählen eine Kompetenz- und Anreizoffensive, die Stärkung der Öffentlichkeitsarbeit und Versichertennähe, die Profilierung der Widerspruchsausschüsse, die Integration von Betroffeneninteressen und die Revitalisierung der Sozialwahlen.

Das Fazit dieses Bandes zieht Peter Weiß, Bundeswahlbeauftragter für die Sozialversicherungswahlen. Er verweist auf den Schlussbericht für die Sozialwahlen 2011, in dem bereits seine Vor-Vorgänger Gerald Weiß und Klaus Kirschner zahlreiche Reformvorschläge zur Weiterentwickelung der Sozialen Selbstverwaltung einbrachten. Viele dieser Vorschläge seien von den politisch Verantwortlichen als sinnvoll erachtet worden, harrten aber noch immer ihrer Umsetzung. Peter Weiß will seine Amtszeit daher auch dazu nutzen, um mit der Regierung und dem Parlament die Diskussion über die Modernisierung der Sozialen Selbstverwaltung weiter voranzutreiben. Wenn das hier vorliegende Buch einen Beitrag zu dieser Debatte leisten kann, dann hat sich die Arbeit für Frau Prof. Dr. Klenk, Herrn Dr. Braun und mich als Herausgebende und für unsere klugen und engagierten Mitautor:innen auf jeden Fall gelohnt.

Wer oder was ist die Soziale Selbstverwaltung?

Geschichte der Selbstverwaltung

Bernard Braun

Die Soziale Selbstverwaltung gehört zu den Kernelementen und Konstanten der 1883 gegründeten gesetzlichen Krankenversicherung (GKV). Umso unverständlicher ist, dass es keine empirische Darstellung ihrer gesamten Geschichte gibt. Beispiele für Aktivitäten der selbstverwalteten Krankenkassen (z. B. Wohnungsenquete in den 1920er-Jahren, Kassenwahlfreiheit ab 1996) zeigen, dass das Verhältnis des Gesetzgebers zu den durch eigene Wahlen legitimierten Vertreter:innen von Versicherten und Arbeitgebern, die den ihnen gesetzten Rahmen relativ autonom ausgestalten sollen, nicht ein für alle Mal festgeschrieben, sondern ein »atmendes« ist. So verengte oder erweiterte der Staat regelmäßig und in Abhängigkeit von gesellschaftspolitischen Verhältnissen den Handlungsrahmen für die Selbstverwaltung, schuf Gestaltungsmöglichkeiten oder schaffte sie ab. Die Selbstverwaltung erweiterte durch eigene Initiativen den ihr gesetzten Rahmen oder bewegte sich sogar mit Erfolg außerhalb von ihm, verlor aber auch Möglichkeiten durch zu lange Nichtbeschäftigung mit Gestaltungsmöglichkeiten. Die in anderen Politikfeldern zunehmende Bedeutung von Betroffenenbeteiligung z. B. durch Bürgerräte zeigt, dass eine Revitalisierung und Stärkung der Sozialen Selbstverwaltung nicht etwa nostalgisch, sondern modern und zeitgemäß wäre.

Die Selbstverwaltung gehört seit der Einführung des Selbstverwaltungsprinzips im 1883 verabschiedeten »Gesetz betreffend der Krankenversicherung der Arbeiter« sowie mit der 1911 verabschiedeten Reichsversicherungsordnung (RVO) und den erstmals 1913 in einer im weitesten

Sinne mit den heutigen Sozialwahlen vergleichbar durchgeführten Sozialwahlen zu den ältesten und dauerhaftesten konstitutiven Elementen der gesetzlichen Krankenversicherung.[1] Ohne die Jahre des Dritten Reichs, in denen gleich zu Beginn die oft linken und/oder jüdischen Selbstverwalter:innen oder Verwaltungskräfte in der GKV entlassen oder auch ermordet wurden und das Selbstverwaltungs- durch das Führerprinzip ersetzt wurde, und einigen Nachkriegsjahren, in denen es zahlreiche Debatten über die Wiedereinführung der vor 1933 existierenden Strukturen und Prinzipien, aber auch über radikale Alternativen (z. B. Einheits-Sozialversicherung) gab, umfasst ihre Geschichte bisher 121 Jahre. In dieser Zeit wirkten, durch eigenständige Sozialwahlen oder Absprachen zwischen den überwiegend demokratisch verfassten Trägerverbänden legitimiert, zwischen einem Maximum von weit über 100.000 ehrenamtlichen Versicherten- und Arbeitgebervertreterinnen in rund 23.000 Krankenkassen Ende des 19. und Anfang des 20. Jahrhunderts, 32.026 Versicherten- und 12.670 Arbeitgebervertreter:innen im Jahr 1932 (Weitere 94.494 bzw. 29.389 Vertreter:innen arbeiteten in den Ausschüssen [Ayaß 2013: 426; Statistik des Deutschen Reiches 1934: Bd. 443, 11]) und einem 2017 erreichten Minimum von 1.091 Versicherten- und 753 Arbeitgebervertreter:innen an einer Vielzahl von Aktivitäten, Ereignissen, inhaltlichen und personellen Weichenstellungen und Entscheidungen in einer stetig abnehmenden Anzahl von Krankenkassen (aktuell 97) mit (Bundesbeauftragte für die Sozialversicherungswahlen 2018: 10).

Trotzdem gibt es, mit Ausnahme der bereits 1976 erschienenen materialreichen, aber nur bis 1949 reichenden Studie Florian Tennstedts,[2] ei-

---

1 Vor 1913 wurden die Selbstverwaltungsmitglieder in Generalversammlungen mittels eines reinen Persönlichkeitswahlrechts oder auch Mehrheitswahlrechts gewählt. Mit der RVO wurde das Verhältniswahlrecht eingeführt und damit die Kandidatur von Listen. Nach diesem Modus wurde aber nur noch einmal, nämlich 1928, gewählt. Vgl. dazu ausführlicher Ayaß 2013.

2 Auch dieser Beitrag beschäftigt sich nur mit dem Wirken eines Teils der GKV und ihrer Selbstverwaltung und z. B. nicht mit dem Geschehen in den aus den schon vor 1883 zahlreich existierenden selbsthilfeartigen Hilfskassen entstandenen Ersatzkassen (Tennstedt 1977: 10): »Der Schwerpunkt der Darstellung liegt bei der Geschichte der Ortskrankenkassen sowie der Betriebskrankenkassen und ihrer Verbände.« Dies ist mit ein Grund, dass es über die möglicherweise innovative Nutzung

nigen Monographien (z. B. die als Festschrift zu 100 Jahre Kaiserliche Botschaft zur Sozialversicherung erschienene zu den »Verschütteten Alternativen in der Sozialpolitik« [Hansen et al. 1981]) oder verstreuten Aufsätzen weniger Autor:innen keine sozialhistorische Monographie zu ihrer Geschichte bis zur Gegenwart.[3] Dasselbe gilt auch für die Selbstverwaltung in anderen Sozialversicherungsträgern. Stattdessen taucht die Selbstverwaltung z. B. in der vom Bundesministerium für Arbeit und Soziales und dem Bundesarchiv in den Nullerjahren herausgegebenen und mit ihren elf Bänden an Umfang kaum zu übertreffenden *Geschichte der Sozialpolitik in Deutschland seit 1945* jeweils nur mehr oder weniger knapp in den Fachkapiteln zum Gesundheitswesen, der Unfallversicherung oder anderer sozialpolitischen Institutionen auf.[4] Ob dies am Mangel an berichtbaren Handlungen der Selbstverwaltung liegt oder daran, dass die meisten Debatten in der Selbstverwaltung und ihre Handlungen nicht öffentlich verlaufen oder nicht als ihre nach außen dringen, ist unklar, sollte aber genauer untersucht werden.

Aber selbst in eigenen Veröffentlichungen der gesetzlichen Krankenkassen und ihrer Verbände fällt die Darstellung der Geschichte der Selbstverwaltung quantitativ äußerst gering, inhaltlich lückenreich und blass aus. Beispielsweise umfasst der »Blick in die Geschichte« der Selbstverwaltung auf der Website der Techniker Krankenkasse je nach Endgerät etwas mehr oder weniger als 13 Zeilen und ein Überblick zur Geschichte der Sozialwahlen 20 Zeilen mit »einer Minute Lesezeit«.

---

von Handlungsmöglichkeiten durch eine vollständig oder überwiegend aus Versichertenvertreter:innen bestehende Selbstverwaltung über viele Jahrzehnte hinweg fast keine veröffentlichten Beispiele gibt. Aber auch an der Fortsetzung der Studie von Tennstedt für die Zeit nach 1949 gab und gibt es trotz einer besser werdenden Quellenlage anscheinend kein Interesse.

3 Für die letzten 50 Jahre sind auf der Website www.forum-gesundheitspolitik.de eine Reihe von Dokumenten, Gutachten, Studien zur Selbstverwaltung und den Sozialwahlen zusammengestellt worden, die laufend ergänzt werden. Sie sind mit den Suchbegriffen »Selbstverwaltung« und »Sozialwahlen« erhältlich.

4 Da die Bände nicht nur aus Fachkapiteln zu einzelnen Trägern oder sozialpolitischen Aufgaben bestehen, sondern auch übergreifende Kapitel z. B. zu den »Rahmenbedingungen« enthalten, wäre es kein Verstoß gegen das editorische Prinzip gewesen, die Selbstverwaltung von 1945/1951/1953 an bis in die Nullerjahre in einem eigenen Kapitel darzustellen.

Die Darstellung der »Geschichte der Selbstverwaltung« auf der Website des Verbands der Ersatzkassen (vdek) ist zwar etwas länger und gehaltvoller, enthält allerdings wesentlich mehr Informationen zu ihrer Vorgeschichte oder den fernen Gründungsjahren einzelner Ersatzkassen/Hilfskassen als Informationen über die gegenwärtige Selbstverwaltung.

Dies sieht bei anderen Institutionen nicht besser aus: So finden sich z. B. auf der Website des BMAS und des Spitzenverbandes Bund der GKV zwar immer wieder Hinweise auf die aktuelle Existenz der Selbstverwaltung, aber kein separater substantieller Überblick über ihre Geschichte. Und die »Kleine Geschichte der Selbstverwaltung« auf der Website des AOK-Bundesverbandes hangelt sich in 13 Zeilen durch die Zeit von 1881 bis 1996 entlang meist formaler Ereignisse (z. B. »1881 … Bismarck verliest im Reichstag die ›Kaiserliche Botschaft‹«) – ohne ein Wort zu ihrer sozialen Bedeutung und ihrer Leistungen zu verlieren.[5]

Warum und wie GKV mit Selbstverwaltung?

Die GKV wurde keineswegs nur gegründet, um »die Bevölkerung« besser gegen Krankheit zu schützen. Sie folgte in Wirklichkeit als »Zuckerbrot« der aus Sicht der damals Herrschenden misslingenden »Peitsche« des Sozialistengesetzes von 1878, das dann die Gründungen der ersten Sozialversicherungsträger nur bis 1890 überdauerte. Die *Kaiserliche Botschaft von 1881* räumte dies unumwunden ein:

»Schon im Februar dieses Jahres haben Wir Unsere Ueberzeugung aussprechen lassen, daß die Heilung der sozialen Schäden nicht ausschließlich im Wege der Repression sozialdemokratischer Ausschreitungen, sondern gleichmäßig auf dem der positiven Förderung des Wohles der Arbeiter zu suchen sein werde.« (Wilhelm I. 1881)

---

5 https://aok-bv.de/aok/selbstverwaltung/index_14937.html [Zugriff am 31.03.2022].

Die 1883 gegründete GKV richtete sich deswegen zunächst nur an ein Fünftel der Erwerbstätigen und an als besonders revolutionär erachtete, gewerbliche Arbeiter:innen und Angestellte. Da deren Familienangehörige zunächst nicht versichert waren, war nur knapp ein Zehntel der Bevölkerung in den Anfangsjahren bei ihr versichert (Hentschel 1983: 12). Der Anteil der GKV-Versicherten an der Gesamtbevölkerung erhöhte sich in den nächsten Jahrzehnten zwar, betrug aber z. B. auch noch 1929 erst 68 % (davon 20,17 Millionen beitragszahlende Mitglieder und 22 Millionen mitversicherte Familienangehörige) und betrug 2020/21 rund 88 % (davon 57 Millionen beitragszahlende Mitglieder und 16,3 Millionen mitversicherte Familienangehörige). Der Versicherungsschutz umfasste in der Anfangsphase der GKV außerdem vor allem Lohnersatzleistungen für den Krankheitsfall.

Warum die damals Herrschenden überhaupt eine gesetzliche Krankenversicherung mit Selbstverwaltung für notwendig und geeignet hielten und die auch damals diskutierten Alternativen privatwirtschaftlich-marktlicher oder unmittelbar staatlicher Art verwarfen, wie sie sich das Verhältnis von Staat und selbstverwalteten Krankenversicherung und anderen Trägern der sozialen Sicherung vorstellten, und wie sie ein Konstrukt schufen, das die Sozialpolitik und das Verhältnis von Staat und den selbstverwalteten Trägern bis zum heutigen Tag bestimmt, findet sich ebenfalls bereits in der *Kaiserlichen Botschaft*. Die dort geäußerte Hoffnung, mit der Gründung von Sozialversicherungsträgern »die Lösung auch von Aufgaben möglich zu machen, denen die Staatsgewalt allein in gleichem Umfange nicht gewachsen sein würde«, enthielt die bemerkenswert realistische Selbsterkenntnis, die damalige Staatsgewalt fühle sich allein für zu »schwach«, die oft mit Verteilungsfragen befassten, also konfliktträchtigen, sozialpolitischen Aufgaben ohne herrschaftsgefährdende soziale Folgen lösen zu können. Die daraus abgeleitete gezielte Übertragung von Verantwortung und Steuerungsrechten stellt also eigentlich einen positiven Beitrag zur Stabilisierung des noch jungen Nationalstaats und ein Zeichen der Stärke dar.

Als Lösung empfahl die *Kaiserliche Botschaft* den »engere[n] Anschluß an die realen Kräfte dieses Volkslebens und das Zusammenfassen der letzteren in der Form korporativer Genossenschaften unter staatlichem Schutz und staatlicher Förderung«.

Damit beschränkte sich der im Kaiserreich keineswegs grundsätzlich einer Beteiligung »des Volkes« zugeneigte Staat bzw. die unmittelbare Staatsverwaltung auf das Setzen des normativen und organisatorischen Rahmens (z. B. durch die körperschaftliche Rechtsform, Versicherungspflicht oder definierte Leistungen) für das konkrete Handeln der »Kräfte des Volkes« und auf die rechtliche Aufsicht. Dies ging aber nicht so weit, dass die selbstverwaltete GKV völlig autonom handeln konnte. Die gegenüber sich ändernden politischen und sozialen Rahmenbedingungen in vielerlei Hinsicht offene Grundkonstruktion bedeutete für die selbstverwaltete GKV so viele eigenverantwortliche und ergebnisoffene Handlungsmöglichkeiten, wie sozial und politisch nötig waren, und für den Staat so viele Mitgestaltungs- und Blockadegelegenheiten wie möglich. Die Selbstverwaltung war damals und ist bis heute nicht völlig autonom, sondern als mittelbare Staatsverwaltung nur relativ eigenständig.

Die Geschichte der Selbstverwaltung wird daher auch nicht durch ein für alle Zeiten festgeschriebenes Verhältnis zwischen Selbstverwaltung und Staat bestimmt. Vielmehr existiert eine Art interaktives »atmendes System« aus ständigen konsensualen, aber auch nicht-konsensualen Veränderungen, d. h. Erweiterungen und Verengungen des Verhältnisses von rahmensetzendem Staat und der den jeweiligen Rahmen eigenverantwortlich ausfüllenden Selbstverwaltung. Auch wenn der Handlungsrahmen der Selbstverwaltung zunächst durch die relativ abstrakte und oft unbestimmt gehaltene Gesetzgebung von außen bestimmt wird, bestimmt auch das, was die Selbstverwaltung selber aktiv von innen mit den innerhalb dieses Rahmens aus »vorgeschriebenen oder zugelassenen« (siehe dazu § 30 SGB IV) Aufgaben mit ihren jeweiligen Handlungsmöglichkeiten zu machen versucht oder macht, mit, wie weit oder eng er ist.

Dass und wie dieses »atmende System« funktionierte, d. h. zu welchen aus der Perspektive der Selbstverwaltung gelungenen, aber auch misslungenen Erweiterungen, Verengungen oder auch zum Verlust von Handlungsmöglichkeiten und -ergebnissen es bisher warum geführt hat, soll im Folgenden exemplarisch dargestellt werden.

Handlungsrahmen und Handlungsmöglichkeiten der GKV-Selbstverwaltung

Wie bei allen historischen Beispielen ist zu beachten, dass es sich um Antworten oder Reaktionen auf jeweils besondere soziale und politische Verhältnisse handelt, die zwar keine 1:1-Blaupausen für aktuelle Überlegungen und Initiativen darstellen, aber den Möglichkeitssinn (nach Robert Musil) bzw. »die Fähigkeit [schärfen], das zu denken, was sein könnte« (Lages 2021).

Primärpräventive Thematisierung sozialer Notlagen: Das Beispiel Wohnungsenquete 1903–1920/22

Ohne explizite gesetzliche Grundlage und allein durch die selbstbewusste Ausdehnung des von Regierungsseite und Kommentatoren gegen die hier näher betrachtete Selbstverwaltungsinitiative gerichteten Rahmens erstellte die *Berliner Ortskrankenkasse der Kaufleute, Handelsleute und Apotheker* von 1903 bis 1920/22 eine vorrangig aus Fotografien des Wohnungselends in Berlin bestehende Wohnungsenquete, also eine Form der Nachforschung und Darstellung der örtlichen Wohnungsverhältnisse.[6] Diese kontinuierliche Berichterstattung diente u. a. zur Information der behandelnden Kassenärzte über die Wohnverhältnisse vieler ihrer Patient:innen, der Agitation für den Bau von Krankenhäusern und Heilstätten, zur Begründung des Baus kasseneigener Lungenheilstätten und Ambulatorien und als Datenbasis für sozialhygienische Hand- und Lehrbücher. Dies gelang gegen alle Versuche, die Enquete als Geldverschwendung zu diskreditieren oder sie durch einen jahrelangen Rechtsstreit eines Landesverbands der Haus- und Grundbesitzervereine verbieten zu lassen.

Auch nachdem das Preußische Oberverwaltungsgericht den Krankenkassen das Recht oder die Pflicht zur Beschäftigung mit allgemeinen sozial- und gesellschaftspolitischen Aufgaben absprach, erstellte die AOK

---

6 Siehe Näheres in Sachße/Tennstedt 1982.

Berlin die Wohnungsenquete bis 1922 weiter. Die Folgen der Inflation und die Aufnahme der Wohnungsfürsorge als kommunale und staatliche Aufgabe in die Weimarer Verfassung trugen zum Ende der Enquete bei. Eine vergleichbare Wohnungsenquete gab es noch von der Ortskrankenkasse in Breslau, und reine Textausgaben erstellten die Ortskrankenkassen in Gera, Straßburg und Magdeburg.

Leistungssteuernde Strukturpolitik durch kasseneigene Ambulatorien und Kliniken 1923/24 bis 1953 bzw. 1991

Die bereits seit Anfang des 20. Jahrhunderts anhaltenden Auseinandersetzungen zwischen niedergelassenen Ärzt:innen und Krankenkassen über deren Zulassungsautonomie wurden zwar 1913 mit dem Berliner Abkommen befriedet, gipfelten aber nach Ablauf des auf zehn Jahre abgeschlossenen Abkommens 1923/24 in einem mehrmonatigen Ärztestreik. Als Reaktion gründeten AOKen in Berlin und in den Unterweserstädten eigene Ambulatorien oder Behandlungshäuser. Sie waren nicht nur dadurch geprägt, dass die dort tätigen Ärzt:innen bei den Krankenkassen angestellt waren, sondern auch dadurch, dass es sich um Ärzt:innen unterschiedlicher Fachrichtungen handelte (Hansen et al. 1981: 152–298; Wolff 1997). Ihre Bedeutung für die Machtverhältnisse zwischen Krankenkassen und Ärzt:innen und ihr sozialhygienischer Charakter rechtfertigen ihre Bewertung als »eine der wichtigsten Einrichtungen [...], die die Selbstverwaltung der Krankenversicherung in der Weimarer Republik entwickelt hat« (Tennstedt 1977: 150). Die Ambulatorien existierten in den genannten Städten und Regionen nur bis 1932. Nach 1945 wurden sie nur in der sowjetischen Besatzungszone reaktiviert, in den westlichen Besatzungszonen hingegen nicht, lediglich ab 1947 in West-Berlin – und auch dort wurden sie durch die massive standespolitisch motivierte und gesellschaftspolitisch gewollte Privatisierung der Anbieterstrukturen im Jahr 1953 wieder abgeschafft. Die neben den Ambulatorien teilweise schon vor dem ersten Weltkrieg gegründeten Eigenbetriebe wie z. B. kasseneigene Zahnkliniken oder Genesungsheime wurden zwar nach ihrer zwangsweisen Schließung im

Dritten Reich in der alten Bundesrepublik zum Teil wiedereröffnet, aber dann im Rahmen der die privaten Leistungserbringer begünstigenden Strukturpolitik wieder geschlossen.

In mehrfacher Hinsicht anders sahen die Versicherungs- und Versorgungsstrukturen in der sowjetischen Besatzungszone und späteren DDR aus. Zum einen war die Krankenversicherung Teil der vom Freien Deutschen Gewerkschaftsbund (FDGB) geführten und über ihn legitimierten Einheitssozialversicherung, und zum anderen erfolgte der größte Teil der gesundheitlichen Versorgung durch öffentliche Ambulatorien und Polikliniken zum Teil nach sowjetischen Muster.[7] Die mit der Wiedervereinigung historisch einmalig vorhandene Möglichkeit der vergleichenden Messung des gesundheitlichen, wirtschaftlichen und sozialen Nutzens zweier empirisch nebeneinander existierender Versicherungs- und Versorgungsysteme wurde u. a. auch wegen des mangelnden Interesses der selbstverwalteten GKV nicht genutzt.

Leistungssteuernde Strukturpolitik durch kasseneigene Heilmittelabgabestellen 1900–1981

Schon seit Ende des 19. Jahrhunderts kam es als Reaktion auf regionale Versorgungsmängel mit Arzneimitteln und Heilmitteln und aufgrund gesetzlicher Verpflichtungen für Krankenkassen und Leistungserbringer, ausreichende und wirksame Arzneimittel und Heilmittel zur Verfügung stellen zu müssen, zur Gründung von kasseneigenen Apotheken und Abgabestellen von Heilmitteln und sowie einer Heilmittelversorgungs-AG der Krankenkassen. Die Gründung von Sehbrillenabgabestellen wurde außerdem dadurch gerechtfertigt, dass sich bei standardisierten Testkäufen erhebliche Qualitätsmängel der Produkte von privatwirtschaftlichen Optikern zeigten (Tennstedt 1981). Auch diese Formen der Sicherstellung bedarfsgerechter und qualitätsgesicherter Leistungen durch Krankenkassen wurden im Dritten Reich zerschlagen und nur zum geringsten Teil in der alten Bundesrepublik wieder aufgebaut.

---

7 Diese Einschränkung deshalb, weil z. B. die Gründung der ersten Poliklinik in Deutschland 1810 durch C. W. Hufeland erfolgte und die Finanzierung in der DDR sich anders als in der Sowjetunion – aus mehreren Quellen speiste.

Die übriggebliebenen vier Sehbrillenabgabestellen der Ortskrankenkassen Düsseldorf, Emden, Essen und Leer und eine der Krupp-Betriebskrankenkasse wurden nach einem jahrelangen Rechtsstreit zwischen den Kassen und dem Verband der Optiker durch zwei Urteile des Bundesgerichtshofs (BGH) im Jahr 1981 geschlossen (BGH 1981).

Der Spielraum für Abgabestellen von selbstverwalteten Krankenkassen wurde mit folgender Begründung zu Gunsten einer ausschließlichen Leistungserbringung durch private Anbieter beseitigt: »Die Gewährung von Krankenpflege ist regelmäßig dahin gestaltet, daß die Krankenkassen die ihnen obliegenden Leistungen den Versicherten durch Rückgriff auf die eingerichteten freien Berufe zu verschaffen und nur in Ausnahmefällen selber zu erbringen haben. Das gilt auch für die Selbstabgabe von Brillen.« Dieses Verbot diene »dem Grundgedanken der Berufsfreiheit und der Freiheit des Einzelnen zu wirtschaftlicher Entfaltung (Art. 12 Abs. 1 GG) […] und der Förderung des Mittelstands« und verhindere die »Gefahr eines ruinösen Wettbewerbs«. (BGH 1981)

Erweiterung des Handlungsrahmens: Beispiel SGB V, IV und IX von 1989 bis heute

Der normative Rahmen der von 1911/13 bis 1989 für die GKV gültigen Reichsversicherungsordnung (RVO) war zunehmend zu eng, um den Wandel von einer überwiegend Geld- und Lohnersatzleistungen erbringenden Krankenversicherung zu einer Krankenversicherung zu bewältigen, die den zunehmenden Bedarf an Sach- und personalen Dienstleistungen befriedigt. Mit dem dazu 1989 verabschiedeten Fünften Sozialgesetzbuch (SGB V) oder dem 2001 in Kraft getretenen Neunten Sozialgesetzbuch (SGB IX) und einer Vielzahl weiterer Gesetze (29 Gesetze allein von 1992 bis 2017; Becker/Kingreen 2018: 13 ff.) erweiterte sich der Charakter und die Qualität des für die Handlungsmöglichkeiten und -aufgaben der Selbstverwaltung gesetzten Rahmens zunächst erheblich. Dies geschah vor allem durch die Aufnahme einer Reihe allgemeiner handlungsleitender sozial- und gesundheitspolitischer Ziele, die systematische Aufnahme von unbestimmten Rechtsbegriffen und von zahlreichen, explizit nicht abschließenden Aufzählungen (»insbesondere«) von dem, was die GKV tun sollte oder könnte.[8]

Zu den im SGB V und im SGB IX als allgemeine handlungsleitende Ziele für die selbstverwaltete GKV (und im Falle des SGB IX auch für die anderen sechs Rehabilitationsträger) und teilweise auch für die Leistungserbringer genannten Ziele gehören z. B. die Pflicht, durch »geeignete Maßnahmen« auf eine »humane Krankenbehandlung« (§ 70 SGB V) hinzuwirken, die »Krankenversicherung als Solidargemeinschaft« (§ 1 SGB V) zu verstehen, »auf gesunde Lebensverhältnisse hinzuwirken« (§ 1 SGB V) und präventive Leistungen anzubieten, die »insbesondere zur Verminderung sozial bedingter sowie geschlechtsbezogener Ungleichheit von Gesundheitschancen beitragen« (§ 20 SGB V).

Der auch bereits in einigen der zitierten Ziele enthaltene Verzicht auf eindeutige und konkrete Handlungsvorgaben und damit die Schaffung von Gestaltungsspielräumen (z. B. was sind »geeignete Maßnahmen«?) setzt sich in einer Vielzahl von Leistungsparagrafen der beiden Sozialgesetzbücher fort.

So ist z. B. den »religiösen Bedürfnissen der Versicherten« (§ 2 SGB V), den »besonderen Belangen behinderter und chronisch kranker Menschen« (§ 2a SGB V), den »geschlechtsspezifischen Besonderheiten« (§ 2b SGB V), den »besonderen Bedürfnissen behinderter und von Behinderung bedrohter Frauen und Kinder« (§ 1 SGB IX) und »den besonderen Bedürfnissen psychisch Kranker« (§ 27 SGB V) »Rechnung zu tragen«. »Krankenkassen und die Leistungserbringer« haben »eine bedarfsgerechte und gleichmäßige, dem allgemein anerkannten Stand der medizinischen Erkenntnisse entsprechende Versorgung der Versicherten zu gewährleisten. Die Versorgung der Versicherten muß ausreichend und zweckmäßig sein, darf das Maß des Notwendigen nicht überschreiten und muß in der fachlich gebotenen Qualität sowie wirtschaftlich« (§ 70

---

8 »Strukturell erweisen sich die unbestimmten Rechtsbegriffe als Delegation des Gesetzgebers an die Verwaltung – und im Falle des Rechtsstreits – als Delegation auch an die Gerichte; sie […] sollen das vage Gesetzesprogramm konkretisieren« (Rixen 2015: 62) und ermöglichen die »Feinsteuerung des Gesetzes seitens der Selbstverwaltung« (Rixen 2015: 63).

SGB V) erfolgen, ohne dass der Gesetzgeber sagt, wie und durch was dies geschehen soll.

Mit der nicht abschließenden Aufzählung – sie beginnt mit »insbesondere« – von Aufgaben und Befugnissen des Verwaltungsrats als aktuellem Selbstverwaltungsorgan der GKV im § 197 SGB V und darunter der Aufgabe und dem Recht, »alle Entscheidungen zu treffen, die für die Krankenkasse von grundsätzlicher Bedeutung sind« (§ 197 SGB V Abs. 1 Satz 1b), erhält die Selbstverwaltung neben einer Reihe von Kontroll- und Aufsichtsaufgaben eine Art von ergebnisoffener »Leitlinienkompetenz« für »das strategische und gesundheitspolitische Handeln einer Krankenkasse« (Becker/Kingreen 2018: 1840).

Im bisherigen Geltungszeitraum des SGB V nimmt aber auch die Anzahl von Handlungsmöglichkeiten zu, welche die Selbstverwaltung per Gesetz verliert und für die dann meist die unmittelbare Staatsverwaltung oder andere sozialpolitische Institutionen zuständig werden (vgl. dazu ausführlicher den Beitrag von Anne Thomas und Katrin Schöb in diesem Buch).

Eine spezielle Art »verlorener« Aufgaben sind die, welche nur durch die Kooperation von Krankenkassen und Leistungserbringern gelöst werden konnten und selbst nach jahre- oder jahrzehntelangen Versuchen gescheitert sind und/oder in einer Hängepartie unlösbarer Interessenskonflikte ohne die erwünschte und notwendige Lösung endeten. Die 2020 mit dem durch das *Gesetz zum Schutz elektronischer Patientendaten in der Telematikinfrastruktur (Patientendaten-Schutz-Gesetz)* neu in das Fünfte Sozialgesetzbuch eingefügten § 310 SGB V erfolgte Entmachtung der Selbstverwaltung in der für die Einführung der elektronischen Gesundheitskarte extra gegründeten *Gesellschaft für Telematikanwendungen der Gesundheitskarte (gematik)* und der 2017 nur über ein Schiedsverfahren des erweiterten Bundesschiedsamts zustande gekommene Rahmenvertrag zum Entlassmanagement (siehe dazu Braun 2018) nach einer Krankenhausbehandlung (§ 39 Abs. 1a SGB V) sind dafür zwei aktuelle Beispiele. Ein Teil der Rücknahme der Zuständigkeit und Handlungsmöglichkeiten der Selbstverwaltung durch den Staat und ihre Umwidmung zur Aufgabe für die unmittelbare Staatsverwaltung beruhte daher nicht auf Willkür oder subjektivem Versagen der GKV-Selbstverwaltung, sondern auf Handlungsblockaden zwischen den Partnern der korporatistischen Selbstverwaltung oder auf unzulänglicher Gestaltung des gesetzlichen Rahmens. Dies droht insbesondere dann, wenn die Anzahl von Aufgaben zunimmt, zu deren Lösung die sich durch ihre Selbstverwalter:innen an den Interessen ihrer Versicherten orientierende GKV auf Gedeih und Verderb mit anderen vorrangig den Interessen ihrer Leistungserbringermitglieder verpflichteten selbst selbstverwalteten Körperschaften öffentlichen Rechts (Kassenärztliche Vereinigungen) oder privatrechtlichen Vereinen (Deutsche Krankenhausgesellschaft) zusammenarbeiten muss.

Trotz einiger exemplarischer Darstellungen (vgl. dazu den Beitrag von Harry Fuchs in diesem Buch) gibt es keinen systematischen Überblick darüber, ob, wie, womit oder warum die Selbstverwaltung welche dieser ab 1989 entstandenen Handlungsmöglichkeiten genutzt hat oder nicht, wo dies erfolgreich war oder nicht und wie sich diese Initiativen auf die GKV-Versicherten auswirkten, weder aus den Reihen der Selbstverwaltung noch in wissenschaftlichen Studien. Die Öffentlichkeit erfährt daher über die Handlungswirklichkeit zwischen Staat und Selbstverwaltung oft nur dann etwas, und dies in sehr komplexer Form, wenn die Selbstverwaltung per Gesetz die Zuständigkeit für eine Aufgabe verliert oder ihre Einflussmöglichkeiten reduziert werden. Dies gilt z. B. für die Mischung von Datenschutz-, Nutzenbewertungs-, Organisations- und Technikargumenten, welche die institutionelle Neuaufstellung für die Erstellung und Implementation der elektronischen Gesundheitskarte/Patientenakte begründen sollte.

Spezielle Erweiterung der Handlungsmöglichkeiten: Wettbewerb um Kund:innen von 1992/96 bis heute

Eine der wichtigsten qualitativen und quantitativen Erweiterungen des gesetzlichen Rahmens für Handlungen der selbstverwaltete GKV in neuerer Zeit ist die 1992 durch das Gesundheitsstrukturgesetz eingeführte und seit 1996 voll in Kraft gesetzte Kassenwahlfreiheit als Instrument zur Förderung des Wettbewerbs zwischen Krankenkassen. Damit sollte es (mehr) Anreize für die Verbesserung der Dienstleistungsqualität der Krankenkassen und der Versorgungsqualität geben.

25 Jahre danach liefern die wenigen veröffentlichten, halbwegs aktuellen und unabhängigen Zwischenbilanzen zum Wettbewerb ein durchwachsenes Bild: Die Dienstleistungsqualität der Krankenkassen wurde durch eine Fülle von Maßnahmen (z.B. Umgestaltung der Empfangs- und Beratungsräumlichkeiten, Beschwerdemanagement) deutlich verbessert.

Die Anzahl der Kassenwechsler:innen und damit ein wichtiger Anreiz für Verbesserungen sinkt mit wenigen Ausnahmen stetig. Der Großteil der Kassenwechsler:innen ist außerdem jung und gesund und gibt als Wechselgrund die Höhe des Beitrags bzw. des Zusatzbeitrags an. Damit ist vor allem der Anreiz, die Versorgungsqualität für ältere Patient:innen und Versicherte zu verbessern, von Beginn an gering. Und auch gegen die vielfach belegte (u.a. Sachverständigenrat 2001) Über-, Fehl- und Unterversorgung wurde – auch wenn dies nicht in erster Linie in der Hand der Kassen bzw. der Sozialen Selbstverwaltung liegt – wenig unternommen, z.B. starke Evidenzbasierung, gemeinsame Entscheidungsfindung, *decision aids* (nähere Angaben in Braun 2016).

Und schließlich stellte das damalige Bundesversicherungsamt (BVA, heute Bundesamt für Soziale Sicherung) in seinem 2017 veröffentlichten *Sonderbericht Wettbewerb* (BVA 2017, die folgenden Zitate: 144–149) auf der Basis eigener empirischer Erhebungen u.a. fest, dass mögliche »Zusatzleistungen vor allem zur Bindung und Akquise von Versicherten mit guten Risiken« angeboten werden, »Selektivvertragsangebote […] nur vereinzelt einen innovativen Ansatz [haben]« und »die gesetzlichen Vorgaben [verletzen]«, dass sich der »gesetzgeberische Wille, mit dem Instrument der Bonusprogramme das gesundheitsbewusste Verhalten aller Versicherten zu stärken, in der Praxis nicht erfüllt hat«, »der Nutzen vieler angebotener Bonusprogramme nicht hinreichend qualitätsgesichert« ist und die »Krankenkassen […] noch zu wenig in langfristige Präventionsprojekte [investieren]«.

In einem zweiten Schritt führt das BVA dann aber auch aus, was, wenn es um Wettbewerb geht, zusätzlich zu den Freiheiten der Selbstverwaltung bei der gesetzlichen Gestaltung des Handlungsrahmens notwendig ist, um die genannten Fehlentwicklungen zu verhindern. Es schlägt dazu eine Reihe von Erweiterungen oder Veränderungen des Handlungsrahmens vor. Beispielsweise »präzise Vorgaben« zu den Zusatzleistungen im SGB V, »weitere Gestaltungsmöglichkeiten bspw. zur Öffnung der Krankenhäuser für die ambulante Versorgung verbunden mit einer sektorübergreifenden Bedarfsplanung« und eine »Wiedereinführung einer Anzeigepflicht von Selektivverträgen« oder die Verbesserung der Transparenz über Selektivvertragsangebote sowie die Schaffung der Möglichkeit, »nach einer gewissen Vertragslaufzeit den Selektivverträgen anderer Krankenkassen beizutreten«.

Der Vorschlag des BVA einer »kassenartenübergreifende[n] Zusammenarbeit bei der Entwicklung regionaler Versorgungskonzepte« sowie seine Kritik, die Krankenkassen seien »sich nicht immer ihrer gemeinsamen Verantwortung für die Solidargemeinschaft bewusst und verhalten sich oft wettbewerbswidrig«, weist auf das eigentümliche und spannungsreiche Nebeneinander zwischen vom selben Gesetzgeber geschaffenen und gewollten wettbewerblichen Handlungsmöglichkeiten der einzelnen Kassen und Kassenarten und den zahlreichen gegensätzlichen Verpflichtungen zum »gemeinsam[en] und einheitlichen« Handeln als Solidargemeinschaft z. B. bei der Versorgung mit häuslicher Krankenpflege und Hebammenhilfe oder Versorgungsverträgen mit Rehabilitationseinrichtungen hin.[9]

Es gibt keine eindeutigen Belege, dass sich nach 2017 grundsätzlich etwas an den Fehlentwicklungen zahlreicher wettbewerblicher Aktivitäten von selbstverwalteten Krankenkassen und an den diese eher fördernden Rahmenbedingungen geändert hat.

---

9 Verzichtet wird in diesem Zusammenhang auf die zahlreichen grundsätzlichen kritischen Bewertungen eines für die Gesundheitsversorgung positiven Effekts des Wettbewerbs (vgl. dafür u. a. Rice 1998; Behrens/Braun et al. 1996; Kühn 1994; Health Foundation 2011).

Schlussbemerkung

Angesichts der auf bereits hohem Niveau noch weiter zunehmenden ökonomischen, sozialen und politischen Bedeutung der Leistungen des Gesundheitsversicherungs- und Versorgungssystems wurde einerseits der gesetzliche Rahmen stetig durch neue Aufgaben erweitert, die in dem skizzierten »atmenden System« den Bedarf an »Feinsteuerung« (Rixen 2015) durch die Selbstverwaltung quantitativ und qualitativ vergrößerten und neue Handlungsspielräume und -möglichkeiten eröffneten.

Diesen Erweiterungen stehen andererseits eine Reihe von unterschiedlichst verursachten oder begründeten Verengungen bzw. Rücknahmen der Handlungsmöglichkeiten der Selbstverwaltung gegenüber. Sieht man von tagespolitisch motivierten und willkürlich erscheinenden Entscheidungen »der Politik« ab, spielen dabei zwei beeinflussbare Gründe eine entscheidende Rolle:

- Die Selbstverwaltung fühlt sich allein und selbst mit Hilfe der hauptamtlichen Akteur:innen in den Krankenkassen (die aber zum Teil auch ihre Selbstverwaltung nicht aktiv unterstützen oder sie sogar entmutigen oder bremsen – siehe dazu den Beitrag von Harry Fuchs in diesem Buch) zu schwach und nicht ausreichend qualifiziert und ist dies auch, um für hochkomplexe Aufgaben die Feinsteuerung zu übernehmen oder sie erfolgreich abzuschließen. Eine deutlich bessere und der Vielfalt ihrer Steuerungsaufgaben gerecht werdende (z. B. nicht nur durch mehr »SGB V-Wissen«, sondern zusätzlich Erwerb und Einübung von Thematisierungs- und Handlungsfähigkeiten) Qualifizierung der Selbstverwalter:innen sowie die von Fuchs vorgeschlagene Veränderung des Verhältnisses von Ehren- und Hauptamt könnten hier hilfreich sein.
- Der Gesetzgeber unterschätzte oft die Komplexität der zur Feinsteuerung sowohl an die Selbstverwaltung als auch zwangsläufig oft an andere Akteure (z. B. § 70 SGB V: »Die *Krankenkassen und Leistungserbringer* […] haben zu gewährleisten«) übertragenen oft unbestimmten Aufgaben. Durch das Fehlen notwendiger zusätzlicher Erweiterungen des gesetzlichen Rahmens be- oder verhinderte er geradezu

Handlungserfolge der Selbstverwaltung. Dies könnte unter Berücksichtigung des Status quo der Feinsteuerungsfähigkeiten der Selbstverwaltung für wichtige gesetzlich geplante wie für bereits existierende Aufgaben durch eine Art Gesetzesfolgenabschätzung verhindert werden. Im Falle des Wettbewerbs durch Kassenwahlfreiheit hätten so bereits schon parallel zu dessen Kodifizierung u. a. die vom BVA nach 25 Jahren für notwendig gehaltenen begleitenden Ergänzungen des gesetzlichen Rahmens geschaffen werden können.

Die Selbstverwaltung selber könnte und sollte aber im Lichte ihrer Geschichte in diesem »atmenden System« durch ein selbstbewusstes und offensives (Selbst-)Verständnis ihrer grundsätzlichen Bedeutung – es geht um die gesundheitliche Versorgung von rund 73 Millionen Menschen (2019) von der Wiege bis zur Bahre, 7,4 % des Bruttoinlandprodukts (2020) sowie um die Beschäftigung von 5,65 Millionen Personen (2018) – und mit entsprechenden Argumenten und Initiativen ihren Handlungsspielraum von innen erweitern – also mal kräftig »ausatmen«. Dass dies möglich war und ist, zeigen viele der hier dargestellten, aber auch noch darüber hinaus existierenden Beispiele (z. B. der Start der Gesundheitsberichterstattung mit Routinedaten in den 1970er-Jahren oder die Entwicklung der Früherkennungsuntersuchungen durch Satzungsleistungen einzelner Kassen seit den 1960er-Jahren) aus ihrer Geschichte. Trotz aller Verluste von Handlungsmöglichkeiten und selbst bei pessimistischer Bewertung nimmt der Bedarf an gesundheitsbezogenen Selbstverwaltungsinitiativen weiter zu, welche auch realisiert werden können. Und schließlich zeigt die wachsende Anerkennung und Nutzung zivilgesellschaftlicher und ehrenamtlicher Steuerung (z. B. die Arbeit von Bürgerräten oder -foren zur Bewältigung der Corona-Folgen in Baden-Württemberg, Thüringen und Sachsen[10]), dass die Selbstverwaltung in der Kranken- und Sozialversicherung moderner ist, als ihr kalendarisches Alter erwarten ließe.

---

10 Für Näheres siehe: https://www.buergerrat.de/aktuelles/mit-buergerraeten-gegen-corona [Zugriff am 23.04.2022].

Literatur

Ayaß W. 2013: Hundert Jahre und noch mehr … Zur Geschichte der Sozialwahlen. In: Soziale Sicherheit 62 (12): 422–426.

Becker U./Kingreen Th. (Hrsg.) 2018: SGB V. Kommentar. 6. Aufl. München.

Behrens J./Braun B./Morone J./Stone D. (Hrsg.) 1996: Gesundheitssystementwicklung in den USA und Deutschland. Wettbewerb und Markt auf dem Prüfstand des Systemvergleichs. Baden-Baden.

BGH (Bundesgerichtshof) 1981: Urteil vom 18.12.1981 AZ.: I ZR 116/80. Online: https://research.wolterskluwer-online.de/document/a9ad4aef-fce7-44c6-8e4d-2f14aff9222e [Zugriff 12.03.2022].

Braun B. 2016: 20 Jahre freie Kassenwahl: Was sich für die Versicherten geändert hat. In: GGW 16 (1): 15–21.

Braun B. 2018: Entlassmanagement. hkk-Gesundheitsreport 2018. Online: https://www.hkk.de/fileadmin/dateien/allgemeines_uebergeordnet/reports/gesundheitsreports/2011–2018/2018_gesundheitsreport_entlassmanagement.pdf [Zugriff 14.03.2022].

Bundesamt für Soziale Sicherung 2021: Grundsätze für die Beteiligung von Sozialversicherungsträgern an Einrichtungen (privatrechtlichen Gesellschaften) zur gesetzlichen Aufgabenerfüllung. Online: https://www.bundesamtsozialesicherung.de/fileadmin/redaktion/vermoegen_und_finanzen/20210219_Grundsaetze_fuer_die_Beteiligung_an_privatrechtlichen_Gesellschaften_Stand_2021.pdf [Zugriff 16.02.2022].

Bundesbeauftragte für die Sozialversicherungswahlen (Hrsg.) 2018: Schlussbericht der Bundeswahlbeauftragten für die Sozialversicherungswahlen zu den Sozialwahlen 2017. Online: https://www.bmas.de/SharedDocs/Downloads/DE/Publikationen/a411-schlussbericht-sozialwahlen-2011.pdf [Zugriff 14.02.2022].

BVA (Bundesversicherungsamt) 2017: Sonderbericht Wettbewerb. Online: https://www.bundesamtsozialesicherung.de/fileadmin/redaktion/allgemeine_dokumente/Taetigkeitsberichte/20180404Sonderbericht_web.pdf [Zugriff 16.03.2022].

Hansen E./Heisig M./Leibfried S./Tennstedt F./Klein P./Machtan L./Milles D./Müller R. (Hrsg.) 1981: Seit über einem Jahrhundert … Verschüttete Alternativen in der Sozialpolitik. Sozialer Fortschritt, organisierte Dienstleistermacht und nationalsozialistische Machtergreifung: der Fall der Ambulatorien in den Unterweserstädten und Berlin. 100 Jahre kaiserliche Botschaft zur Sozialversicherung: eine Festschrift. Köln.

Health Foundation 2011: Competition in healthcare – research scan. Online: https://www.health.org.uk/sites/default/files/CompetitionInHealthcare.pdf [Zugriff 17.03.2022].

Hentschel V. 1983: Geschichte der deutschen Sozialpolitik 1880–1980. Frankfurt a. M.

Kühn H. 1994: Wettbewerb im Gesundheitswesen. Zur Rationalität der Reformdebatte. In: Jahrbuch für Kritische Medizin 22: 7–28.

Lages J. 2021: Robert Musil hat's gewusst. In: Zeit-Online vom 23.01.2021. Online: https://www.zeit.de/kultur/2021-01/wuensche-moeglichkeit-traeume-gedankenspiel-vorstellung-umsetzung-corona [Zugriff am 13.02.2022].

Rice T. 1998: The Economics of Health Reconsidered. Chicago.

Rixen S. 2015: Ermessen und unbestimmte Rechtsbegriffe im SGB II und SGB III: Gestaltungsaufgabe der Selbstverwaltung und Rechtssubjektivität der Hilfesuchenden. In: Rixen S./Welskop-Deffaa E. M. (Hrsg.): Zukunft der Selbstverwaltung. Responsivität und Reformbedarf. Wiesbaden: 57–68.

Sachße C./Tennstedt F. 1982: Krankenversicherung und Wohnungsfrage Die Wohnungs-Enquete der Ortskrankenkasse für den Gewerbebetrieb der Kaufleute, Handelsleute und Apotheker. In: Asmus G. (Hrsg.): Hinterhof, Keller und Mansarde. Reinbek bei Hamburg: 271–297

Sachverständigenrat für die Konzertierte Aktion im Gesundheitswesen 2000/2001: Bedarfsgerechtigkeit und Wirtschaftlichkeit. Bd. III: Über-, Unter- Fehlversorgung. Baden-Baden.

Tennstedt F. 1977: Soziale Selbstverwaltung. Geschichte der Selbstverwaltung in der Krankenversicherung. Bd. 2. Bonn.

Tennstedt F. 1981: Selbstabgabe von Sehhilfen. Die Selbstabgabestellen für Brillen zwischen 1926 und 1936. In: Die Ortskrankenkasse 63 (22): 904–916.

Wilhelm I. 1881: Die kaiserliche Botschaft Kaiser Wilhelms I. zur Sozialpolitik. Online: https://ghdi.ghi-dc.org/pdf/deu/428_Wilhelm%20I_Sozialpolitik_129.pdf [Zugriff: 27.06.2022].

Wolff E. 1997: Ärztestreik und Ambulatorien. In: Deutsches Ärzteblatt 94 (21): A-1420 / B-1205 / C-1133.

Die ökonomische Vernunft der Selbstverwaltung

Hartmut Reiners

Gesundheitliche und soziale Dienste werden wegen ihrer deutlich geringeren Rationalisierbarkeit stetig teurer als industriell hergestellte Konsumgüter. Deshalb werden die Krankenkassenbeiträge steigen. Das ist kein wirkliches Problem, sondern Teil des allgemeinen Wandels von der Industrie- zur Dienstleistungsgesellschaft. Die gesetzliche Krankenversicherung kann mit diesem Problem effektiver umgehen als die Private Krankenversicherung, deren Ausgaben für die gleichen Leistungen deutlich höher sind. Eine Umstellung der GKV auf eine Steuerfinanzierung wäre ein volkswirtschaftlich unsinniges Nullsummenspiel. Dies würde Anhebungen der Umsatz- und Verbrauchssteuern erfordern, was vor allem einkommensschwächere Schichten träfe. Außerdem würde dadurch das Gesundheitswesen zum Gegenstand von Etatstreitigkeiten mit unerwünschten Ergebnissen, wie der hohe Investitionsstau in den von den Ländern zu finanzierenden Krankenhäusern zeigt. Zudem wüchse mit der Steuerfinanzierung der Einfluss des medizinisch-industriellen Komplexes, dessen Lobby auf die internen Steuerungsorgane der GKV einen weit geringeren Einfluss hat als auf den politischen Apparat. Alles in allem hat die über Sozialabgaben finanzierte und damit von den steuerfinanzierten Etats unabhängige Selbstverwaltung des GKV-Systems eine ausgeprägte ökonomische Vernunft.

Nach einer Dekade stabiler Beitragssätze ist die gesetzliche Krankenversicherung (GKV) in ein anschwellendes Defizit gerutscht. Anfang 2022 konnten Beitragssatzsteigerungen noch weitgehend vermieden werden, weil der Bund im Rahmen des Finanzpakets zur Pandemiebewältigung seine Zuschüsse zum Gesundheitsfonds von 14 auf 30 Milliarden Euro erhöht hat. Aber spätestens 2023 sind Anhebungen der Beitragssätze unvermeidlich, wenn nicht die Bundeszuschüsse ausgeweitet oder die GKV-Leistungen spürbar gekürzt werden. Beides wären verteilungs- und gesundheitspolitisch fragwürdige Nullsummenspiele nach dem »Verschiebebahnhofsprinzip«. Eine wachsende Steuerfinanzierung der GKV würde weder zu einer sozial gerechteren Lastenverteilung führen noch die Ressourcensteuerung im Gesundheitswesen verbessern. Das gilt auch für eine Privatisierung von GKV-Ausgaben. Stattdessen würden wesentliche Vorteile der solidarischen Beitragsfinanzierung und des Selbstverwaltungsprinzips aufgegeben werden.

Die GKV unterscheidet sich in einem entscheidenden Punkt von den anderen Säulen der Sozialversicherung: Nur 6 % ihrer Ausgaben sind Lohnersatzleistungen. Sie ist die Steuerungszentrale des Gesundheitswesens, in dem 5,8 Millionen Erwerbstätige 11,9 % des Bruttoinlandsprodukts (BIP) erwirtschaften (Stand 2019), mit einer weiter steigenden Tendenz. Dieser dynamische Wirtschaftszweig wird von einem zweigleisigen Selbstverwaltungssystem auf Basis der im Sozialgesetzbuch (SGB) kodifizierten Vorschriften gelenkt. Es gibt die durch Sozialwahlen gebildete *interne* Selbstverwaltung der Krankenkassen und die *gemeinsame* Selbstverwaltung mit den Leistungserbringern, die für die gesundheitliche Versorgung verantwortlich ist. Diese nach gesetzlichen Vorschriften, aber nicht nach Weisungen der Regierungsbehörden agierenden Legislativ- und Exekutivorgane des GKV-Systems sind eine deutsche Besonderheit. In anderen Sozialversicherungssystemen haben die Regierungen und ihre nachgeordneten Behörden in der Gestaltung der Versorgung und der Vergütungen einen deutlich größeren Einfluss als in Deutschland, wo die politische Administration keine Fachaufsicht über die Institutionen des Gesundheitswesens hat, sondern nur die Rechtaufsicht. Daraus ergeben sich folgende Fragen:

- Welche Vorteile hat die Finanzierung durch Sozialabgaben gegenüber der durch Steuern?
- Was legitimiert die gemeinsame Selbstverwaltung des GKV-Systems gegenüber einem staatlichen Versorgungssystem?
- Welche Perspektiven hat das Selbstverwaltungsprinzip in der Sicherstellung der gesundheitlichen Versorgung?

Die besondere Dynamik der Gesundheitsausgaben

Die seit den Kostendämpfungsgesetzen der späten 1970er-Jahre geltende Leitlinie der Beitragssatzstabilität (§ 71 SGB V) ist eine der Lebenslügen der deutschen Gesundheitspolitik. Sie offenbart sich bereits beim Blick auf die Entwicklung des durchschnittlichen GKV-Beitragssatzes, der von 10,04 % im Jahr 1975 auf heute 15,7 % gestiegen ist. Die Gesundheitsquote des BIP stieg im selben Zeitraum von 8,2 auf 11,9 %. Auf den ersten Blick scheinen diese Zahlen die seit den 1970er-Jahren durch die Medien geisternden Gruselgeschichten von aus dem Ruder laufenden Gesundheitsausgaben und einer nicht mehr bezahlbaren GKV zu bestätigen. Diese Erzählung wurde zwar mehrfach widerlegt, hält sich aber zählebig (Reiners 2019: 19 ff.).

Die seit Jahrzehnten stärker als das BIP steigenden Gesundheitsausgaben sind die Folge einer ökonomischen Gesetzmäßigkeit. Ärztliche und pflegerische Tätigkeiten sind personenbezogene Dienste, die wegen ihrer gegenüber der Industrieproduktion geringeren Rationalisierbarkeit einen immer größeren Anteil des Arbeitskräftepotenzials und der Wertschöpfung moderner Volkswirtschaften beanspruchen. Der US-Ökonom William Baumol (2013) hat diesen Effekt anhand der Preisentwicklungen bei Computern und im Gesundheitswesen untersucht und als »cost disease« bezeichnet.

Dabei handelt es sich aber nicht um eine Krankheit, also einen abnormen Zustand, sondern um eine Folge der allgemeinen Produktivitätsentwicklung und zugleich um ein Instrument zur Bewältigung der sie begleitenden Arbeitsmarktprobleme. Den in der Industrie durch Rationalisierungen und die Digitalisierung entfallenden Arbeitsplätzen stehen neue Jobangebote in den wachsenden Dienstleistungsbranchen gegenüber. Für die Verbraucher:innen drücken sich diese Strukturveränderungen in relativ zum Einkommen sinkenden Konsumgüterpreisen und steigenden Kosten für Dienstleistungen aus. Dieser Sachverhalt wird von der herrschenden Wirtschafts- und Sozialpolitik übersehen, wenn sie willkürliche Grenzwerte für die Sozialabgaben festlegt.

Unsinnige Sozialbremse

Das Anfang Juni 2020 von der letzten Merkel-Regierung geschnürte Corona-Konjunkturpaket soll unter anderem dem Ziel dienen, die Sozialabgaben auf maximal 40 % der Bruttolöhne zu begrenzen. Eine von der Bundesvereinigung der Arbeitgeberverbände (BDA) 2020 eingesetzte Kommission behauptet in ihrem Bericht, dass ohne Reformen die Sozialversicherungsabgaben bis 2025 auf fast 43 % der Bruttolöhne steigen würden, bis 2040 auf 50 % und bis 2080 auf 55 % (BDA-Kommission 2020). Diese Quoten seien nicht finanzierbar, man müsse sie auf 40 % der Bruttolöhne begrenzen. Das sei kein beliebig gesetztes Limit, sondern ein Erfahrungswert. Die Jahre in den 1990ern und 2000ern mit einer Überschreitung dieses Grenzwertes seien stets Krisenjahre gewesen »mit extrem hoher Arbeitslosigkeit, was den Teufelskreis aus hoher Beitragsbelastung und ungünstiger Wirtschaftsentwicklung klar illustriert« (ebd.: 16 f.). Hier wird ein Sachzusammenhang suggeriert, aber nicht belegt. Es ist methodisch unseriös, zwei Ereignisse im Zeitablauf nebeneinander zu stellen und daraus einen Wirkungszusammenhang zu konstruieren.

Die Begrenzung der Sozialabgaben auf maximal 40 % der Bruttolöhne basiert zudem auf einer Begriffsverwechselung. Die *Lohn*kosten werden mit den *Arbeits*kosten gleichgesetzt, die aber nicht nur aus Löhnen und Sozialabgaben bestehen. Das Statistische Bundesamt fasst unter Arbeitskosten auch Lohnfortzahlungen, Sonderzuschläge, Kosten für Aus- und Weiterbildung, betriebliche Sozialleistungen und andere Aufwendungen zusammen (Destatis 2019). Die gesetzlichen Sozialabgaben machen im Durchschnitt 26 % der Bruttoarbeitskosten aus (Stand: 2016). Dieser Wert ist unspektakulär und kann medial nicht als Aufmerksamkeit erregendes Argument für die Sozialbremse herangeführt werden, da haben die nur auf die Bruttolöhne bezogenen 40 % eine ganz andere Suggestivkraft.

Abgesehen davon sind im globalen Wettbewerb nicht die Sozialabgaben ein relevanter Kostenfaktor, sondern diese zusammen mit den Steuern als die *gesamte* Abgabenquote. Hier liegt Deutschland im europäischen Vergleich im Mittelfeld, wie Daten der OECD und des Statistischen Bundesamtes zeigen. Die Lohnnebenkosten liegen sogar unter dem EU-Durchschnitt (Deutschland: 27 %, EU: 32 % der Bruttolöhne).[1]

Teure Privatisierung der Gesundheitsausgaben

Hinter der »Sozialbremse« steht indirekt die Behauptung, die Privatisierung von GKV-Leistungen könne zu einer besseren Ressourcenverteilung beitragen. Sie ginge an den ökonomischen Besonderheiten des Gesundheitswesens vorbei. Dort gäbe es keine Konsumentensouveränität, schon deshalb ist die Steuerung über Anreize für Versicherte nicht effektiv. Nach einer international üblichen Faustregel entfallen 80 % der Gesundheitsausgaben auf 20 % der Behandlungsfälle. Sie betreffen allesamt schwer oder chronisch kranke Personen, die auf medizinische Behandlungen zwingend angewiesen sind.

Zudem ist das Gesundheitswesen ein von den Leistungsanbietern dominierter Wirtschaftszweig, dessen Ausgaben ohne administrierte Preise und kollektive Vertragssysteme aus dem Ruder laufen würden (Reiners 2019: 25 ff.). Das zeigt ein Vergleich der Ausgaben der Privaten Krankenversicherungen (PKV) mit denen der GKV, den das Wissenschaftliche Institut der PKV (WIP) regelmäßig erstellt (Hagemeister/Wild 2021). Demnach hätten im Jahr 2019 die Arztpraxen mit der Behandlung von Privatpatient:innen 53,8 % weniger eingenommen, wenn die PKV die gleichen Vergütungen wie die GKV erstatten würde. Auch andere Untersuchungen belegen, dass Arztpraxen mit Privatabrechnungen für vergleichbare Fälle mehr als das Doppelte von dem einnehmen, was die GKV zahlt (Wasem 2018; KOMV 2019). In der Zahnmedizin liegt diese Quote sogar bei 62 %, was damit zusammenhängt, dass beim Zahnersatz auch GKV-Mitglieder nach der privatärztlichen Gebüh-

---

1 OECD 2022 und https://www.destatis.de/DE/Presse/Pressemitteilungen/2021/05/PD21_203_624.html [letzter Zugriff: 29.06.2022].

renordnung GOZ abrechnen und von ihrer Krankenkasse einen Zuschuss erhalten.

In der stationären Akut-Versorgung liegen die Mehrausgaben der PKV hingegen nur um 3,6 % über den GKV-Ausgaben, weil die Plankrankenhäuser PKV-Mitgliedern die gleichen DRG-Fallpauschalen in Rechnung stellen wie GKV. Nur für Chefarztbehandlungen werden Zuschläge fällig, für die aber auch sechs Millionen GKV-Mitglieder eine Zusatzversicherung haben. Auch bei den Arzneimittelausgaben sind die Mehrausgaben der PKV mit 15,3 % nicht so groß wie in der ambulanten Behandlung, weil die PKV von den Preisregulierungen im GKV-System profitiert.

Anders als die GKV hat die PKV keine Vertragsbeziehungen zu den Arztpraxen und Krankenhäusern, mit denen sie ihre Ausgaben über Budgets, Mengenbegrenzungen und Qualitätskriterien steuern könnte. Sie muss weitgehend ungeprüft das zahlen, was auf den Rechnungen der Arztpraxen, Krankenhäuser und Apotheken steht. Die gemeinsame Selbstverwaltung im GKV-System hat demgegenüber effektive Instrumente zur Verfügung, die Versorgungsqualität und deren Kosten zu regeln.

Die Privatisierung von GKV-Ausgaben entzieht dem Gesundheitswesen nicht nur eine effektive Steuerung über Versorgungsverträge, sie erhöht zudem die Lebenshaltungskosten der Arbeitnehmerhaushalte, woran auch die Arbeitgeber kein Interesse haben können. Wenn ihre Funktionäre dennoch für die Erhaltung des dualen Versicherungssystems eintreten, kann das nur ideologische Gründe haben. Ökonomisch lässt es sich jedenfalls nicht begründen, wie sogar der Wirtschafts-Sachverständigenrat feststellte (SVR-W 2004: Ziffer 494).

Steuerfinanzierung der GKV – ein süßes Gift

Die Defizite der GKV werden gegenwärtig durch Zuschüsse des Bundes aufgefangen. Mit ihnen sollen versicherungsfremde Leistungen finanziert werden, die eigentlich der Staat tragen müsste. Aber die Forderung nach einer darüber hinausgehenden Steuerfinanzierung der GKV und der Pflegeversicherung wird lauter. Der Präsident des Bundessozialgerichts, Rainer Schlegel, hat Ende 2020 für eine generelle Umstellung der Kranken- und Pflegeversicherung von der Beitrags- auf eine Steuerfinanzierung plädiert (Frankfurter Allgemeine Zeitung vom 17. November 2020). Sie sei sozial gerechter als die gegenwärtige Beitragsfinanzierung, die mit der Beitragsbemessungsgrenze (BBG) das Solidaritätsprinzip verletze: »Ab derzeit knapp 4700 Euro fallen keine weiteren Beiträge an. Durch eine Umstellung auf Steuerfinanzierung würde diese Grenze wegfallen. Es ginge dann um die gesamte wirtschaftliche Leistungsfähigkeit.«

Das ist eine Fehleinschätzung. Die Verlagerung der Gesundheitsausgaben von der Sozialversicherung in den Staatshaushalt erkauft sinkende Sozialabgaben mit höheren Steuern. Diese aber würden, solange sich die Steuerpolitik nicht grundlegend ändert, vor allem die unteren und mittleren Einkommensgruppen treffen.

Auf diesen Effekt geht Rainer Schlegel nicht näher ein und begnügt sich mit dem nebulösen Hinweis, »eine gewisse Steuererhöhung wäre nötig«. Diese »gewisse Steuererhöhung« müsste einen gegenüber dem Status quo um 66 % erhöhten Bundeshaushalt finanzieren, wenn dieser die Ausgaben der Kranken- und Pflegeversicherung komplett übernimmt. Die GKV und die Soziale Pflegeversicherung hatten 2020 zusammen Ausgaben in Höhe von 291,6 Milliarden Euro, der Bundeshaushalt umfasste im selben Jahr 443,4 Milliarden Euro.

Eine Steuerfinanzierung der GKV könnte nur dann sozial gerecht gestaltet werden, wenn sie aus den Einkommens- und Vermögenssteuern gespeist werden würde. Mehr als die Hälfte der Steuereinnahmen kommt aktuell jedoch von den Umsatz- und Verbrauchssteuern. Sollten etwa gerade sie angehoben werden, um so die GKV zu finanzieren, würde dies die Lebenshaltungskosten erhöhen und die sozialen Ungleichheiten verschärfen.

Eine sozial gerechte und der wirtschaftlichen Leistungsfähigkeit entsprechende Abgabenbelastung lässt sich sehr viel effektiver durch die Anhebung der BBG und den Aufbau eines einheitlichen Krankenversicherungssystems erreichen, das die bislang nicht in der GKV versicherungspflichtigen Gruppen (Beamt:innen, Selbständige, besserverdienende Angestellte) einschließt. Damit könnte der durchschnittliche GKV-Beitragssatz um bis zu 3,5 Prozentpunkte gesenkt werden. Sowohl die Versicherten als auch die Arbeitgeber würden deutlich entlastet werden, wie Modellrechnungen zeigen (Ochmann/Albrecht 2019).

Die beitragsfinanzierte GKV hat außerdem den Vorteil, dass ihr Budget nicht vom Streit um die Ressourcenverteilung der Bundes- und Länderhaushalte beeinflusst wird. Die Misere unserer Krankenhäuser z. B. hängt mit der seit Jahren oder gar Jahrzehnten anhaltenden Halbierung der Fördermittel der Länder zusammen. Die politische Unabhängigkeit der gemeinsamen Selbstverwaltung des GKV-Systems ist ein hohes Gut, das den Einfluss der Lobby nachhaltig einschränkt. Das belegen indirekt die Versuche des medizinisch-industriellen Komplexes, den Gemeinsamen Bundesausschuss auszuhebeln und seine Entscheidungskompetenzen auf das Bundesgesundheitsministerium und den Bundestag zu verlagern. Dort hat die Lobby größere Aktionsmöglichkeiten als bei den vom politischen Tagesgeschäft unabhängigen Selbstverwaltungsgremien.

Internationale Vergleiche zeigen, dass steuerfinanzierte Systeme wie in Großbritannien eher zur Vernachlässigung der Infrastruktur des Gesundheitswesens neigen als Sozialversicherungssysteme (Rothgang et al. 2006). Vor diesem Hintergrund sind wachsende Zuschüsse des Bundes zum Gesundheitsfonds ein süßes Gift, das stabile Beitragssätze mit dem wachsenden Einfluss politischer und ökonomischer Interessengruppen auf die Gestaltung des Gesundheitswesens erkauft.

Die Zukunft der Selbstverwaltung

Die Sicherstellung einer am Stand des medizinischen Wissens ausgerichteten gesundheitlichen Versorgung ist eine zentrale Aufgabe der Selbstverwaltungsorgane der GKV. Diese Verantwortung beschränkt sich jedoch auf die ambulante Versorgung. Für die stationäre Akutversorgung und deren Bedarfsplanung sind die Länder zuständig, die auch die Investitionskosten der Krankenhäuser decken sollen. Diese segmentierten Versorgungsstrukturen entsprechen schon lange nicht mehr den Anforderungen der auf Kooperation und Integration der Einrichtungen und Berufe angewiesenen modernen Medizin. Der Gesundheits-Sachverständigenrat hat diesen Sachverhalt in mehreren Gutachten dargestellt, besonders ausführlich im Jahresgutachten 2009 (SVR-G 2009). Das Schleifen der Mauer zwischen ambulanter und stationärer Versorgung und die Integration der Versorgungseinrichtungen ist das »unvollendete Projekt des Gesundheitssystems« (Brandhorst et al. 2017). Seit Mitte der 1990er-Jahre hat es mehrere politische Anläufe zur Förderung integrierter Versorgungsformen gegeben (Knieps/Reiners 2015: 245 ff.). Aber es ist bei der Trennung von ambulanter und stationärer Versorgung geblieben.

Für die Sicherstellung der gesamten gesundheitlichen Versorgung sind eigentlich die Länder zuständig. Das Grundgesetz gibt ihnen im Artikel 30 die Verantwortung für die allgemeine Daseinsvorsorge, zu der die Gewährleistung eines funktionierenden Gesundheitswesens fraglos gehört. Daher liegt die scheinbar naheliegende Lösung dieses Problems in der Übertragung der gesamten Verantwortung für die Sicherstellung der Versorgung auf die Länder. Das ist aber im deutschen Gesundheitswesen mit seiner Aufgabenteilung zwischen Regierungsbehörden und den Institutionen der Selbstverwaltung keine tragfähige Option. Es geht vielmehr darum, die Beziehungen zwischen den politischen Instanzen und den Selbstverwaltungsorganen auf Landesebene in einer sektorenübergreifenden Versorgungsplanung neu zu ordnen.

Der Gesundheits-Sachverständigenrat hat hierzu in seinem Jahresgutachten 2018 ein Konzept vorgestellt (SVR-G 2018: Ziffern 848 ff.). Demnach könnten diese Aufgabe die gemeinsamen Landesgremien nach § 90a SGB V übernehmen, deren Status (bisher »Kann«-Bestimmung) und Zusammensetzung dazu aber konkretisiert werden müssten. Denkbar wäre eine paritätische Besetzung hälftig aus Leistungserbringern (KV und Krankenhausgesellschaft) und Kostenträgern (GKV und Ländern), aber auch eine Präzisierung der im Gesetz genannten »weiteren Beteiligten«. Die anschließende Entscheidung über die in regelmäßigen Abständen zu erstellenden Versorgungspläne müsste aber schon aus verfassungsrechtlichen Gründen bei den Landesparlamenten liegen.

Man darf sich keine Illusionen über die Schwierigkeiten bei der Umsetzung eines solchen Projekts machen. Neuordnungen von politischen Zuständigkeiten und deren Institutionen wecken erfahrungsgemäß ein emotionales Widerstandspotenzial, nicht nur in der Gesundheitspolitik. Offenbar hat die Ampel-Koalition nicht den Mut, sich diesem Konflikt zu stellen. Jedenfalls ist im Koalitionsvertrag von Ansätzen einer gezielten Überwindung der Trennung von ambulanter und stationärer Versorgung nichts zu lesen.

Diese Passivität sollte eigentlich die Länder dazu veranlassen, eigene Konzepte für die Planung und Sicherstellung der Versorgung zu erarbeiten, zumal es schleichende Tendenzen gibt, dass durch Kassenfusionen die Steuerungs- und Aufsichtskompetenzen von der Landes- auf die Bundesebene verlagert werden. Die Länder stehen in der Gesundheitspolitik vor der Wahl, entweder zunehmend ihren gesundheitspolitischen Einfluss zu verlieren oder grundlegende Reformen in Gang zu setzen, die ihnen gemeinsam mit den Gremien der Selbstverwaltung effektive gesundheitspolitische Handlungsspielräume eröffnen.

Literatur

Baumol W. 2013: The Cost Disease. Why Computers Get Cheaper and Health Care Doesn't. New Haven.

BDA-Kommission 2020: Zukunft der Sozialversicherung. Beitragsbelastung dauerhaft begrenzen. Bericht vom 29.07.2020. Online: https://arbeitgeber.de/themen/sozialpolitik-und-soziale-sicherung/zukunft-der-sozialversicherung [Zugriff: 24.06.2022].

Brandhorst A./Hildebrandt H./Luthe E.-W. (Hrsg.) 2017: Kooperation und Integration – das unvollendete Projekt des Gesundheitssystems. Wiesbaden.

Destatis 2019: Detaillierte Zusammensetzung der Arbeitskosten im Produzierenden Gewerbe und Dienstleistungsbereich 2016. Online: https://www.destatis.de/DE/Themen/Arbeit/Arbeitskosten-Lohnnebenkosten/Tabellen/struktur-kostenart.html [Zugriff: 27.06.2022].

Hagemeister S./Wild F. 2021: Mehrumsatz und Leistungsausgaben der PKV-Versicherten. Jahresbericht 2021. WIP-Analyse 1/2021. Köln. Online: http://www.

wip-pkv.de/forschungsbereiche/detail/mehrumsatz-und-leistungsausgaben-von-pkv-versicherten-jahresbericht-2021.html [Zugriff: 24.06.2022].

KOMV (Kommission für ein modernes Vergütungssystem) 2019: Empfehlungen für ein modernes Vergütungssystem in der ambulanten ärztlichen Versorgung. Online: https://www.bundesgesundheitsministerium.de/fileadmin/Dateien/3_Downloads/K/KOMV/Bericht_der_Honorarkommission__KOMV__-_Dezember_2019.pdf [Zugriff: 24.06.2022].

Ochmann R./Albrecht M. 2019: Zukünftige Entwicklung der GKV-Finanzierung. Gütersloh: Bertelsmann Stiftung. Online: https://www.bertelsmann-stiftung.de/de/publikationen/publikation/did/zukuenftige-entwicklung-der-gkv-finanzierung [Zugriff: 24.06.2022].

OECD 2022: Taxing Wages 2022. Impact of COVID-19 on the Tax Wedge in OECD Countries. Paris. DOI: https://doi.org/10.1787/f7f1e68a-en.

Reiners H. 2019: Mythen der Gesundheitspolitik. 3. Aufl. Bern.

Rothgang H./Cacace M. et al. 2006: Wandel von Staatlichkeit in den Gesundheitssystemen von OECD-Ländern. In: Leibfried S./Zint M. (Hrsg.): Transformation des Staates? Frankfurt a. M.: 309–355

SVR-G (Sachverständigenrat zur Begutachtung der Entwicklung des Gesundheitswesens) 2009: Koordination und Integration – Gesundheitsversorgung in einer Gesellschaft des längeren Lebens. Bundestag Drucksache 16/13770.

SVR-G 2018: Bedarfsgerechte Steuerung der Gesundheitsversorgung. Bundestag Drucksache 19/3180. Online: https://dserver.bundestag.de/btd/19/031/1903180.pdf [Zugriff: 03.05.2022].

SVR-W (Sachverständigenrat zur Begutachtung der gesamtwirtschaftlichen Entwicklung) 2004: Erfolge im Ausland – Herausforderungen im Inland. Jahresgutachten 2004/2005. Bundestag Drucksache 15/4306.

Wasem J. 2018: Die Parallelität der Vergütungssysteme für den ambulanten Bereich. In: G+G-Wissenschaft 18 (4): 16–22.

Mehr Staat macht das System schwächer, nicht besser

Anne Thomas und Katrin Schöb

»Wir wollen die Selbstverwaltung stärken und gemeinsam mit den Sozialpartnern die Sozialwahlen modernisieren«, verkündete der Koalitionsvertrag der ausgelaufenen 19. Legislaturperiode (CDU/CSU/SPD 2018: 51). Das klang wie eine frohe Botschaft an die Selbstverwaltung, nachdem zuvor unsere Autonomie immer wieder – und teils drastisch – durch die Politik beschnitten wurde wie beispielsweise durch die Verpflichtung zur Vorabgenehmigung von Vorstandsdienstverträgen[1] oder die inzwischen gerichtlich revidierte (BSG 2021) Verpflichtung, mit Beitragsgeldern die Bundeszentrale für gesundheitliche Aufklärung zu finanzieren.

Eine echte Stärkung der Selbstverwaltung gehört indessen nicht zu den Ergebnissen der 19. Legislaturperiode. Zwar wurden beispielsweise mit dem Modellprojekt zur Online-Sozialwahl Weichen zur Modernisierung gestellt. An vielen anderen Stellen wurden die Handlungsspielräume der Sozialen Selbstverwaltung jedoch massiv beschnitten – und teilweise konnten noch drastischere Einschnitte nur durch aktive Gegenwehr verhindert werden.[2]

So beschränkte etwa das Terminservice- und Versorgungsstärkungsgesetz (TSVG) unseren Entscheidungsspielraum bei Vorstandsverträgen und -gehältern – ein wichtiges Werkzeug der Sozialen Selbstverwaltung,

---

[1] »Drittes Gesetz zur Änderung arzneimittelrechtlicher und anderer Vorschriften«, 2013. BGBl. I 2013, Nr. 47 12.08.2013, S. 3108

[2] Mit dem »Siebten Gesetz zur Änderung des Vierten Buches Sozialgesetzbuch und anderer Gesetze«, das am 1. Juli 2020 in Kraft getreten ist, wurde den Krankenkassen im Rahmen eines Modellprojekts bei den Sozialversicherungswahlen im Jahr 2023 ermöglicht, für die Wahlen der Vertreter:innen der Versicherten neben der herkömmlichen Stimmabgabe per Briefwahl Online-Wahlen durchzuführen.

die hauptamtliche Führung von Krankenkassen aktiv zu gestalten. Dasselbe Gesetz strukturiert die heutige gematik um: Sie wird zwar weiterhin von der selbstverwalteten und beitragsfinanzierten gesetzlichen Krankenversicherung (GKV) finanziert, ihre Entscheidungsstrukturen werden jedoch vom Bundesgesundheitsministerium (BMG) dominiert. Beschnitten wurde auch unsere Finanzautonomie. Grundsätzlich treffen die ehrenamtlichen Verwaltungsräte zentrale Finanzentscheidungen in den Kassen und verabschieden die Haushalte. Das Versichertenentlastungsgesetz griff jedoch massiv in die Gestaltung von Reserven und Zusatzbeiträgen ein, indem es beispielsweise die Beitragsgestaltung an die Höhe der Reserven koppelte. Das Ende 2020 eilig auf den Weg gebrachte Gesundheitsversorgungs- und Pflegeverbesserungsgesetz (GPVG) hatte unter anderem eine erzwungene Entnahme von Finanzmitteln aus der Reserve zur Folge.

In die Rubrik »Hier wurde Schlimmeres verhindert« fallen etwa das MDK-Reformgesetz, das direkt in die Organisationsstruktur der Verwaltungsräte der damaligen Medizinischen Dienste der Krankenkassen (MDK, heute Medizinischer Dienst) eingreift und dort Interessenvertreter:innen einzelner Berufsgruppen installiert. Immerhin: Vom ursprünglich geplanten vollständigen Ausschluss der Sozialen Selbstverwaltung nahm die Politik nach vehementem Widerspruch im Gesetzgebungsprozess Abstand. Ein weiteres Beispiel ist das spätere Fairer-Kassenwettbewerb-Gesetz (GKV-FKG), das ursprünglich vorsah, die ehrenamtlichen Vertreter:innen der Beitragszahlenden im Verwaltungsrat des GKV-Spitzenverbands durch Hauptamtliche zu ersetzen, was nur durch massive Gegenwehr verhindert werden konnte.

Zwar gilt offiziell: »Der Staat gibt den Rahmen vor, die Selbstverwaltung kümmert sich um die Ausgestaltung.« (BMG o. J.) Aber TSVG und Co. zeigen deutlich, dass sich der Gesetzgeber inzwischen selbst immer mehr als konkreter Ausgestalter versteht – bis hin zum Micromanagement.

Wenn der Staat alles selbst regelt, wirkt das vielleicht auf den ersten Blick dynamisch und zupackend. Es blendet aber aus, dass sich dadurch die etablierte Arbeitsteilung zwischen Selbstverwaltung und Gesetzgeber zusehends verschiebt, die bei den Krankenkassen für die Teilhabe der Beitragszahlenden steht.

Und: Es stimmt nicht, dass die Politik grundsätzlich schneller ist als die Selbstverwaltung. Beispiel elektronische Patientenakte: Lange vor dem gesetzlich festgelegten bundesweiten ePA-Start 2021 haben wir im Verwaltungsrat der Techniker Krankenkasse bereits 2016 für unsere Versicherten eine elektronische Gesundheitsakte auf den Weg gebracht und damit Pionierarbeit in Sachen Digitalisierung geleistet.

Insgesamt führt der Trend zu mehr direktem Eingriff und Ausregulierung der Politik auch dazu, dass ein erheblicher Teil unserer ehrenamtlichen Kapazitäten dafür eingesetzt werden muss, für den Erhalt unserer eigenen Rechte einzutreten. Als Soziale Selbstverwaltung gehört es zu unserem Selbstverständnis, für diejenigen, die wir vertreten, in der Politik Position zu beziehen. Es wäre uns aber deutlich lieber, uns dabei für eine bessere Versorgung einzusetzen, als uns zwangsweise mit uns selbst zu beschäftigen, damit uns die Möglichkeiten, uns für andere stark zu machen, überhaupt bleiben.

An der Gesamtentwicklung konnten auch die erkämpften Zugeständnisse nichts ändern. Die Soziale Selbstverwaltung hat heute deutlich weniger Entscheidungsspielräume als vor der gegenteiligen Absichtserklärung im Koalitionsvertrag. Das ist auch in finanzieller Hinsicht problematisch, denn: Kleinere Handlungsspielräume der ehrenamtlichen Sozialen Selbstverwaltung bedeuten auch mehr Abhängigkeit vom Politikgeschäft, also auch von partei- und realpolitischen Interessen. Mehr Abhängigkeit in einem weitgehend beitragsfinanzierten Gesundheitssystem bedeutet, dass die Finanzierung von Gesundheit stärker mit anderen Politikfeldern um Relevanz und Aufmerksamkeit konkurrieren muss.

Zumal es eine Binsenweisheit ist, dass es deutlich leichter fällt, das Geld anderer auszugeben als das eigene. Wie rasch und drastisch die Politik die Ausgabenverpflichtungen der beitragsfinanzierten gesetzlichen Krankenversicherung ausweiten kann, zeigten die 18. und die 19. Legislaturperiode eindrucksvoll. Ihre gesetzgeberischen Folgen kosten das Solidarsystem Schätzungen zufolge jährlich mehr als zehn Milliarden Euro, allein für dieses Jahr werden es demnach rund elf Milliarden Euro sein.

Das Prinzip Soziale Selbstverwaltung hingegen implementiert einerseits an entscheidenden Stellen die finanzielle Verantwortung der Beitragszahlenden und trägt so zur Nachhaltigkeit des Systems bei. Andererseits vertritt die Soziale Selbstverwaltung die Versicherten, die als Patient:innen den Anspruch auf bestmögliche Versorgung haben. Dieser Interessenausgleich zwischen Beitragszahlenden und Leistungsberechtigten ist durch die Soziale Selbstverwaltung im System verankert.

Nicht unterschätzt werden darf zudem die stabilisierende Wirkung von Entscheidungen, die zwischen den Sozialpartnern ausgehandelt wurden – und in der Folge von zwei Seiten mitgetragen werden, die sich qua Funktion oft diametral gegenüberstehen. Das bildet eine Grundlage für nachhaltige und praktikable Lösungen, denn jene einzubinden, die es direkt betrifft, erleichtert es auch, systembezogene Besonderheiten, Prozesse und Herausforderungen zu berücksichtigen. Mehr Politik bedeutet an dieser Stelle ein höheres Risiko für Konflikte und notwendige Nachbesserungen – weniger Soziale Selbstverwaltung schwächt Stabilität, Nachhaltigkeit und Beteiligung. Im Sinne eines stabilen und zukunftsfähigen Gesundheitssystems ist deshalb eine politische Trendwende unabdingbar.

Von der zukünftigen Finanzierung über die Folgen des demografischen Wandels und drängende Strukturreformen bis hin zur Pandemiebewältigung – schon die Vielfalt der Herausforderungen macht deutlich, dass keine Institution sie im Alleingang schultern wird, sondern dass im System verankerte und zum Interessenausgleich fähige Kompetenzen mehr denn je gefragt sind. Dafür muss die Politik die Soziale Selbstverwaltung jedoch wieder als Partner begreifen, nicht als Konkurrenz, die es zurückzudrängen gilt. Das heißt auch, dass wir Selbstverwalter:innen uns nicht mit kleinen Nachbesserungen zufriedengeben dürfen. Dafür steht zu viel auf dem Spiel.

Literatur

Bundesministerium für Gesundheit (BMG) (o. J.): Das Prinzip der Selbstverwaltung. https://www.bundesgesundheitsministerium.de/gesundheitswesen-selbstverwaltung.html [Zugriff am 16.03.2022].

Bundessozialgericht (BSG) 2021: Urteil vom 18.05.2021, Az.: B 1 A 2/20 R. Online: https://www.bsg.bund.de/SharedDocs/Entscheidungen/DE/2021/2021_05_18_B_01_A_02_20_R.html [Zugriff 27.06.2022].

CDU/CSU/SPD 2018: Ein neuer Aufbruch für Europa. Eine neue Dynamik für Deutschland. Ein neuer Zusammenhalt für unser Land. Online: https://www.bundesregierung.de/resource/blob/974430/847984/5b8bc23590d4cb2892b31c987ad672b7/2018-03-14-koalitionsvertrag-data.pdf [Zugriff: 19.01.2022].

Zum Steuerungspotential sozialer Selbstverwaltung im Spannungsfeld zwischen Markt und Staat

Thomas Wüstrich

Trotz aller erkennbaren Hemmnisse verfügt die Soziale Selbstverwaltung noch immer über genügend Handlungsspielräume, um einen Beitrag zu einer qualitativ hochwertigen, bedarfsgerechten, nachhaltigen und wirtschaftlichen Versorgung zu leisten. Dafür ist es aber erforderlich, dass sie aus allgemeiner sozialpolitischer Programmatik operationale Zwecke und Ziele ableitet. Nur so kann Selbstverwaltung integrativ-ergänzend und subsidiär zwischen staatlicher Regulierung und dezentral wettbewerblicher Steuerung über den Markt ihre Möglichkeiten ausschöpfen. Derzeit gibt es nur wenige hinreichend operationale Ziele der Selbstverwaltung, die über eine (Sozial-)Wahlperiode hinwegreichen. Die meisten Selbstverwaltenden haben allerdings individuelle Vorerfahrung und ein »soziales« Gewissen und damit auch ohne konkrete Anweisungen für ihr Handeln eine hohe intrinsische Motivation. Zudem verfügen sie über sachbezogene Detailkenntnis, die sich in der überwiegend konsensorientierten Zusammenarbeit zwischen Vorstand, Arbeitgeber- und Arbeitnehmervertreter:innen insbesondere in den Fach- und Widerspruchsausschüssen auszahlt. Vor dem Hintergrund nahender Sozialwahlen bietet sich eine ideale Ausgangssituation für eine funktionale Weiterentwicklung und Neubesetzung der Sozialen Selbstverwaltung.

Die Anzahl der Reformversuche im deutschen Gesundheitssystem ist Legion. Seit dem Krankenversicherungs-Kostendämpfungsgesetz von 1977 versucht die Gesundheitspolitik in immer dichter werdender Abfolge eine nachhaltige Reform des deutschen Gesundheitssystems – allerdings mit begrenztem Erfolg. Eine langfristige Sicherung und Finanzierung einer innovativen, qualitativ hochwertigen, bedarfsgerechten und wirtschaftlichen Versorgung mit Gesundheitsgütern und -dienstleistungen wurden bisher nicht erreicht.

Es scheint, es wird nur an den Symptomen kuriert, ohne sich mit den grundlegenden Ursachen der unübersehbaren Steuerungsdefizite zu befassen. Der medizinisch-technische Fortschritt, die ungünstige demographische Entwicklung und nicht zuletzt die pandemiebedingten Besonderheiten stellen die Gesundheitspolitik vor große Herausforderungen. Diese Entwicklung betrifft nicht nur Deutschland, sondern alle westlichen Industriestaaten (OECD 2021).

Dass die Umbauversuche im Gesundheitssystem bisher nur begrenzt Erfolg erbrachten, kann im Wesentlichen auf zwei Ursachen zurückgeführt werden: Zum einen gibt es kaum einen gesellschaftlichen Bereich, in dem es gut organisierten und finanziell bestens ausgestatteten Interessensgruppen so erfolgreich gelingt wie hier, durch Lobbyarbeit den politischen Prozess im politisch und vor allem finanziell gewünschten eigenen Interesse zu beeinflussen. So wird die Umsetzung eines kohärenten Ordnungs- und Steuerungsrahmens verhindert.

Zum anderen finden die zur Problemlösung häufig dogmatisch diskutierten Vorschläge alternativer Ordnungstypen, wie z. B. Markt oder Staat, ihre Grenzen in den besonderen Eigenschaften und sozialpsychologischen Notwendigkeiten und in den zahlreichen Rationalitätenfallen des Gesundheitssystems. Allerdings wäre es vor dem Hintergrund der Komplexität auch vermessen zu glauben, es könne der große Wurf gelingen. Gesundheitspolitische Reformen werden auch in Zukunft nur pfadabhängig in einem evolutorisch-inkrementellen Prozess gelingen. Vor einer unreflektierten Übernahme ökonomischer (Markt- und Wettbewerbs-)Paradigmen sei jedoch ebenso gewarnt wie vor dogmatischen Denkverboten, dass sich das Gesundheitswesen aus sozialpolitischen und meritorischen Gründen grundsätzlich ökonomischen Steuerungsdebatten entziehe.

Die Problemstellung, die Auswahl eines geeigneten Steuerungstyps, ist Gegenstand einer Vielzahl gesundheitsökonomischer Untersuchungen (Blenk et al. 2016). Angesichts der auch im Gesundheitswesen unübersehbaren Knappheit soll eine möglichst effiziente Allokation von Ressourcen sichergestellt werden. Zur Beantwortung der Frage, welche

Gesundheitsgüter wie produziert werden und wie das Produktionsergebnis dann verteilt wird, stehen sich aus idealtypischer Perspektive zunächst zwei Ordnungstypen gegenüber: *Markt* versus *Staat*. In ihrer realtypischen Ausprägung bewegen sich die beiden Ordnungsmodelle in typologischer Hinsicht jedoch auf einem Kontinuum. In allen real existierenden Gesundheitssystemen können je nach gesundheitspolitischer Ausrichtung und Pfadabhängigkeit sowohl marktwirtschaftliche als auch staatliche Ordnungselemente gefunden werden, wobei in allen westlichen Systemen eine Konvergenz der Modelle beobachtet werden kann.

Selbstverwaltung zwischen Markt und Hierarchie

Letztlich geht es bei der Wahl eines geeigneten Steuerungsmodells immer um die Frage, nach welchem Verfahren über knappe Ressourcen entschieden wird. Lautet das Entscheidungsverfahren *Markt*, kommt es unter bestimmten Bedingungen zu einer pareto-optimalen Allokation (Breyer et al. 2005; Blankart et al. 2009), also einer Situation, in der niemand mehr bessergestellt werden kann, ohne dass jemand schlechtergestellt wird. Zu diesen Bedingungen zählen u. a. Wettbewerb, die Abwesenheit öffentlicher Güter, externer Effekte, ruinöser Konkurrenz und/oder natürlicher Monopole.

Ein kurzer Blick auf den »Gesundheitsmarkt« zeigt, dass diese Voraussetzungen zur Herstellung allokativer Effizienz in weiten Teilen des Gesundheitssystems nicht oder nur in wenigen Bereichen gegeben sind. Es gibt also eine ganze Reihe ökonomisch durchaus nachvollziehbarer Gründe dafür, dass eine dezentrale Steuerung knapper Mittel durch Markt und Wettbewerb im Gesundheitswesen zu suboptimalen Ergebnissen führt. Der begrenzte Erfolg aller Versuche, mit marktwirtschaftlichen Steuerungsinstrumenten zur nachhaltigen Überwindung von Dysfunktionalitäten im Gesundheitswesen beizutragen, scheint dies auch empirisch zu belegen.

Aber auch sozialpolitische Erwägungen sprechen oft gegen eine simplifizierende Übertragung marktwirtschaftlicher Prinzipien auf das Gesundheitswesen. Märkte sind sozial »blind«! Das der sozialen Krankenversicherung konstituierend inhärente System des sozialen Ausgleichs ist nur teilweise mit marktwirtschaftlichen Verteilungskategorien vereinbar: Der Markt entlohnt ohne soziale Rücksichtnahme nach der von ihm bewerteten Leistung der Produktionsfaktoren und gewährt Zugang zu Gütern und Dienstleistungen nach Zahlungsfähigkeit und -bereitschaft. Dass diese Verteilung nicht unbedingt mit den Gerechtigkeitsvorstellungen eines am individuellen Bedarf und an Solidarität ausgerichteten Gesundheitswesens korrespondiert, liegt auf der Hand. Soll aus Gründen der sozialen Gerechtigkeit auch in Zukunft eine ausschließlich bedarfsorientierte und nicht einkommens- und vermögensabhängige Leistungsgewährung garantiert werden, so sind ergänzend immer auch flankierende sozialpolitische Mechanismen und Entscheidungsverfahren erforderlich.

Bei Marktversagen oder aus Gerechtigkeitsüberlegungen liegt als Alternative eine hierarchische Regulierung des Gesundheitswesens nahe. An die Stelle des Marktes als Entscheider treten dann *Staat* und *Bürokratie*. Aber auch eine überwiegend staatliche Ressourcensteuerung weist eine unübersehbare Anzahl von Nachteilen auf: Rationierung von Gesundheitsgütern, schlechter Service und Warteschlangen sind symptomatisch. Diese Nachteile zeigen, dass staatlich organisierte (Gesundheitsplan-)Bürokratien ebenfalls kaum in der Lage sind, eine qualitativ hochwertige, an den Präferenzen der Steuerzahler und Patienten orientierte Versorgung zu gewährleisten. Auch abgesehen von der staatlichen Bürokratien inhärenten Ineffizienz besteht bei einer Finanzierung über den Staatshaushalt die Gefahr einer nach Kassen- und Haushaltslage finanzierten Gesundheitspolitik.

Vor dem Hintergrund unbefriedigender Steuerungsergebnisse von *Markt* und *Staat* scheint es lohnenswert, alternative Ordnungstypen in Bezug auf ihren Problemlösungsbeitrag zu betrachten. Als denkbare, ergänzende Alternative rückt dabei ein seit über 100 Jahren tradiertes und bewährtes Steuerungsmodell ins Blickfeld: Soziale Selbstverwaltung als *dezentral-subsidiäres System* der Entscheidungsfindung durch Verhandeln. Hier sollen jedoch nicht Input-legitimatorische Aspekte wie Ur- oder Friedenswahlen im Fokus der Argumentation stehen, sondern der Output-legitimatorische Beitrag von Selbstverwaltung.

Als vorteilhaft kann sich durch die Nähe der Selbstverwaltenden zu den Bedarfsträgern (Versicherte und Patient:innen) und Bedarfsdeckern (Kassen und Leistungserbringer) die bessere Präferenz- und Bedarfsorientierung bei der Berücksichtigung von Versicherten- und Patient:innenbelangen auswirken. Selbstverwaltung könnte idealerweise an der Schnittstelle zwischen Anbietern und Nachfragern wirken, um steuerungseffizient eine präferenz- und bedarfsorientierte Versorgung mit Gesundheitsgütern zu gewährleisten. Zudem scheint das Versorgungsgeschehen transparenter.

Aber auch aus sozialer Perspektive überzeugt Selbstverwaltung! Durch die Einbindung von Arbeitgeber- und Versichertenvertreter:innen in Entscheidungen von grundsätzlicher Bedeutung konkretisiert sie das Sozialstaatsgebot im Sinne einer solidarischen und verteilungsgerechten Gesundheitsversorgung. Sie stellt sozusagen das »soziale Gewissen« der Sozialversicherung dar, indem sie das ökonomisch Gebotene mit dem Prinzip des sozialen Ausgleichs verbindet: Sie ist arbeitnehmernah, beteiligungsorientiert und durch mittelbare Politikabstimmung demokratisch legitimiert.

Selbstverwaltung verkörpert darüber hinaus die Dekonzentration von Entscheidungskompetenzen und die Dezentralisation von Aufgaben, wie sie in der verfassungsrechtlich garantierten Konstruktion mittelbarer Staatsverwaltung angelegt ist. Durch eine ebenengerechte Konstruktion agiert sie subsidiär und betroffenenorientiert, indem sie die freiheitliche Selbstbesorgung und Selbstregelung öffentlicher Angelegenheiten in wichtigen Entscheidungen über Gestalt, Inhalte und Prozesse der sozialen Krankenversicherung auf die Versicherten und Patient:innen sowie ihre sachkundigen Repräsentanten überträgt. Durch die Beteiligung der Sozialpartner sowie von Versicherten- und Patienteninitiativen ergänzt sich die pluralistische Willensbildung, das Demokratieprinzip wird verwirklicht. Soziale Selbstverwaltung vereinbart somit das Verlangen nach wirtschaftlicher Effizienz im Gesundheitswesen mit dem Ideal einer sozial gerechten und demokratischen Gesellschaft. Umso erstaunlicher ist vor diesem Hintergrund nur, dass sie im aktuellen Koalitionsvertrag *Mehr Fortschritt wagen* so gut wie keine Erwähnung findet (SPD / Bündnis 90/Die Grünen / FDP 2021: 87).

Handlungsfelder, Hemmnisse und Handlungskompetenzen sozialer Selbstverwaltung

Wie bei anderen Ordnungstypen auch müssen bei einer Steuerung durch Selbstverwaltung bestimmte Voraussetzungen erfüllt sein, damit sie ihr Potential entfalten kann. In Analogie zur Kursbestimmung eines Schiffs müssen daher folgende Fragen beantwortet werden (Baumeister et al. 2013):

Wohin wird gesteuert?

Voraussetzung für ein erfolgreiches Handeln der Selbstverwaltung ist zunächst eine Orientierung an klaren Zielvorgaben. Nur wenn Ziel und Kurs hinreichend genau bestimmt sind, kann sie ihrer Steuerungsverantwortung gerecht werden. Diese Zielvorgaben sollten hinsichtlich ihres *Inhalts*, *Ausmaßes* und *zeitlichen Bezugs* möglichst konkret als praktische Handlungsvorgaben für die betroffenen Selbstverwalter:innen operationalisiert werden. Ganz allgemein setzt dies zunächst ein klares Bekenntnis der Listenträger zur Zukunft der Sozialen Selbstverwaltung als Teil einer sozialpolitischen Strategie voraus. Das darf sich aber nicht in allgemeinen Postulaten erschöpfen, sondern setzt die Formulierung konkreter Richtungsvorgaben für die zukünftige Versorgungs- und Vertragspolitik der Kassen voraus. Auch auf der (Arbeits-)Ebene der einzelnen Selbstverwalter:innen sollten individuelle Ziele und Motive vorhanden sein. Output-Legitimierung hängt davon ab, inwiefern es der Selbstverwaltung gelingt, nachhaltig zu einer qualitativ hochwertigen, bedarfsgerechten und wirtschaftlichen Gesundheitsversorgung beizutra gen, sich also über das Ergebnis des Handelns zu legitimieren. Die ambitionierte Herausforderung für die Selbstverwaltung besteht nun darin, diese unbestimmten Begriffe konkret für die Versicherten und Patient:innen mit Leben zu füllen.

Womit kann gesteuert werden?

Die Ableitung und Formulierung operationaler Ziele ist zwar notwendig, aber hinsichtlich der Wahrnehmung ökonomischer Steuerungsaufgaben nicht hinreichend. Handlungspotential besteht nur, wenn den Selbstverwaltenden sowohl geeignete Handlungsfelder als auch Aktionsparameter bereitgestellt werden: Welche Methoden, Möglichkeiten und Instrumente stehen den Akteur:innen in der Selbstverwaltung zur Verfügung? Auch wenn ihr Handlungsspielraum in den vergangenen Jahren eingeschränkt wurde, ergibt sich für die Selbstverwaltung noch eine Fülle an formalrechtlichen Regelungs- und Steuerungskompetenzen. Über diese Möglichkeiten hinaus besteht ergänzend auch noch eine ganze Reihe informeller Handlungsfelder und -möglichkeiten. Unbestritten stehen diesen auch handlungsbeschränkende formelle und informelle Hemmnisse gegenüber. Grund zum Pessimismus besteht jedoch nicht: Nach einer Gegenüberstellung und Abwägung aller Möglichkeiten kann immer noch ein deutlich erkennbares *Steuerungspotential* für die Selbstverwaltung abgeleitet werden.

Wer steuert, und wie wird kommuniziert?

Abschließend bleibt zu klären, nach welchen Kriterien die »Steuerleute« ausgewählt werden sollen und wie diese untereinander, mit ihren Listenträger sowie mit den Versicherten und Patient:innen kommunizieren und interagieren. Vor dem Hintergrund einer zunehmenden Komplexität des Gesundheitssystems mit seinen vielfältigen ökonomischen, technologischen und vor allem polit-ökonomischen Interdependenzen ist dies keineswegs trivial, da hinsichtlich der fachlich-inhaltlichen, methodischen und sozialen Kompetenzen erhebliche persönliche und intellektuelle Anforderungen an die Selbstverwalter:innen gestellt werden.

Gesucht werden also geeignete »Selbstverwaltungs-Persönlichkeiten«, durchaus auch vermehrt aus dem Kreis jüngerer und weiblicher Personen. Gelingt diese Auswahl, so müssen diese in zweifacher Hinsicht Unterstützung erfahren: Zum einen benötigen sie geeignete und auf Dauer angelegte Aus-, Fort- und Weiterbildungen, zum anderen darf ihre Begleitung und Unterstützung durch den Listenträger nach den Sozialwahlen nicht abgeschlossen sein.

Schlussfolgerungen für die Zielvorgaben und Motivation

Die für die Wahrnehmung ökonomischer Steuerungsaufgaben erforderlichen operationalen Ziele und Handlungsanweisungen der Listenträger sind in der Praxis kaum zu finden (Baumeister et al. 2013). Wenn überhaupt, gehen die Ziele über allgemein sozialpolitisch programmatische Handlungsleitlinien nicht hinaus. Anhalt für ein konkretes zweck- und zielorientiertes Vorgehen können diese nicht geben. Für ein zweckrationales Handeln in der Selbstverwaltung ist daher die Formulierung und Vorgabe operationaler Zielvorgaben, bspw. hinsichtlich einer Verbesserung der Versorgung, unerlässlich. Das kann in einem Sozialwahlprogramm geschehen.

Ebenso wichtig für ein erfolgreiches Handeln in der Selbstverwaltung sind aber auch eigene, individuelle Ziele der Selbstverwalter:innen, die über ein allgemein geäußertes, aber unbestimmtes Postulat, sich für Versicherteninteressen einsetzen zu wollen, hinausgehen. Voraussetzung hierfür ist eine sorgfältige Auswahl geeigneter, sozialpolitisch motivierter Kandidat:innen. Neben der Auswahl geeigneter Persönlichkeiten ist ferner eine grundlegende, initiierende Aus-, Fort- und Weiterbildung zu Beginn des Selbstverwalterengagements unerlässlich.

Für die Legitimation von Selbstverwaltung ist die Frage entscheidend, inwiefern sie durch ihr Handeln versicherten- und patientenorientiert zu einer besseren Versorgung (Output-Legitimation) beitragen kann. Wenn sich Selbstverwaltung vor allem über den Output legitimieren und dadurch ihre Wahrnehmung in der Öffentlichkeit verbessern soll, müsste ihr Handeln zudem transparenter sein.

Diverse formelle und informelle Hemmnisse haben die Handlungsspielräume der Selbstverwaltung in den vergangenen Jahrzehnten eingeengt. Dennoch können Selbstverwalter:innen die noch verbliebenen Handlungsmöglichkeiten häufig hinreichend genau benennen. Diese Möglichkeiten gilt es im Spannungsfeld divergierender Interessen von Arbeitnehmer- und Arbeitgebervertreter:innen, von Vertreter:innen verschiedener Listen, von hauptamtlichem Vorstand und Verwaltungsrat sowie der ökonomischen Sachzwänge von im Wettbewerb stehenden Kassen zu akzentuieren und aktivieren. Angesichts knapper personeller, sachlicher und zeitlicher Ressourcen sowie einer zunehmenden Komplexität des Gesundheitssystems kann neben einer für alle Selbstverwalter:innen verpflichtenden Aus-, Fort- und Weiterbildung eine themen- und zeitraumbezogene Schwerpunktsetzung für die Aktivierung ökonomischer Steuerungspotentiale hilfreich sein.

Eine Gegenüberstellung der Befunde zu den Zielvorgaben einerseits und den potentiellen Handlungsfeldern andererseits macht deutlich, dass es ein erhebliches Handlungs- und Vollzugsdefizit gibt und dass die Steuerungsmöglichkeiten nicht ausgeschöpft werden. Sowohl hinsichtlich der Auswahl der Ziele und Zwecke selbstverwalterischen Handelns als auch mit Blick auf die Mittel, d. h. das Wissen um die konkrete Beschaffenheit der Handlungsfelder und die auf diesen Feldern umsetzbaren Maßnahmen, kann bis dato weder von einer zweckorientierten noch von einer rationalen Form der Handlungsorganisation gesprochen werden.

Aus Sicht der Akteure besteht zur Aktivierung der vorhandenen Steuerungspotentiale der Sozialen Selbstverwaltung trotz erkennbarer Reformansätze erheblicher Handlungs- und Reformbedarf. Auch zukünftig muss es weiter gelingen, kompetente, durchsetzungsstarke, flexible, beharrliche und engagierte Selbstverwalter:innen mit einem ausgeprägten sozialen Gewissen sowie einem hohen Maß an Fach- und Methodenkompetenz für ein Engagement zu gewinnen. Umgesetzt werden müssen ferner auch bessere Regelungen zur besseren Vereinbarkeit von Mandat, Familie und Beruf.

Erhebliche Defizite sind bei der Aus-, Fort- und Weiterbildung zu konstatieren: Es fehlt an einem kohärenten, möglichst curricular strukturierten Bildungskonzept, das die Selbstverwalter:innen angemessen auf ihre Aufgaben vorbereitet und vor dem Hintergrund der hohen Veränderungsdynamik im Gesundheitswesen dauerhaft begleitet. Ein zentral angelegtes Bildungskonzept aus einer Hand könnte einen Kassenarten- und Selbstverwaltungsebenen-übergreifenden Informationsaustausch unter den Selbstverwalter:innen ermöglichen. Regionale Fragestellungen sollten aber auch in Zukunft auf dezentraler Ebene behandelt und vermittelt werden.

Kritisch zu beurteilen ist auch das knappe Zeitbudget, das den Selbstverwalter:innen zur dem Amt angemessenen Erledigung ihrer Aufgaben zur Verfügung steht. Eine besser abgestimmte Arbeitsteilung in Form institutionalisierter Netzwerke könnte hier hilfreich wirken. Soll Selbstverwaltung sich über ihren Output legitimieren, muss auch die Transparenz über sowohl herkömmliche als auch digitale Kommunikationskanäle erhöht werden.

Selbstverwaltung – quo vadis?

Der Befund zur Sozialen Selbstverwaltung und der daraus abgeleitete Handlungsbedarf ist sowohl für die politischen Entscheidungs- als auch für die Listenträger in den vergangenen Jahrzehnten in einer Vielzahl von Studien, Veröffentlichungen und Tagungen immer wieder aufbereitet und belegt worden. Aber zwischen dem Bekenntnis zur Fortentwicklung und Stärkung der Sozialen Selbstverwaltung durch die gesundheitspolitischen Entscheidungsträger und dem tatsächlichen politischen Handeln herrscht nach wie vor eine unübersehbare Kluft.

Dass die Zukunft einer pro-aktiven, steuerungsorientierten Selbstverwaltung an einem seidenen Faden hängt, belegte eindrucksvoll der Referentenentwurf aus dem Bundesgesundheitsministerium zum Faire-Kassenwahl-Gesetz (BMG 2019), dessen Verwirklichung die Mitwirkungs- und Gestaltungsmöglichkeiten der Selbstverwaltung auf der Ebene der Spitzenverbände und bei den Medizinischen Diensten der Krankenkassen faktisch abgeschafft hätte. Nur das konstruktive und entschlossene Zusammenwirken der Arbeitgeber- und Arbeitnehmerbänke, ihrer Listenträger sowie des Spitzenverbandes Bund konnten Schlimmeres abwenden. Es unterstrich aber gleichzeitig auch, wie wirkungsmächtig die Selbstverwaltung und ihre Träger nach wie vor sind.

Trotz ungünstiger Rahmenbedingungen gelingt es den Selbstverwaltungsmitgliedern der gesetzlichen Krankenkassen immer wieder erfolgreich, versicherten- und patientenorientiert zu handeln (Gerlinger et al. 2016). Die von der Hans-Böckler-Stiftung geförderte Studie betrachtete erfolgreiche Einzelfälle und leitete daraus Vorschläge für eine erfolgreiche Versichertenvertretung ab.

Trotz aller politischen Bekenntnisse zur Stärkung der Sozialen Selbstverwaltung und trotz programmatischer Absichtsbekundungen in den Koalitionsverträgen von 2013 und 2018 gab es keine gesetzgeberischen Initiativen für grundlegende und nachhaltige Reformen (Lambertin 2016). Vorschläge zur Stärkung der Output-Legitimation selbstverwalterischen Handelns, die von Wissenschaftler:innen, aber auch von Seiten der Listenträger eingebracht wurden, blieben unberücksichtigt (Nürnberger 2014; Beier et al. 2014; Frank 2018).

Zudem liegt der Fokus der Diskussion immer noch häufig auf Input-legitimatorischen Aspekten, der Frage also, ob in den Kassen Friedens- oder Urwahlen stattfinden. So nimmt diese Problematik auch bei den Reformvorschlägen der Bundeswahlbeauftragten in ihrem Schlussbericht für die Sozialversicherungswahlen 2017 einen breiten Raum ein. Sie floss dann 2021 in das *Gesetz zur Verbesserung der Transparenz in der Altersversorgung und der Rehabilitation sowie zur Modernisierung der Sozialversicherungswahlen* ein (Bundesgesetzblatt 2021), das den Krankenkassen die Möglichkeit zur Einführung von Online-Wahlen eröffnete und eine Frauenquote bei den nächsten Wahlen 2023 festschrieb.

Immerhin werden dort Vorgaben und Regelungen zur Ausbildung von Selbstverwalter:innen sowie Freistellungsregelungen für die Ausübung des Ehrenamtes konkretisiert. Im Hinblick auf die intendierte Frauenquote fehlen aber nach wie vor konkrete Maßnahmen zur Verbesserung der Vereinbarkeit von Familie, Beruf und Ehrenamt. Zudem sind finanzielle Ressourcen erforderlich, um die Öffentlichkeitsarbeit der Selbstverwaltung und die direkte Kommunikation mit den Versicherten zu verbessern.

Es bleibt daher festzuhalten, dass von den vielen Vorschlägen und Initiativen zur Output-legitimatorischen Stärkung der Sozialen Selbstverwaltung bisher nur wenige aufgegriffen und gesetzgeberisch umgesetzt wurden. Das unbestreitbar vorhandene, in vielen Studien eindrucksvoll belegte ökonomische Steuerungspotential sozialer Selbstverwaltung liegt wie in einem »Dornröschenschlaf«, als wartete es nur darauf, endlich »wachgeküsst« zu werden.

Literatur

Baumeister K./Wüstrich T. 2013: Soziale Selbstverwaltung in der gesetzlichen Krankenversicherung. Arbeitspapier 277, Hans-Böckler-Stiftung. Düsseldorf.
Beier A./Güner G. 2014: Vorschläge zur Stärkung der Sozialen Selbstverwaltung. In: Soziale Sicherheit 11/2014: 390–392.
Beier A./Güner G. 2015a: Wie erfolgreich sind Widersprüche gegen Kassenbescheide? Das Widerspruchsverfahren in der Kranken- und Pflegeversicherung. In: Soziale Sicherheit 8–9/2015: 305–309.
Beier A./Güner G. 2015b: Bessere Arbeit im Widerspruchsausschuss, Anregungen für eine gute Praxis in der Kranken- und Pflegeversicherung. In: Soziale Sicherheit 8–9/2015: 310–315.
Blankart C./Fasten E. 2009: Das deutsche Gesundheitswesen zukünftig gestalten, Patientenseite stärken – Reformunfähigkeit überwinden. Berlin.
Blenk T./Wüstrich T. 2016: Die Rolle des Wettbewerbs im Gesundheitswesen – Erfahrungen aus Deutschland, den Niederlanden und der Schweiz. WISO Diskurs 01/2016, Friedrich-Ebert-Stiftung. Bonn.
Braun B./Klenk T./Kluth W./Nullmeier F./Welti F. 2008: Modernisierung der Sozialversicherungswahlen. Baden-Baden.
Breyer F./Kifmann M. 2005: Gesundheitsökonomik. 5. Aufl. Berlin.
Bundesgesetzblatt 2021: Gesetz zur Verbesserung der Transparenz in der Alterssicherung und der Rehabilitation sowie zur Modernisierung der Sozialversicherungswahlen und zur Änderung anderer Gesetze (Gesetz Digitale Rentenübersicht) vom 11. Februar 2021. Online: https://www.bgbl.de/xaver/bgbl/start.xav?startbk=Bundesanzeiger_BGBl&start=//*%5B@attr_id=%27bgbl121s0154.pdf%27%5D#__bgbl__%2F%2F*%5B%40attr_id%3D%27bgbl121s0154.pdf%27%5D__1644571745143 [Zugriff: 11.02.2022].
Bundesministerium für Gesundheit (BMG) 2019: Referentenentwurf eines Gesetzes für eine faire Kassenwahl in der gesetzlichen Krankenversicherung (Faire-Kassenwahl-Gesetz – GKV-FKG) vom 25.03.2019. Online: https://www.bundesgesundheitsministerium.de/fileadmin/Dateien/3_Downloads/Gesetze_und_V

erordnungen/GuV/G/RefE_Gesetz_fuer_eine_faire_Kassenwahl_in_der_GKV.pdf [Zugriff: 24.06.2022].

SPD / Bündnis 90/Die Grünen / FDP 2021: Mehr Fortschritt wagen. Bündnis für Freiheit, Gerechtigkeit und Nachhaltigkeit. Online: https://www.bundesregierung.de/resource/blob/974430/1990812/04221173eef9a6720059cc353d759a2b/2021-12-10-koav2021-data.pdf [Zugriff: 06.02.2022].

Der Bundeswahlbeauftragte für die Sozialversicherungswahlen (Hrsg.) 2012: Schlussbericht zu den Sozialwahlen 2011. Berlin.

Die Bundeswahlbeauftragte für die Sozialversicherungswahlen (Hrsg.) 2018: Schlussbericht zu den Sozialwahlen 2017. Berlin.

Frank M. 2018: Das 10-Punkte-Programm zur Reform der Selbstverwaltung, Zu den Vorschlägen der Beauftragten für die Sozialversicherungswahlen. In: Soziale Sicherheit 4/2018: 160–162.

Gerlinger T./Wüstrich T. 2016: Beispiele für erfolgreiches Handeln bei den Krankenkassen (Teil 1), in: Soziale Sicherheit 3/2016: 93–102.

Gerlinger T./Wüstrich T. 2016: Beispiele für erfolgreiches Handeln bei den Krankenkassen (Teil 2), in: Soziale Sicherheit 5/2016: 192–197.

Hartje A./Wüstrich T. 2012: Praxismodelle für mehr Versichertennähe in gesetzlichen Krankenkassen. IG-Metall. Frankfurt a. M.

Lambertin K. 2016: Ein »Stärkungsgesetz« schwächt die Selbstverwaltung. In: Soziale Sicherheit 12/2016: 428–429.

Nürnberger I. 2014: Soziale Selbstverwaltung weiterentwickeln – mit Augenmaß! In: Soziale Sicherheit 7/2014: 256.

OECD 2021: Health at a Glance: OECD Indicators. Paris. DOI: https://doi.org/10.1787/ae3016b9-en.

Die Selbstverwaltung im System des Gesundheitswesens

Claudia Maria Hofmann

Die funktionale Selbstverwaltung im Gesundheitswesen ist vor allem geprägt durch Betroffenenpartizipation und ein begrenztes Recht der Akteure, durch Satzungen eigene Normen festzulegen. Der Beitrag gibt einen Überblick über die verschiedenen Gremien, Organisationen und Institutionen, in denen die unterschiedlichen und oft gegensätzlichen Interessen z. B. von Versicherten und Arbeitgebern, Leistungsbezieher:innen und Leistungserbringern aufeinanderstoßen. Den Anfang bilden die Organe der Sozialen Selbstverwaltung bei den einzelnen Sozialversicherungsträgern, also die durch Sozialwahlen legitimierten Verwaltungsräte. Es folgen die Verbände der Krankenkassen, die dann auf Länder- und Bundesebene ihre Interessen gegenüber den Kassen(zahn)ärztlichen Vereinigungen zur Geltung bringen. Vervollständigt wird das Bild durch die gemeinsame Selbstverwaltung, in der Sozialversicherungsträger und Leistungserbringer zusammenwirken. Dazu zählen der Gemeinsame Bundesausschuss und seine wissenschaftlichen Institute (IQWiG, IQTIG), eine Vielzahl von Ausschüssen (z. B. Landesausschüsse) und Dienstleister wie die gematik.

Das Prinzip der Selbstverwaltung ist – neben dem Versicherungsprinzip, dem Solidaritätsprinzip und der Beitragsfinanzierung – eines der tragenden Strukturprinzipien der Sozialversicherung im Allgemeinen (Keck 2015: 7 ff.) und der gesetzlichen Krankenversicherung (GKV) im Besonderen (Axer 2002: 377). Es prägt das Gesundheitswesen auch darüber hinaus, insbesondere im Bereich der leistungserbringenden Akteure. Seit der Kaiserlichen Botschaft aus dem Jahre 1881, die der Selbstverwaltung attestierte, »die Lösung auch von Aufgaben möglich [zu] machen, denen die Staatsgewalt allein in gleichem Umfange nicht gewachsen sein würde« (Text abgedruckt in: ZSR 1981: 730), hat sich ihre Ausprägung im Gesundheitswesen an vielen Stellen verändert. Die Zuweisung von Mitteln und Kompetenzen zur autonomen Steuerung dieses bedeutsamen Bereichs der Daseinsvorsorge sind heute vielfach durch Regelungen des parlamentarischen Gesetzgebers überformt. Dieser Beitrag gibt einen Überblick über die zentralen institutionellen Akteure im Bereich der Selbstverwaltung im Gesundheitswesen und ihre Aufgaben. Durch die Bezugnahme auf die geltenden Vorschriften des Sozialgesetzbuchs IV (Sozialversicherung, SGB IV) und des Sozialgesetzbuchs V (Gesetzliche Krankenversicherung, SGB V) soll auch in die einschlägigen Regelungen eingeführt werden.

Zum Begriff der Selbstverwaltung

Ausgangspunkt ist zunächst der Gedanke, dass ein bestimmter Bereich staatlicher Aufgaben nicht unmittelbarer in staatlicher Trägerschaft ausgeübt wird, sondern mittelbar durch rechtlich selbstständige Verwaltungsträger. Mit dieser Dezentralisierung geht die Hypothese einher, dass diese Aufgaben zielführender durch Akteure mit mehr Orts- und Sachnähe ausgeführt werden können. Ein zentraler Anwendungsfall ist die Selbstverwaltung durch die Kommunen. Als Körperschaften des Öffentlichen Rechts sind sie durch das Grundgesetz (Art. 28 Abs. 2 GG) mit Selbstverwaltungshoheit ausgestattet. Die Mitgliedschaft ergibt sich hier über den Wohnort im Gemeindegebiet.

Von der kommunalen Selbstverwaltung lässt sich begrifflich die sog. *funktionale Selbstverwaltung* unterscheiden, die »als Sammelbegriff […] schlicht alle nicht-kommunalen Selbstverwaltungsträger erfaßt« (Kluth 1997: 12), deren Aktivitäten bestimmten Aufgabenbereichen *funktional* zugeordnet werden können. So wird etwa die Tätigkeit der Hochschulen, der öffentlich-rechtlichen Rundfunkanstalten oder der Industrie-

und Handelskammern zur funktionalen Selbstverwaltung gezählt (Überblick bei Kluth 1997). Dieser funktionalen Selbstverwaltung kann auch die *Soziale Selbstverwaltung* zugerechnet werden (s. dazu Art. 87 Abs. 2 GG). Zu ihren zentralen Akteuren zählen insbesondere die Sozialversicherungsträger, in deren Zuständigkeitsbereich ein wesentlicher Teil der u. a. aus dem Sozialstaatsprinzip (Art. 20 Abs. 1 GG) folgenden Aufgaben fällt. Anders als im Fall der kommunalen Selbstverwaltung, deren Bestand durch Art. 28 Abs. 2 GG im Sinne einer institutionellen Garantie gesichert ist, entfaltet Art. 87 Abs. 2 GG keinen vergleichbaren Schutz für die Soziale Selbstverwaltung. Überwiegend geht man jedoch davon aus, dass die Wahrnehmung der durch das Grundgesetz eingeräumten Kompetenzen einen gewissen Grundbestand an sozialer Selbstverwaltung voraussetzt (Burgi 2018: Rn. 76 f. mwN).

Begrifflich können zudem die *juristische* und die *politische Selbstverwaltung* unterschieden werden. Dies verdeutlich auch die zentrale Norm des § 29 SGB IV, die beide Facetten des Selbstverwaltungsbegriffs aufgreift: die juristische Selbstverwaltung, indem Abs. 1 statuiert, dass die Sozialversicherungsträger »rechtsfähige Körperschaften des öffentlichen Rechts mit Selbstverwaltung« sind, und die politische Selbstverwaltung durch den Hinweis in Abs. 2, dass die Selbstverwaltung in der Regel »durch die Versicherten und die Arbeitgeber« ausgeübt wird.

Strukturelemente der Selbstverwaltung

Die unterschiedlichen Ausprägungsformen der Selbstverwaltung in Deutschland bringen es mit sich, dass es sich eher um ein »inhomogenes Organisationsprinzip« handelt (Kahl 2014: Rn. 28). Gleichwohl lassen sich gemeinsame Strukturelemente beschreiben, die auch in der Selbstverwaltung im Gesundheitswesen auszumachen sind. Dazu gehört zunächst die *Betroffenenpartizipation*: Selbstverwaltung zielt auf die »eigenverantwortliche Erledigung öffentlicher Aufgaben durch die davon Betroffenen« (Klenk 2006: 274) ab. Dabei kann die Art und Weise der

Betroffenheit durchaus unterschiedlich ausgeprägt sein (Hendler 2009: Rn. 32), wie sich in der Sozialen Selbstverwaltung aufseiten der Versicherten- bzw. Arbeitgebervertreter:innen oder im Bereich der gemeinsamen Selbstverwaltung (siehe weiter unten) in Gestalt der Organisationen der personellen und institutionellen Leistungserbringer sowie der Krankenkassen zeigt.

Mit dem Recht zur Selbstverwaltung geht auch ein auf den Aufgabenbereich begrenztes Recht zur Normsetzung (*Satzungshoheit*) einher (Kahl 2014: Rn. 28). Dabei ist mit der zuvor erwähnten Eigenverantwortlichkeit eine gewisse Staatsdistanz verbunden (Hendler 2009: Rn. 35 f.); gleichzeitig bleibt es bei der Bindung an Vorrang und Vorbehalt des Gesetzes (letzteres auch explizit in § 31 SGB I). Beiden Aspekten trägt z. B. § 29 Abs. 3 SGB IV Rechnung, und auch die Ausgestaltung der *Staatsaufsicht* im Kontext des SGB V spiegelt dies wider: Eine Kontrollinstanz, die sich in der Regel auf eine reine Rechtsaufsicht beschränkt und keine Fachaufsicht ausübt, respektiert einerseits die Bereiche der Selbstverwaltungsautonomie, während sie andererseits über die Einhaltung von Gesetz und Recht wacht (vgl. exemplarisch § 87 Abs. 1 oder § 78 Abs. 3 SGB V; s. zum Überblick Schmehl 2007).

Soziale Selbstverwaltung im Gesundheitswesen

Im Gesundheitswesen stehen Krankenkassen und ihre Verbände den ebenfalls als Körperschaften des öffentlichen Rechts organisierten Kassen(zahn)ärztlichen Vereinigungen (KVen und KZVen) und ihren Bundesvereinigungen (KBV bzw. KZBV) rechtlich gleichrangig gegenüber (Hofmann/Wallrabenstein 2022: Rn. 137).

Krankenkassen

Für die Krankenkassen wiederholt § 4 Abs. 1 SGB V die Zuordnung als rechtsfähige Körperschaften des öffentlichen Rechts mit Selbstverwaltung. Diese handelt nicht selbst, sondern durch ihre Organe (dabei wird das Handeln der beteiligten natürlichen Personen dem Organ zugerechnet).

Generell sieht § 31 Abs. 1 S. 1 SGB IV für die Sozialversicherungsträger als Selbstverwaltungsorgane eine Vertreterversammlung und einen ehrenamtlichen Vorstand vor; letzterer ist nicht zu verwechseln mit der Geschäftsführung, die nicht zu den Selbstverwaltungsorganen zählt.

Bei den Krankenkassen ist die Konstellation modifiziert: Zentrales Selbstverwaltungsorgan in den Orts-, Betriebs- und Innungskrankenkassen sowie den Ersatzkassen ist der Verwaltungsrat (§§ 31 Abs. 3a SGB IV, 197 SGB V). Dieser ist in der Regel paritätisch mit zusammen höchstens 30 Vertreter:innen der Arbeitgeber- und der Versichertenseite besetzt (§ 33 SGB IV). Eine historisch gewachsene Ausnahme machten früher die Ersatzkassen, in deren Verwaltungsräten nur die Versicherten vertreten waren. Seit der Einführung der Möglichkeit zur kassenübergreifenden Fusion sind jedoch auch hier mittlerweile fast in allen Verwaltungsräten Arbeitgebervertreter:innen präsent. Von den Verwaltungsräten der sechs Ersatzkassen sind zwei (TK, hkk) paritätisch besetzt, in dreien (DAK, Barmer, KKH) gibt es Minderheitsfraktionen und in einem (HEK) nur Versichertenvertreter:innen. Verwaltet werden die oben genannten Krankenkassen durch einen – vom Verwaltungsrat gewählten – hauptamtlichen Vorstand; dieser ist dem Verwaltungsrat gegenüber berichtspflichtig und vertritt die Krankenkasse gerichtlich und außergerichtlich (§ 35a Abs. 1 u. 2 SGB V).

Zu den Kernaufgaben des Verwaltungsrats gehören neben dem Beschluss der Satzung (s. auch § 34 SGB IV) und sonstigem autonomen Recht die Wahl und Überwachung des Vorstands, die Beratung und Entscheidung von Grundsatzfragen, die Feststellung (also der Beschluss) des Haushaltsplanes, die Entscheidung über die Entlastung des Vorstands wegen der Jahresrechnung, die Beschlussfassung über den Erwerb oder die Veräußerung von Grundstücken oder über die Errichtung von Gebäuden sowie über die Auflösung der Krankenkasse oder die freiwillige Vereinigung mit anderen Krankenkassen (§ 197 SGB V).

Noch einmal deutlich anders sieht Selbstverwaltung bei der Sozialversicherung für Landwirtschaft, Forsten und Gartenbau (SVLFG) und der Deutschen Rentenversicherung Knappschaft-Bahn-See (DRV KBS) aus. Dort verwalten die Selbstverwaltungsorgane auch die jeweils dazugehörige Krankenkasse in folgender Besetzung: In der SVLFG gehören der Vertreterversammlung 60 Mitglieder an, davon 20 Arbeitnehmervertreter:innen, 20 Selbständige ohne fremde Arbeitskräfte und 20 Arbeitgebervertreter:innen; der Vorstand besteht aus 15 Mitglieder der genannten Gruppen (mit alternierenden Vorsitzenden). Die Vertreterversammlung der DRV KBS ist paritätisch mit insgesamt 30 Versicherten- und Arbeitgebervertreter:innen besetzt.

Sozialwahlen

Gewählt werden die Selbstverwaltungsorgane der Sozialversicherungsträger – und damit auch der gesetzlichen Krankenkassen – im Rahmen der sog. Sozialversicherungswahlen (kurz: *Sozialwahlen*; s. § 45 SGB IV). Die Amtsdauer der Vertreter:innen in den Selbstverwaltungsorganen bringt es mit sich, dass allgemeine Sozialwahlen in der Regel alle sechs Jahre stattfinden (vgl. § 58 Abs. 2 S. 1 SGB IV). Die nächsten Sozialwahlen stehen 2023 an.

Dabei erfolgt die Wahl der Vertreter:innen der jeweiligen Statusgruppen getrennt aufgrund von Vorschlagslisten (§ 46 Abs. 1 SGB IV). Hier kommt den Gewerkschaften und den Arbeitgebervereinigungen aufgrund eines entsprechenden Vorschlagsrechts (§ 48 Abs. 1 SGB IV) maßgeblicher Einfluss auf die Bestellung der Organmitglieder zu (Hänlein 2016: Rn. 10). Was die Durchführung der Wahl betrifft, so sieht das Sozialversicherungsrecht neben dem Regelfall der Wahl mit Wahlhandlung (Urwahl) auch sog. *Friedenswahlen* (Wahlen ohne Wahlhandlung) vor (§ 46 Abs. 1 u. 2 SGB IV). Letztere sind dann möglich, wenn entweder aus den jeweiligen Gruppen der Versicherten bzw. der Arbeitgeber nur eine Vorschlagsliste zugelassen wird oder auf mehreren Vorschlagslisten insgesamt nicht mehr Bewerber:innen benannt werden, als für die jeweilige Gruppe Mitglieder zu wählen sind. In der Praxis der Sozialwahlen lässt sich jedoch beobachten, dass die Regel einer Wahl mit Wahlhandlung immer mehr zur Ausnahme wird (Die Bundewahlbeauftragte für die Sozialversicherungswahlen 2017: 15). Dies verdeutlicht auch die folgende Übersicht für die Sozialwahlen im Jahr 2017:

Tab. 1: Anzahl der Wahlen mit Wahlhandlung bei der Sozialwahl 2017 (Quelle: Die Bundeswahlbeauftragte für die Sozialversicherungswahlen 2018: 16)

Zweig der Sozialversicherungsträger	Anzahl der Versicherungsträger	Durchführung einer Wahlhandlung
Allgemeine Ortskrankenkassen	11	0
Innungskrankenkassen	6	0
Ersatzkassen	6	5
Betriebskrankenkassen	88	2
Rentenversicherungsträger	16	2
Sozialversicherung für Landwirtschaft, Forsten und Gartenbau	9	1
Berufsgenossenschaft	24	0
Unfallkassen	1	0
Gesamt	161	10

In Reaktion u. a. auf die zwar grundsätzlich gestiegene, aber mit 30,42 % im Jahr 2017 gleichwohl ausbaufähige Wahlbeteiligung bei den Sozialwahlen wird es – neben der Briefwahl (§ 54 Abs. 1 SGB IV) – im Jahr 2023 im Rahmen eines Modellprojekts auch die Option einer Durchführung von Online-Wahlen geben (§§ 194a ff. SGB V; zur Frage der rechtlichen Zulässigkeit s. Spiecker gen. Döhmann/Bretthauer 2019). Sie beschränkt sich jedoch auf den Bereich der Krankenkassen und betrifft auch nur die Wahl der Versichertenvertreter:innen (zur Begründung s. BT Drs. 19/19037, 51). Vorbereitungen, um am Modellprojekt teilnehmen zu können, haben 15 Krankenkassen getroffen: die sechs Ersatzkassen (Techniker Krankenkasse, Barmer, DAK-Gesundheit, KKH Kaufmännische Krankenkasse, hkk-Handelskrankenkasse und HEK-Hanseatische Krankenkasse), fünf Betriebskrankenkassen, zwei Ortskrankenkassen, eine Innungskrankenkasse und die Bergische Krankenkasse. Die für die Mitgliedschaft in der *ARGE Modellprojekt Online-*

Wahlen 2023 notwendige und damit zur Ermöglichung der Online-Wahlen erforderliche Satzungsregelung haben die 15 Krankenkassen verabschiedet (vdek 2022).

Grundsätzlich kann die Online-Durchführung niedrigschwellig die Wahl erleichtern; hier wird man die Ergebnisse der gesetzlich vorgesehenen Evaluation des Projekts abwarten müssen. Es gilt aber zu bedenken, dass gewisse Wahlberechtigte digitale Angebote nicht nutzen (können). Dem wird mit der weiterhin bestehenden Briefwahlmöglichkeit Rechnung getragen. Generell sollte mit dem Angebot einer Online-Durchführung eine intensive Öffentlichkeitsarbeit (gerade im Bereich sozialer Netzwerke) einhergehen, um die Versicherten nicht nur auf die Sozialwahlen aufmerksam zu machen (hier besteht durchaus Optimierungsbedarf). Zudem könnte so auch den Kandidat:innen eine Plattform gegeben werden, um zum einen die Sichtbarkeit ihres Engagements in der Selbstverwaltung zu erhöhen und zum anderen zumindest ein wenig auf den wiederkehrenden Kritikpunkt der Intransparenz der Sozialwahlen zu reagieren.

Viel gewichtiger sind die Kritik der Intransparenz und die Zweifel am Legitimationspotenzial jedoch im Fall der Friedenswahlen (s. etwa Braun 2020; Wimmer 2004), die – mangels Wahlhandlung – von der soeben beschriebenen Digitalisierung der Sozialwahlen gar nicht betroffen sind. Wenn die Zahl der Urwahlen also vergleichbar gering ausfällt wie im Jahr 2017, ist zumindest zweifelhaft, ob die von der Online-Option erhoffte Stärkung der Sozialen Selbstverwaltung durch eine größere Wahlbeteiligung erzielt werden kann.

Verbände der Krankenkassen

Landesverbände und Landesvertretungen

Die einzelnen Aufgaben der Landesverbände der Orts-, Betriebs- und Innungskrankenkassen sind im SGB V normiert (s. § 211 Abs. 1 SGB V).

Für die Ersatzkassen, d. h. den vdek und seine Landesvertretungen, sind entsprechende Aufgaben wegen der privatrechtlichen Struktur des vdek de jure in deren Satzung geregelt, entsprechen aber de facto den gesetzlichen Aufgaben. Die Landesverbände unterstützen ihre Mitgliedskassen insbesondere durch Beratung und Unterrichtung oder durch die Förderung und Mitwirkung bei der beruflichen Aus-, Fort- und Weiterbildung (§ 211 SGB V) bei der Erfüllung ihrer Aufgaben und bei der Wahrnehmung ihrer Interessen. Zu den Kernaufgaben der Landesverbände im Bereich der gemeinsamen Selbstverwaltung (s. weiter unten) zählt insbesondere der Abschluss regionaler *Gesamtverträge* mit den Kassen(zahn)ärztlichen Vereinigungen u. a. zur Regelung der Vergütungen der an der vertrags(zahn)ärztlichen Versorgung teilnehmenden Leistungserbringer (§§ 82, 83 SGB V). Der allgemeine Inhalt der Gesamtverträge wird durch Bundesmantelverträge vorgegeben, um eine bundeseinheitliche Ausgestaltung zu gewährleisten. Aufgabe der Landesverbände ist es ferner, mit den KVen bzw. KZVen Vereinbarungen zur Sicherstellung der Versorgung mit Arznei- und Heilmitteln zu treffen (§ 84 SGB V) oder Verträge zur sektorenübergreifenden Versorgung (§ 115 SGB V) zu schließen; Vertragspartner sind in letzterem Fall neben den KVen die Landeskrankenhausgesellschaft oder die Vereinigungen der Krankenhausträger im Land. Die Aufgaben, die die Landesverbände im Bereich der Bedarfsplanung wahrnehmen, sind weiter unten gesondert beschrieben.

Auf Länderebene sind die Orts-, Betriebs- und Innungskrankenkassen in Landesverbänden organisiert, für die das SGB V ebenfalls den Status von Körperschaften des öffentlichen Rechts vorsieht (§ 207 Abs. 1 SGB V). Organe der Landesverbände sind der ehrenamtliche Verwaltungsrat (§ 209 SGB V) und der hauptamtliche Vorstand. Dem Vorstand obliegt die Vertretung der Landesverbände nach außen, seine Mitglieder werden vom jeweiligen Verwaltungsrat für eine Amtszeit von sechs Jahren gewählt (Wiederwahl ist möglich). Die höchstens 30 Mitglieder des Verwaltungsrates wiederum werden grundsätzlich paritätisch durch Vertreter:innen der Versicherten und der Arbeitgeber gestellt. Abweichungen davon sind möglich, sofern mindestens die Hälfte der Mitglieder die Versichertenseite vertritt (§§ 209 Abs. 2, 44 Abs. 4 SGB V).

Die Mitglieder des Verwaltungsrats der Landesverbände werden durch die Verwaltungsräte der Mitgliedskassen gewählt. Nach außen vertreten werden die Landesverbände durch den hauptamtlichen Vorstand, dessen Mitglieder vom Verwaltungsrat für eine Amtszeit von sechs Jahren gewählt werden (Wiederwahl ist möglich).

Die Interessen der Ersatzkassen werden auf Landesebene durch den Verband der Ersatzkassen (vdek) bzw. seine 15 Landesvertretungen und eine regionale Geschäftsstelle vertreten. Der vdek ist privatrechtlich als eingetragener Verein organisiert, und die Landesvertretungen sind de jure keine Körperschaften öffentlichen Rechts. Die Organisationsstruktur folgt jedoch auch hier dem Selbstverwaltungsgedanken: Zentrales Entscheidungsgremium ist die Mitgliederversammlung, bestehend aus 38 ehrenamtlichen Vertreter:innen, die den Verwaltungsräten der Mitgliedskassen angehören. Die Mitgliedskassen entsenden ferner ihren hauptamtlichen Vorstand sowie bis zu zwei ehrenamtliche Mitglieder in den Gesamtvorstand des vdek. Aus der Gruppe der ehrenamtlichen Gesamtvorstandsmitglieder wählt die Mitgliederversammlung eine:n ehrenamtliche:n Verbandsvorsitzende:n. Die Vertretung nach außen übt der hauptamtliche Vorstand aus. Für die knappschaftliche Krankenversicherung nimmt die Deutsche Rentenversicherung Knappschaft-Bahn-See die Aufgaben eines Landesverbands wahr (§ 213 Abs. 3 SGB V).

Spitzenverband Bund der Krankenkassen

Auf Bundesebene werden die Krankenkassen durch den Spitzenverband Bund der Krankenkassen (GKV-Spitzenverband) repräsentiert.

Eine der zentralen Aufgaben des GKV-Spitzenverbands liegt in der Vereinbarung der *Bundesmantelverträge* mit den Kassen(zahn)ärztlichen Bundesvereinigungen (s. insb. §§ 82 Abs. 1, 87 SGB V) zur Sicherstellung der vertrags(zahn)ärztlichen bzw. vertragspsychotherapeutischen Versorgung. Zum gesetzlich vorgegebenen Inhalt der Bundesmantelverträge gehören unter anderem die Richtlinien des Gemeinsamen Bundesauschusses (G-BA) sowie die Einheitlichen Bewertungsmaßstäbe. Diese werden – unter erheblicher Vorprägung durch Vorschriften im SGB V – zur Regelung der vertrags(zahn)ärztlichen bzw. vertragspsychotherapeutischen Vergütung durch *Bewertungsausschüsse* beschlossen, die sich paritätisch aus drei Vertreter:innen der KBV bzw. KZBV und drei vom GKV-Spitzenverband bestellten Vertreter:innen zusammensetzen.

Auch der GKV-Spitzenverband ist eine Körperschaft des öffentlichen Rechts (§ 217a Abs. 2 SGB V). Selbstverwaltungsorgan des GKV-Spitzenverbands ist der Verwaltungsrat. Seine höchstens 52 Mitglieder werden von einer Mitgliederversammlung gewählt, in die die Mitgliedskassen jeweils eine:n Arbeitnehmer:in und eine:n Versichertenvertreter:in entsenden. Nach außen vertreten wird auch der GKV-Spitzenverband durch einen Vorstand.

Mit dem Gesetz für einen fairen Kassenwettbewerb wurde 2020 ein weiteres Gremium im Gefüge des GKV-Spitzenverbands geschaffen: der Lenkungs- und Koordinierungsausschuss (LKA) (§ 217b Abs. 4–6 SGB V). Der LKA setzt sich zusammen aus je einem weiblichen und einem männlichen hauptamtlichen Vorstandsmitglied der Orts-, der Betriebs-, der Innungskrankenkassen und der Ersatzkassen sowie je einem Mitglied der Geschäftsführung der Deutschen Rentenversicherung Knappschaft-Bahn-See und der landwirtschaftlichen Krankenkasse. Gewählt werden die Mitglieder des LKA von den Mitgliedern des Verwaltungsrats der jeweiligen Kassenart. Zuständig ist der LKA insbesondere für versorgungsbezogene Entscheidungen des Vorstands, die »im Benehmen« mit dem LKA zu treffen sind. Es handelt sich dabei um kein rein beratendes Gremium, auch wenn der LKA allein keine Entscheidungen treffen kann (Wiercimok/Rau 2022: Rn. 37; kritisch zur Einführung daher Klemens 2019).

Kassen(zahn)ärztliche Vereinigungen

§ 77 SGB V sieht für jedes Bundesland die Bildung einer Kassenärztlichen und einer Kassenzahnärztlichen Vereinigung vor. Ausgenommen ist lediglich Nordrhein Westfalen, wo historisch gewachsen die K(Z)Ven Nordrhein und Westfalen-Lippe zuständig sind. Auch sie sind Körperschaften des öffentlichen Rechts. Bei Vereinbarungen über die Vergütung der Arbeit und bei der Verteilung dieser Vergütung an ihre Mitglieder sowie bei der Sicherstellung einer flächendeckenden vertragsärztlichen Versorgung nehmen sie wichtige Aufgaben wahr. Ferner sind die K(Z)Ven auch dafür zuständig, die Einhaltung der Pflichten ihrer Mitglieder zu überwachen (§ 75 Abs. 2 SGB V).

Auch die K(Z)Ven in den Bundesländern verfügen über eine ehrenamtliche Vertreterversammlung und einen hauptamtlichen Vorstand. Anders als § 4 Abs. 1 SGB V ist das Selbstverwaltungsrecht für die K(Z)Ven und ihre Bundesvereinigungen nicht explizit im SGB V geregelt. Es wird aber vorausgesetzt, etwa wenn in § 79 Abs. 1 SGB V, der sowohl für die Organisation auf Landes- als auch auf Bundesebene gilt, die Vertreterversammlung als »Selbstverwaltungsorgan« bezeichnet wird.

Auf Bundesebene sind die KVen bzw. KZVen in einer Kassenärztlichen (KBV) bzw. Kassenzahnärztlichen Bundesvereinigung (KZBV) zusammengeschlossen (§ 77 Abs. 4 SGB V). Vertreter:innen der KBV bzw. KZBV stellen – zusammen mit Vertreter:innen der Deutschen Krankenhausgesellschaft – die »Leistungserbringer-Bank« im G-BA (s. weiter unten).

Selbstverwaltung der sog. freien Berufe

Nicht zur Sozialen Selbstverwaltung zählen Akteure der berufsständischen Selbstverwaltung. Im Gesundheitswesen sind hier beispielsweise die Ärzte-, Zahnärzte-, Psychotherapeuten- oder Apothekerkammern sowie die entsprechenden Zusammenschlüsse auf Bundesebene zu nennen. Zu ihren Aufgaben gehören etwa die Regulierung und Überwachung der jeweiligen Berufspflichten, die Qualitätssicherung sowie die Wahrnehmung und Vertretung der Interessen ihrer Mitglieder. Dabei zählen sie ebenfalls zu wichtigen gesundheitspolitischen Akteuren auf der Mesoebene im deutschen Gesundheitssystem.

Gemeinsame Selbstverwaltung

Strukturell von der Sozialen Selbstverwaltung zu unterscheiden ist die sog. *Gemeinsame Selbstverwaltung*, unter der das »verbandliche Zusammenwirken von Sozialversicherungsträgern und Leistungserbringern« (Axer 2002: 391) verstanden wird. Im Gesundheitswesen zählen hierzu insbesondere die Regulierung der vertragsärztlichen Versorgung in Form von Gesamt- bzw. Bundesmantelverträgen zwischen den Verbänden der Krankenkassen und den Kassen(zahn)ärztlichen Vereinigungen, die Regulierung der Versorgungslandschaft durch die Landes- sowie durch Zulassungs- und Berufungsausschüsse sowie generell die Arbeit des G-BA, dessen Bedeutung im Rahmen der Regulierung des Gesundheitswesens stetig zugenommen hat. An der Schnittstelle zur Gemeinsamen Selbstverwaltung stehen die Tätigkeiten des Instituts für Qualität und Wirtschaftlichkeit im Gesundheitswesen (IQWiG) und des Instituts für Qualitätssicherung und Transparenz im Gesundheitswesen (IQTIG) sowie – mit Blick auf die Herausforderungen der Digitalisierung des Gesundheitswesens von besonderer Relevanz – der gematik (s. u.).

Landes-, Zulassungs- und Berufungsausschüsse

In jedem Bundesland schließen sich Vertreter:innen der Kassen(zahn)-ärztlichen Vereinigungen sowie der zuständigen Verbände der Krankenkassen und der Ersatzkassen zu – nicht rechtlich verselbständigten – *Landesausschüssen* zusammen (§ 90 SGB V). Lediglich in Nordrhein-Westfalen gibt es, historisch bedingt, zwei Landesausschüsse. Die Landesausschüsse haben je 21 Mitglieder: eine:n unparteiische:n Vorsitzende:n, zwei weitere unparteiische Mitglieder, neun Vertreter:innen der (Zahn-)Ärzteschaft, drei Vertreter:innen der Ortskrankenkassen, drei Vertreter:innen der Ersatzkassen, jeweils eine Person in Vertretung der Betriebskrankenkassen und der Innungskrankenkassen sowie eine Person, die die landwirtschaftliche Krankenkasse und die Knappschaft-Bahn-See gemeinsam vertritt. In bestimmten Fällen kommen Patientenvertreter:innen hinzu (§ 140f Abs. 3 SGB V).

Die Aufgaben der Landesausschüsse betreffen schwerpunktmäßig Aspekte der Bedarfsplanung zur Sicherung der vertrags(zahn)ärztlichen Versorgung (insbesondere die Aufstellung des Bedarfsplans in Umsetzung entsprechender Richtlinien des G-BA, § 99 SGB V) sowie gegebenenfalls eine damit verbundene Feststellung einer Unterversorgung (§ 100 SGB V) bzw. Überversorgung (§ 103 SGB V) im Hinblick auf verschiedene Versorgungsebenen und Arztgruppen. Wird eine Überversorgung in bestimmtem Maße festgestellt, können die Landesausschüsse räumlich begrenzte Zulassungsbeschränkungen erlassen; im Falle der Feststellung einer Unterversorgung bzw. drohenden Unterversorgung können Fördermaßnahmen verabschiedet werden.

Die generelle Zuständigkeit für Einzelfallentscheidungen über die Zulassung zur vertrags(zahn)ärztlichen Versorgung liegt bei den *Zulassungsausschüssen* (§ 96 SGB V), wobei auch hier die Entscheidungen durch die vom Bundesministerium für Gesundheit (BMG) erlassenen Zulassungsverordnungen vorgeprägt sind. Die Zulassungsausschüsse werden für den Bezirk jeder K(Z)V oder für Teile dieses Bezirks (Zulassungsbezirk) errichtet und setzen sich paritätisch aus jeweils drei Vertreter:innen der (Zahn-)Ärzte und der Krankenkassen zusammen. Ihre Bestellung erfolgt durch die Kassen(zahn)ärztlichen Vereinigungen bzw. durch die zuständigen (Landes-)Verbände der Krankenkassen und der Ersatzkassen. Auch bei den Zulassungsausschüssen haben Patientenvertreter:innen in bestimmten Fällen ein Mitberatungsrecht (§ 140f Abs. 3 SGB V). Für Widersprüche gegen die Entscheidungen der Zulassungsausschüsse sind die Berufungsausschüsse zuständig (§ 97 SGB V), die ebenfalls für den Bezirk jeder K(Z)V errichtet werden. Auch sie zählen zur gemeinsamen Selbstverwaltung und sind dementsprechend paritätisch mit je drei Vertreter:innen der (Zahn-)Ärzte und der Krankenkassen sowie mit einem:r Vorsitzenden mit der Befähigung zum Richteramt besetzt.

Der Gemeinsame Bundesausschuss

Der Gemeinsame Bundesausschuss (G-BA) spielt bei der Allokation von Ressourcen im Gesundheitswesen eine zentrale Rolle (SVR Gesundheit 2005: 35) und wird deshalb oft auch als »kleiner Gesetzgeber« bezeichnet (s. Klafki/Loer 2017: 345 mwN). Diese Bezeichnung knüpft an die Kompetenz des G-BA zum Erlass von Richtlinien (§ 92 SGB V) an, die u. a. die im SGB V nur abstrakt geregelten Leistungsansprüche der GKV-Versicherten rechtsverbindlich konkretisieren. Diese Richtlinien sind kraft gesetzlicher Anordnung Bestandteil der Bundesmantelverträge (§ 92 Abs. 8 SGB V). Darüber hinaus umfasst die Richtlinien-Kompetenz auch Bereiche wie die Einführung und Bewertung neuer Untersuchungs- und Behandlungsmethoden, die Bedarfsplanung oder die Qualitätssicherung in der ambulanten wie stationären Versorgung. Neben dieser grundlegenden Funktion kommen dem G-BA weitere Zuständigkeiten zu, etwa im Rahmen der Nutzen- bzw. Kosten-Nutzen-Bewertung von Arzneimitteln sowie des sog. Off-Label-Use (also der Anwendung von Arzneimitteln außerhalb ihres Zulassungsbereichs, §§ 35a, 35b und 35c SGB V) oder bei der Förderung neuer Versorgungsformen (§ 92a SGB V). Die Aufsicht über den G-BA führt das BMG.

Das Beschlussgremium des G-BA setzt sich nach § 92 Abs. 2 S. 1 SGB V zusammen »aus einem unparteiischen Vorsitzenden, zwei weiteren unparteiischen Mitgliedern, einem von der Kassenzahnärztlichen Bundesvereinigung, jeweils zwei von der Kassenärztlichen Bundesvereinigung und der Deutschen Krankenhausgesellschaft und fünf von dem Spitzenverband Bund der Krankenkassen benannten Mitgliedern«. Diese Struktur aus unparteiischen Mitgliedern und »Bänken« in Vertretung der Krankenkassen bzw. bestimmter Leistungserbringer verdeutlicht bereits, dass es sich bei der Gemeinsamen Selbstverwaltung um eine andere Form der Betroffenenpartizipation handelt als bei der oben beschriebenen Sozialen Selbstverwaltung.

Angesichts der Reichweite der Entscheidungen des G-BA im Bereich der Gesundheitsversorgung, insbesondere auch für Akteure, die an der Entscheidungsfindung nicht beteiligt sind, steht die *demokratische Legitimation* des G-BA fortwährend in Zweifel (zum Überblick Ebsen: 2018).

Diese Zweifel erachtet auch das Bundesverfassungsgericht für »durchaus gewichtig [...]« (BVerfGE 140, 229 [238]; bestätigt durch BVerfG NVwZ-RR 2017, 121 [122]; zu den im Nachgang vom BMG zu dieser Frage in Auftrag gegebenen Rechtsgutachten von Gassner, Kingreen und Kluth s. BMG 2022). So ist beispielsweise darauf hinzuweisen, dass zwar die Amtszeit im G-BA laut § 91 Abs. 2 S. 22 SGB V sechs Jahre beträgt, es aber keine Begrenzung auf eine Maximalzahl von Amtsperioden gibt (Orlowski 2022: Rn. 33).

In Reaktion auf die Legitimations-Debatte wurde für Beratungen des G-BA in Fragen, die die Versorgung betreffen, bereits 2004 in § 140f SGB V eine Pflicht zur Beteiligung von Organisationen eingeführt, die entweder für die Wahrnehmung der Interessen von Patient:innen oder für die Wahrnehmung der Interessen der Selbsthilfe chronisch kranker oder behinderter Menschen maßgeblich sind. Ein Stimmrecht haben sie jedoch nicht, so dass Defizite an demokratischer Legitimation dadurch nicht ausgeglichen werden können (so auch Klafki/Loer 2017: 361 f.). Unter der Überschrift »Rechte von Patientinnen und Patienten« werden im Koalitionsvertrag zwischen der SPD, Bündnis 90/Die Grünen und der FDP Pläne zur Reform des G-BA angeführt. Damit »beschleunigen wir die Entscheidungen der Selbstverwaltung, stärken die Patientenvertretung und räumen der Pflege und anderen Gesundheitsberufen weitere Mitsprachemöglichkeiten ein, sobald sie betroffen sind«, heißt es dort (SPD / Bündnis 90/Die Grünen / FDP 2021: 68). Ob die geplante Reform die Legitimationsdefizite ausräumen kann, wird sich zeigen. In diesem Kontext interessant wird auch das Verhältnis sein, in dem das ebenfalls im Koalitionsvertrag vorgesehene (ebd.: 65) Bundesinstitut für öffentliche Gesundheit zum G-BA stehen wird.

IQWiG und IQTIG

Der G-BA ist auch für die Gründung zweier Institute zuständig: das Institut für Qualität und Wirtschaftlichkeit im Gesundheitswesen (IQ-

WiG) und das Institut für Qualitätssicherung und Transparenz im Gesundheitswesen (IQTIG). Das IQTIG hat im SGB V festgelegte Pflichten im Bereich der Qualitätssicherung umzusetzen (s. § 137a Abs. 3 SGB V). In die Zuständigkeit des IQWiG fallen eine Reihe von Aufgaben, die der Vorbereitung der Tätigkeit des G-BA dienen, wie etwa die Bewertung der Qualität und Wirtschaftlichkeit der in der GKV erbrachten Leistungen oder die Kosten-Nutzen-Bewertung von Arzneimitteln (s. § 139a Abs. 3 SGB V). Obschon das SGB V für beide Institute fachliche Unabhängigkeit vorsieht, sind im Vorstand dieser Institute neben Vertreter:innen des BMG Vertreter:innen des GKV-Spitzenverbands, der DKG, der KBV – sowie im Fall des IQTIG auch der KZBV und des G-BA – Mitglieder. Auch die Stiftungsräte beider Institute bestehen aus Vertreter:innen der DKG, der KBZ bzw. KZBV und des GKV-Spitzenverbands. Hier zeigt sich die Schnittstelle zur gemeinsamen Selbstverwaltung.

gematik

Mit dem Ziel der Schaffung der Telematikinfrastruktur war 2005 die *gematik – Gesellschaft für Telematikanwendungen der Gesundheitskarte mbH* gegründet worden. Heute firmiert sie als gematik. Neben dem BMG, das die Bundesrepublik Deutschland als Mehrheitsgesellschafterin (51 %) vertritt, sind der GKV-Spitzenverband (24,5 % der Gesellschaftsanteile) sowie die KBV, die KZBV, die BÄK und BZÄK, die DKG sowie der Verband der Privaten Krankenversicherungen (insgesamt 24,5 % der Gesellschaftsanteile) in der gematik vertreten (§§ 310 Abs. 2, 306 Abs. 1 SGB V). So ist die privatrechtlich organisierte gematik als »besondere Form der gemeinsamen Selbstverwaltung« anzusehen. Als sogenannte »Beliehene« ist ihr die Befugnis zur Wahrnehmung hoheitlicher Aufgaben übertragen worden. (Schifferdecker 2021: Rn. 4). Durch die beschriebene Verteilung der Gesellschaftsanteile sind die Einflussmöglichkeiten der Selbstverwaltung auch hier begrenzt.

Selbstverwaltung im Spannungsfeld zwischen Markt und Staat, zwischen Eigen- und Fremdinteressen

Auch wenn die Grundstrukturen und zentralen Akteure der Selbstverwaltung im Gesundheitswesen im Rahmen dieses Beitrags nur skizziert werden konnten, sollten insbesondere die unterschiedlichen Facetten dieser Selbstverwaltung deutlich geworden sein, die teilweise gegensätzliche Interessen der so partizipierenden Betroffenen widerspiegeln: So stehen sich etwa in der Sozialen Selbstverwaltung der Krankenkassen Versicherte und Arbeitgeber in organisierter Form gegenüber, während etwa im Bereich der Gemeinsamen Selbstverwaltung im Gemeinsamen Bundesausschuss Leistungserbringer und Leistungsträger auf den Bänken vertreten sind. Nachvollziehbarerweise sind die Zielsetzungen hier vielfach unterschiedlich. Gleichwohl sind alle Selbstverwaltungsakteure institutionell eingebunden in die Regulierung einer wirtschaftlichen, ausreichenden und zweckmäßigen Gesundheitsversorgung – und damit in gewisser Weise auch angehalten, Belange von denjenigen zu berücksichtigen, die keine Stimme in den Selbstverwaltungsorganen haben. Wie gut dies gelingt, ist eine Frage für sich.

Die Akteure der funktionalen Selbstverwaltung fungieren im Gesundheitswesen als intermediäre Instanzen an der Schnittstelle des daseinsvorsorgenden Staates, der Gesundheitswirtschaft und der Teilhabe einfordernden Zivilgesellschaft (Klenk 2008: 28). Hier lässt sich generell eine Überformung und Beschränkung der Selbstverwaltungsrechte einzelner Akteure durch Regelungen des parlamentarischen Gesetzgebers wahrnehmen (s. dazu Axer 2017; Pfeiffer/Grunenberg 2020), die im Lauf der Zeit immer umfangreicher geworden ist. Aufgrund der rechtlichen Ausgestaltung der Selbstverwaltung ist ihre Arbeit auch immer damit verbunden, den »claim« der Selbstverwaltungshoheit abzustecken und zu verteidigen. Hier wäre – um noch einmal auf die Kaiserliche Botschaft Bezug zu nehmen – eine Stärkung der Anerkennung der Aktivitäten, »denen die Staatsgewalt allein in gleichem Umfange nicht gewachsen sein würde«, wünschenswert. Gleichzeitig ist die ausschlaggebende Funktion des G-BA und damit dessen Kompetenz zur Verteilung knapper Güter im Bereich der Gesundheitsversorgung deutlich gewachsen. Eine stärkere Fundierung der demokratischen Legitimation erscheint aufgrund dieser Position des G-BA als »Machtzentrum der deutschen Gesundheitspolitik« (Knieps 2020: 213) durchaus geboten.

Literatur

Axer P. 2002: Selbstverwaltung in der gesetzlichen Krankenversicherung. In: Die Verwaltung 35: 377–397.

Axer P. 2017: Etatisierung der sozialen und gemeinsamen Selbstverwaltung? In: NZS: 601–608.

Braun B. 2020: Mehrwert der Selbstverwaltung durch spezifische Prozesse der Kommunikation und des Wissensmanagements!? In: Hofmann C./Spiecker gen. Döhmann I./Wallrabenstein A. (Hrsg.), Mehrwert der Selbstverwaltung. Frankfurt a. M.: 131–174.

Bundesgesundheitsministerium (BMG) 2022: Gutachten zur verfassungsrechtlichen Legitimation des Gemeinsamen Bundesausschusses. Online: https://www.bundesgesundheitsministerium.de/service/publikationen/details/gutachten-zur-verfassungsrechtlichen-legitimation-des-gemeinsamen-bundesausschusses.html [Zugriff: 04.04.2022].

Burgi M. 2018: Art. 87 GG. In: v. Mangoldt H./Klein F./Starck C./Burgi M. (Hrsg.): Grundgesetz – Kommentar. 7. Aufl. München.

Bundeswahlbeauftragte für die Sozialversicherungswahlen (Hrsg.) 2018: Schlussbericht über die Sozialwahlen 2017. Berlin. Online: https://www.bmas.de/SharedDocs/Downloads/DE/Publikationen/a411-schlussbericht-sozialwahlen-2011.pdf?__blob=publicationFile&v=1 [Zugriff: 26.03.2022].

Ebsen I. 2018: Brauchen die Richtlinien des Gemeinsamen Bundesausschusses eine neue rechtliche Fundierung? In: Medizinrecht 36: 931–939.

Hänlein A. 2016: § 4 SGB V. In: ders./Schuler R. (Hrsg.): Sozialgesetzbuch V – Gesetzliche Krankenversicherung. Lehr- und Praxiskommentar. 5. Aufl. Baden-Baden.

Hendler R. 2009: Das Prinzip Selbstverwaltung, § 143. In: Isensee J./Kirchhof P. (Hrsg.): Handbuch des Staatsrechts der Bundesrepublik Deutschland. Bd. VI. 3. Aufl. Heidelberg.

Hofmann C. M./Wallrabenstein A. 2022 (im Erscheinen): Krankenversicherungsrecht, § 16. In: Ruland F./Becker U./Axer P. (Hrsg.): Sozialrechtshandbuch. 7. Aufl. Baden-Baden.

Kahl W. 2014: Grundzüge des Verwaltungsrechts in gemeineuropäischer Perspektive, § 74. In: v. Bogdandy A./Cassese S./Huber P. M. (Hrsg.): Ius Publicum Europaeum. Bd. V: 2014. Heidelberg.

Keck T. (2015): Die Rolle der Sozialversicherung in Deutschland. In: Mühlheims L. et al. (Hrsg.): Handbuch Sozialversicherungswissenschaft. Wiesbaden: 5–14.

Klafki A./Loer K. 2017: Der Gemeinsame Bundesausschuss als machtvoller »kleiner Gesetzgeber« unterhalb des öffentlichen Radars – eine rechts- und politikwissenschaftliche Analyse. In: VerArch 108: 343–365.

Klemens U. 2019: Stellungnahme zum Entwurf eines Gesetzes für einen fairen Kassenwettbewerb (Fairer-Kassenwettbewerb-Gesetz – GKV-FKG). Online: https://www.bundestag.de/resource/blob/671134/4a75c72a80cb4d7f02b8dc31e16312e9/19_14_0123-1-_ESV-Klemens_GKV-FKG-data.pdf [Zugriff: 04.04.2022].

Klenk T. 2006: Selbstverwaltung – ein Kernelement demokratischer Sozialstaatlichkeit? Szenarien zur Zukunft der Sozialen Selbstverwaltung. In: ZSR 52: 273–291.

Klenk T. 2008: Modernisierung der funktionalen Selbstverwaltung. Frankfurt a. M.

Kluth W. 1997: Funktionale Selbstverwaltung, Tübingen.

Knieps F. 2020: Selbstverwaltung 4.0 im Spannungsfeld von staatlichen Übergriffen und wettbewerblichen Zwangslagen. Anmerkungen zu Problemfeldern und Lösungsperspektiven. In: Hofmann C./Spiecker gen. Döhmann I./Wallrabenstein A. (Hrsg.): Mehrwert der Selbstverwaltung. Frankfurt a. M.: 203–219.

Orlowski U. 2022: § 91 SGB V. In: Rolfs C./Giesen R./Meßling M./Udsching P. (Hrsg.): BeckOK Sozialrecht. 64. Aufl. München.

Pfeiffer D./Grunenberg M. 2020: Selbstverwaltung im Gesundheitswesen: Von Governance zu Government. In: Hofmann C./Spiecker gen. Döhmann I./Wallrabenstein A. (Hrsg.): Mehrwert der Selbstverwaltung. Frankfurt a. M.: 15–39.

SVR-G (Sachverständigenrat zur Begutachtung der Entwicklung im Gesundheitswesen) 2005: Koordination und Qualität im Gesundheitswesen. Bundestag Drucksache 15/5670.

Schifferdecker S. 2021: § 310 SGB V. In: Kasseler Kommentar Sozialversicherungsrecht. SGB V. 117. Aufl. München.

Schmehl A. 2007: Zur Kontrolle der Selbstverwaltung im Gesundheitswesen durch die Staatsaufsicht. In: ders./Wallrabenstein A. (Hrsg.): Steuerungsinstrumente im Recht des Gesundheitswesens. Bd. 3: Kontrolle. Tübingen: 1–16.

SPD / Bündnis 90/Die Grünen / FDP 2021: Mehr Fortschritt wagen. Bündnis für Freiheit, Gerechtigkeit und Nachhaltigkeit. Online: https://www.bundesregierung.de/resource/blob/974430/1990812/04221173eef9a6720059cc353df759a2b/2021-12-10-koav2021-data.pdf [Zugriff: 06.02.2022].

Spiecker gen. Döhmann I./Bretthauer S. 2019: Die rechtliche Zulässigkeit einer Online-Wahl zur Sozialwahl. Online: https://www.jura.uni-frankfurt.de/80805878/Spiecker_Bretthauer_Zul%C3%A4ssigkeit_Online_Sozialwahl.pdf [Zugriff: 26.03.2022].

Vdek 2022: FAQ Sozialwahl 2023. Online: https://www.vdek.com/presse/faq_fragen_und_antworten/faq-arge-modellprojekt-online-wahlen-2023.html [Zugriff: 18.05.2022].

Wiercimokn P./Rau U. 2022: § 217b SGB V. In: Rolfs C./Giesen R./Meßling M./Udsching P. (Hrsg.): BeckOK Sozialrecht. 64. Aufl. München.

Wimmer R. 2004: Friedenswahlen in der Sozialversicherung – undemokratisch und verfassungswidrig. In: NJW: 3369–3374.

Die Soziale Selbstverwaltung und ihre Wahrnehmung in den Medien

Tim Szent-Ivanyi

Die Soziale Selbstverwaltung spielt in den meinungsbildenden Medien kaum eine Rolle. Ihr Wirken wird als weitgehend irrelevant für das Funktionieren und die Weiterentwicklung der Sozialsysteme betrachtet. Aus den wenigen Berichten und Kommentaren der vergangenen Jahre wird zwar deutlich, dass die Journalist:innen dem Prinzip der Selbstverwaltung durchaus Sympathie entgegenbringen. Unverständnis herrscht aber bezüglich der praktischen Umsetzung, wobei insbesondere das Prinzip der Friedenswahl in der Kritik steht.

Um in der Medienöffentlichkeit stärker zur Kenntnis genommen zu werden, braucht die Selbstverwaltung mehr Veränderungen als nur die Option einer Online-Stimmabgabe bei den Sozialwahlen. Mehr Transparenz in der Arbeit der Selbstverwalter:innen sowie eine aktive, umfassende Öffentlichkeitsarbeit, die über reine Verlautbarungen hinausgeht, sind dringend erforderlich. Vier Anregungen zeigen Wege auf, wie die Selbstverwaltung ihren Anspruch untermauern kann, von zentraler Bedeutung für das Funktionieren der sozialen Sicherungssystemen zu sein.

Sprechen wir es deutlich aus: Das Verhältnis zwischen Sozialer Selbstverwaltung und Medien ist schlecht. Artikel, die sich mit der Sozialen Selbstverwaltung beschäftigen, finden sich in den zurückliegenden 20 Jahren in den deutschen Medien nur vereinzelt. Obwohl die Berichterstattung über Gesundheit, Pflege und Rente einen immer breiteren Raum einnimmt – auch wegen der zunehmenden eigenen Betroffenheit der Journalisten! –, bleibt die Selbstverwaltung weitgehend unsichtbar. Die Feststellung einer Untersuchung der Hans-Böckler-Stiftung aus dem

Jahr 2013, wonach die Selbstverwaltung ein öffentliches Schattendasein führe und in der Aufmerksamkeit der Medien nur eine nachrangige Rolle spiele, ist aktueller denn je (Baumeister et al. 2014).

Ein gewisses mediales Interesse finden lediglich die regelmäßigen Sozialwahlen. Dann berichten fast alle Medien, doch zumeist erfüllen sie nur ihre Chronistenpflicht. Die Kommentierung ist auch dann selten im Sinne der Sozialen Selbstverwaltung: »Diese deutsche Wahl schafft sich selbst ab« (Die Welt, 26.04.2017), »Placebo Sozialwahl« (FAZ, 24.07.2011), »Farce Sozialwahl: Denn sie wissen nicht, was sie ankreuzen« (Der Spiegel, 17.04.2011), heißen dann die Überschriften.

Sympathie für die Sache, Unverständnis für die Umsetzung

In den Berichten wird zwar deutlich, dass die Autor:innen dem Prinzip der Selbstverwaltung durchaus Sympathie entgegenbringen. »Tatsächlich ist die Idee, die hinter der Sozialwahl steckt, gar nicht schlecht«, schreibt etwa Spiegel-Autor Christian Teevs in einem 2011 erschienenen Beitrag. »Die Mitglieder der gesetzlichen Krankenkassen und der Rentenversicherung sollen ihre eigenen Lobbyisten bestimmen – Menschen also, die in den sogenannten Selbstverwaltungsgremien gegenüber den Kassenchefs und der Regierung die Interessen der Versicherten vertreten«, beschreibt er die Funktion der Sozialwahlen (Teevs 2011).

Auch Tagesspiegel-Agenda-Autorin Ronja Ringelstein konstatiert in einem Bericht von 2017, es gehe bei den Sozialwahlen »um das hohe Gut der Selbstverwaltung, das Mitbestimmungsrecht der Bürger«, und das sei grundsätzlich eine gute Sache. Schließlich beschließe der Verwaltungsrat bei den Krankenkassen den Haushalt und entscheide z. B. über Zusatzleistungen, die die Kasse übernehme (Ringelstein 2017).

Die konkrete Umsetzung der Sozialwahlen aber stellen die Autor:innen eher kopfschüttelnd in Frage. Ihr zentraler Kritikpunkt ist insbesondere die sogenannte Friedenswahl, die – mit Ausnahme der Ersatzkassen – von fast allen Krankenkassen und – mit ebenso wenigen Ausnahmen – von fast allen Rentenversicherungsträgern praktiziert wird. Bei den Journalist:innen stößt diese »wahllose Wahl« (Walker 2017) unisono auf völliges Unverständnis.

Friedenswahl bedeute, »die Gruppen kungeln die Besetzung der Gremien unter sich aus«, schreibt Spiegel-Autor Teevs. »Auf einen lästigen Wahlakt wird gleich ganz verzichtet. Das klingt nach DDR-Verhältnissen.« (Teevs 2011) Im Tagesspiegel-Bericht von 2017 ist der Tenor ähnlich. Dort wird zunächst die damalige Bundessozialwahlbeauftragte Rita Pawelski (CDU) mit dem Satz zitiert: »Für mich ist eine freie Wahl das Rückgrat der Demokratie.« Dann jedoch fügt die Autorin an: »Mit der ›Freiheit‹ bei dieser Wahl ist es aber so eine Sache«, sie verweist auf die geringe Zahl von echten Urwahlen und lässt scharfe Kritiker der Friedenswahl zu Wort kommen (Ringelstein 2017).

Auch die linke tageszeitung (taz) berichtet immer wieder kritisch. In einem Artikel mit Fragen und Antworten zur Sozialwahl 2017 wird der Begriff »Friedenswahl« so erklärt: »Ein Euphemismus für ›Ihr habt hier nichts zu melden‹.« (Horn 2017) Gleichwohl ruft der Artikel dazu auf, sich überall dort, wo tatsächlich gewählt wird, an den Sozialwahlen zu beteiligen und sich genauer über die zur Wahl stehenden Listen zu informieren.

Wer die Weichen stellt

Einige Medien kritisieren nicht nur die Friedenswahlen, sie stellen bei dieser Gelegenheit gleich die gesamte Soziale Selbstverwaltung in Frage. Die wirklichen Weichenstellungen für die Sozialversicherungen treffe doch die Politik, schreibt Cicero-Autor Wolfgang Bok 2017 in einem Kommentar. Er verweist unter anderem darauf, dass der Gesetzgeber entscheide, wer wann in Rente gehen dürfe, wie hoch diese ausfalle, wer welche Vergünstigung erhalte und wer wie viel dafür bezahle. »Doch hat man je gehört, dass die Selbstverwaltungsorgane dazu befragt worden wären? Oder gar dagegen Einspruch erhoben hätten?« (Bok 2017)

Ähnlich, so der Autor, sehe es in der Krankenversicherung aus. »Die jetzt zu bestimmenden Beiräte im sogenannten ›Sozialparlament‹ können allenfalls über Nebensächliches mitentscheiden. Oder das Vorgegebene abnicken. Wirklichen Einfluss haben sie nicht«, schreibt Bok. »Die Akteure gaukeln Mitsprache vor, wo es keine gibt.« Wer den Versicherten »nur eine Farce anbietet, braucht sich über die beschämende Beteiligung von zuletzt kaum 30 Prozent nicht zu wundern« (Bok 2017).

Ein immer wiederkehrendes Thema in den Berichten sind die Kosten der Sozialwahlen. Ausgaben von rund 50 Millionen Euro »wären ja noch zu rechtfertigen, wenn den Wählern eine echte Auswahl angeboten würde«, so Bok. Ein Euro pro Kopf alle sechs Jahre wäre gemessen an den zu verwaltenden Summen »ein akzeptabler Demokratie-Obolus«. »Doch 50 Millionen Euro für einen Akt der Scheindemokratie sind schlicht hinausgeworfenes Geld«, beklagt der Autor (Bok 2017).

Sobald es um Beitragsgelder geht, reagieren Medien oft empfindlich. Die Soziale Selbstverwaltung bekam das unter anderem zu spüren, als ausgerechnet vor der Sozialwahl 2005 bekannt wurde, dass mehrere Sozialparlamente in den gesetzlichen Krankenkassen ihren Vorständen üppige Gehaltserhöhungen bewilligt hatten. »Dort, wo sich die Versicherten besonders viel Mitsprache gewünscht hätten, schweigen ihre Vertreter in der Vergangenheit bedenklich oft«, schrieb die Süddeutsche Zeitung (SZ 2005). In der taz warf Autor Harry Kunz den durch Friedenswahlen ins Amt gekommenen Vertretern von Arbeitgebern und Gewerkschaften Vetternwirtschaft vor: »Eine Hand wäscht dann die andere«, hieß es in seinem Kommentar (Kunz 2005).

Einen ähnlichen Angriffspunkt haben die Sozialparlamente seit damals nie wieder geliefert. Die kritische Grundhaltung in der Medienlandschaft aber besteht fort und sorgt dafür, dass die Soziale Selbstverwaltung in der Öffentlichkeit selbst dann kaum eine Rolle spielt, wenn sie abgeschafft werden soll.

Als der damalige Bundesgesundheitsminister Jens Spahn (CDU) 2019 mit cincm Passus im *Faire Kassenwahl-Gesetz* eine partielle Entmachtung versucht, bleibt das Medienecho sehr überschaubar. Nur einige wenige Medien wie die Frankfurter Allgemeine Zeitung können eine Nachricht darin erkennen, dass der Minister im Verwaltungsrat des Spitzenverbandes der gesetzlichen Krankenkassen die Vertreter der Sozialpartner durch hauptamtliche Vorstandsmitglieder der einzelnen Kassen ersetzen will (Mihm 2019). Die zahlreichen Protesterklärungen von Gewerkschaften und Arbeitgeberverbänden bleiben nahezu ungehört.

Desinteresse hat Ursachen

Von den meinungsbildenden Medien wird das Wirken der Sozialpartner als weitgehend irrelevant für das Funktionieren und die Weiterentwicklung der Sozialsysteme betrachtet. Das ist unter anderem auch auf eine völlig verfehlte beziehungsweise nicht existente Öffentlichkeitsarbeit der handelnden Akteure zurückzuführen. Zwar klären Sozialpartner, Krankenkassen oder die Rentenversicherung in Pressemitteilungen und auf Internetseiten über Sinn und Zweck der Sozialen Selbstverwaltung auf und loben sie dabei in den höchsten Tönen. Doch die Informationen bleiben in aller Regel an der Oberfläche. Was die Selbstverwalter:innen konkret tun, an welchen Entscheidungen sie mitgewirkt haben, was strittig war, welche Ziele verfolgt werden sollen – da herrscht zumeist Fehlanzeige.

In den seltenen Pressemitteilungen von Selbstverwaltungsorganen überwiegen »Verlautbarungsdeutsch« und ein starker Selbstbezug. So erklärt beispielsweise der Verwaltungsrat einer großen Ersatzkasse im April 2021, es müssten Lehren aus der Pandemie gezogen werden. »Die Reformen sollten vor allem die Strukturen in der ambulanten und stationären Versorgung sektorenübergreifend und zukunftssicher machen«, zitiert die Kasse aus der Sitzung (Barmer 2021). Welche konkreten Vorstellungen oder Ziele der Verwaltungsrat in dieser Sache möglicherweise formuliert hat – dazu findet sich kein Wort.

Ein ganzer Absatz beschäftigt sich hingegen mit der eigenen Rolle: Dass das deutsche Gesundheitssystem grundsätzlich gut aufgestellt sei, liege auch an der starken Selbstverwaltung, heißt es da. Sie habe in der

Krise ihre Gestaltungsmacht im Sinne der Versicherten und der Patient:innen bewiesen. Dass derlei blumige, aber im Kern substanzarme Erklärungen keine Verbreitung in den Medien finden, muss niemanden verwundern.

Als weitere Hürde erweist sich die komplizierte Sprache der Sozialen Selbstverwaltung. Amtsbezeichnungen wie z. B. der »alternierende Vorsitzende des Aufsichtsrates des AOK-Bundesverbandes« lassen sich auch bei gutem Willen kaum in eine nachrichtentaugliche, kurze und prägnante Sprache übersetzen.

Weil die meisten Journalist:innen keine Anknüpfungspunkte der Selbstverwaltung zu aktuellen Entwicklungen in der Sozialpolitik sehen, kommt es so gut wie nie vor, dass sie Selbstverwalter:innen interviewen oder ein Statement zu aktuellen Entwicklungen bei ihnen einholen. Der Autor hat es in seinem Berufsleben allerdings auch noch nie erlebt, dass Selbstverwalter:innen von sich aus aktiv auf Medienvertreter zugegangen wären. Das alles steht im krassen Widerspruch zum Selbstverständnis der Sozialen Selbstverwaltung, eine zentrale Rolle in den sozialen Sicherungssystemen zu spielen.

Auf direktem Wege geeignete Gesprächspartner:innen bei der Selbstverwaltung zu finden und zu kontaktieren, erweist sich für Journalist:innen als schwer bis unmöglich. So wenden sie sich mit Fragen zu Versicherten-Interessen lieber an Organisationen wie die Deutsche Stiftung Patientenschutz. Sie ist zwar in keiner Weise demokratisch legitimiert, doch Stiftungsvorstand Eugen Brysch ist gut vernetzt, wortgewandt, für Journalist:innen jederzeit gut erreichbar, reaktionsschnell und geübt darin, das zunehmende Interesse der Medien an Exklusivität zu bedienen.

Rücksichtnahme auf Befindlichkeiten einzelner Fraktionen in der Selbstverwaltung ist den Medien fremd. Sie haben folglich auch kein Verständnis dafür, wenn sie z. B. zum Thema Bürgerversicherung recherchieren und von hauptamtlichen Vorständen des GKV-Spitzenverbandes die Standardantwort erhalten: »Hierzu können wir nichts sagen, weil es dazu im ehrenamtlichen Verwaltungsrat keine einheitliche Meinung gibt.« Ausgerechnet diejenigen, die sich fundiert zum künftigen Verhältnis zwischen gesetzlicher und privater Krankenversicherung äußern könnten, fallen damit im öffentlichen Diskurs aus. Das ist nicht nur aus Sicht von Journalist:innen unverständlich.

Wie stark die mediale Aufmerksamkeit dagegen sein kann, wenn sich hauptamtliche Vorstände »freier« äußern können, zeigt das Beispiel einer anderen großen Ersatzkasse, in deren 30-köpfigem Verwaltungsrat nur zwei Vertreter:innen der Arbeitgeberseite sitzen. Als deren Vorstandschef erstmals 2018 eine »solidarische Neuausrichtung der Pflegeversicherung« durch eine Deckelung der Eigenanteile für Heimbewohner:innen forderte, fand er in den Medien breite Resonanz (z. B. dpa/juw 2018 und dpa/ths 2018). Sein Vorstoß dürfte mit dazu beigetragen haben, dass der damalige Gesundheitsminister Spahn noch kurz vor Ende seiner Amtszeit eine entsprechende Reform auf den Weg brachte.

Auch spätere Vorstöße wurden in den Medien überwiegend mit dem Vorstand oder der Kasse »an sich«, aber nicht mit dem Verwaltungsrat in Verbindung gebracht. Das galt auch dann, als der Verwaltungsrat selbst kurz vor der Bundestagswahl dringend nötige Nachbesserungen an der Spahnschen Pflegereform forderte. Obwohl das öffentliche und mediale Interesse an den Themen Gesundheit, Pflege und Rente wächst, und obwohl diese Themen eine breite Leserschaft finden, wie die Abrufzahlen der Onlineangebote zeigen, spielt die Soziale Selbstverwaltung hier keine Rolle. Das schadet nicht zuletzt ihr selbst: Bleibt sie weiter im toten Winkel der öffentlichen Wahrnehmung, könnten Vorstöße zu ihrer Entmachtung wie die von Ex-Minister Spahn irgendwann auch erfolgreich sein.

Was tun? Vier Anregungen

Was also könnte, sollte, müsste die Selbstverwaltung unternehmen, um stärker in der Öffentlichkeit präsent zu sein? Ein Erstes könnte sein, dass die Akteur:innen aus der Anonymität heraustreten – und zwar bei allen Sozialversicherungsträgern. Es gibt tatsächlich noch gesetzliche Krankenkassen, auf deren Internetportalen eine Suche nach dem Begriff »Verwaltungsrat« keinen einzigen Treffer ergibt. Andere begnügen sich damit, zwar die:den Vorsitzende:n ihres Sozialparlamentes zu benennen, schweigen sich aber über die übrigen Mitglieder des Gremiums aus, als sei es eine Geheimgesellschaft. Eine E-Mail-Adresse zur direkten Kontaktaufnahme mit den einzelnen Selbstverwalter:innen bieten – die Ersatzkassen an dieser Stelle abermals ausgenommen – nur die allerwenigsten Sozialparlamente an. Da ist noch viel Luft nach oben.

Zweitens könnten die Selbstverwalter:innen von sich aus darüber informieren, was sie konkret tun und mit welchen Fragen sie sich in den obersten Entscheidungsgremien der Sozialversicherungsträger eigentlich befassen. Wie das aussehen könnte, dafür gibt es sogar schon ein Muster: Die Zwischenbilanz, die die Sozialparlamente der Ersatzkassen zur Halbzeit der laufenden Wahlperiode vorlegten. Aus journalistischer Sicht lässt dieses Dokument – ebenso wie die jüngsten Transparenzberichte einer ganzen Reihe von Krankenkassen – zwar viele Wünsche offen. Doch immerhin scheinen die Verfassenden verstanden zu haben, dass ihre Wahrnehmung in der Öffentlichkeit nicht zuletzt davon abhängt, ob und wie weit sie selbst öffentlich Rechenschaft über ihre Tätigkeit ablegen.

Drittens könnte nicht nur das »Was«, sondern auch das »Wie« der Entscheidungsfindung in der Sozialversicherung deutlich mehr Transparenz vertragen. Ähnlich wie im Bundestag oder in den Landtagen gibt es auch in den Sozialparlamenten unterschiedliche Fraktionen, die unterschiedliche Interessen vertreten. Was hindert sie, ihre Debatten in den Hinterzimmern öffentlich zu machen und die Konsenssuche zu zeigen statt nur den Konsens? Das würde das Interesse der Medien augenblicklich wecken.

Notwendig ist auch eine baldige öffentliche Debatte darüber, wie wirklich repräsentative Selbstverwaltung und Staatsferne im 21. Jahrhundert aussehen könnte oder sollte. Sie könnte von den Selbstverwalter:innen selbst angestoßen werden und dürfte von den Medien, die unabhängig von der politischen Ausrichtung einen großen Reformbedarf sehen, mit Aufmerksamkeit begleitet werden. Die Option einer Online-Stimmabgabe bei den Sozialwahlen ist ein interessanter Anfang, reicht aber bei weitem nicht aus. Weitere Schritte müssen folgen. So viel ist sicher: Eine Soziale Selbstverwaltung, die bei den meisten Sozialversicherungsträgern auf Friedenswahlen beruht und kaum Transparenz zulässt, ist nicht mehr zeitgemäß und in der Öffentlichkeit nicht länger vermittelbar. Eine Soziale Selbstverwaltung hingegen, die sich verändert, um ihrem eigenen Anspruch treu zu bleiben, wird sich um öffentliches Interesse keine großen Sorgen machen müssen.

Literatur

Barmer 2021: Gesundheitssystem für die Zeit nach Corona rüsten. Pressemitteilung. Online: https://www.barmer.de/politik/meldungen/2021-meldungen/barmer-verwaltungsrat-positionierung-1064722 [Zugriff: 27.06.2022].

Baumeister K./Hartje A./Knötig N./Wüstrich T. 2013: Soziale Selbstverwaltung in der gesetzlichen Krankenversicherung (GKV). Hans-Böckler-Stiftung, Arbeitspapier 277. Online: https://www.boeckler.de/pdf/p_arbp_277.pdf [Zugriff: 24.06.2022].

Bok W. 2017: 50 Millionen – wofür eigentlich? In: Cicero vom 22.05.2017. Online: https://www.cicero.de/innenpolitik/sozialwahl-50-millionen-fuer-was-eigentlich [Zugriff: 27.06.2022].

dpa/juw 2018: Einheitliche Eigenleitung. DAK will Anteil an Pflegekosten deckeln. In: ntv.de vom 14.11.2018. Online: https://www.n-tv.de/politik/DAK-will-Anteil-an-Pflegekosten-deckeln-article20722139.html [Zugriff: 27.06.2022].

dpa/ths 2018: DAK-Chef fordert: Pflege-Eigenanteil deckeln! In: ÄrzteZeitung vom 14.11.2018. Online: https://www.aerztezeitung.de/Politik/Pflege-Eigenanteil-deckeln-225855.html [Zugriff: 27.06.2022].

Horn L. 2017: FAQ zur Sozialwahl 2017. Vertrauen Sie Ihrer Krankenkasse? In: taz vom 14.05.2017. Online: https://taz.de/FAQ-zur-Sozialwahl-2017/!5405723 [Zugriff: 27.06.2022].

Kunz H. 2005: Gewählte Verschleierung. Die Selbstverwaltung der Krankenkassen fördert den Klüngel. In: taz vom 14.03.2005. Online: https://taz.de/Gewaehlte-Verschleierung/!635343/? [Zugriff: 27.06.2022].

Mihm A. 2019: Spahns Verhältnis mit der Selbstverwaltung ist tief zerrüttet. In: Frankfurter Allgemeine Zeitung vom 26.09.2019. Online: https://www.faz.net/aktuell/wirtschaft/neue-gesetzesvorhaben-spahns-verhaeltnis-mit-der-selbstverwaltung-ist-tief-zerruettet-16405031.html [Zugriff: 27.06.2022].

Ringelstein R. 2017: Zankapfel Sozialwahl – Sozial ... was? In: Tagesspiegel Agenda vom 09.05.2017.

Szymanski M. 2005: Teure Prozedur. Durch die Sozialwahlen werden Gremien zur Selbstverwaltung bestimmt, die oft wenig zu sagen haben. In: Süddeutsche Zeitung vom 07.05.2005.

Teevs C. 2011: Farce Sozialwahl. Denn sie wissen nicht, was sie ankreuzen. In: Der Spiegel vom 17.04.2021. Online: https://www.spiegel.de/wirtschaft/soziales/farce-sozialwahl-denn-sie-wissen-nicht-was-sie-ankreuzen-a-757016.html [Zugriff: 27.06.2022].

Walker B. 2017: Wie sinnvoll ist die Sozialwahl? In: Badische Zeitung vom 04.03.2017. Online: https://www.badische-zeitung.de/wie-sinnvoll-ist-die-sozialwahl–134184737.html [Zugriff: 24.06.2022].

Soziale Selbstverwaltung als bürgerschaftliches Engagement: Wer sind die Selbstverwalter? Was motiviert sie?

Jürgen Schuder und Elvisa Kantarevic im Interview

Frau Kantarevic, Herr Schuder, wie finden Menschen ihren Weg zum Ehrenamt in der Sozialen Selbstverwaltung? Wie war es bei Ihnen selbst?

Jürgen Schuder: Mein Interesse für die ehrenamtliche Mitgestaltung ist im familiären Umfeld entstanden – schon mein Vater hat sich für die Soziale Selbstverwaltung engagiert. Ich selbst bin als Auszubildender und später als Student mit der Mitbestimmung in Kontakt gekommen, und weil ich mich oft in Diskussionen über Fragen der sozialen Sicherung eingebracht habe, hatte ich schnell den Ruf eines »Kümmerers« weg. So habe ich mich dann Jahre später über meine unabhängige Arbeitnehmervereinigung, die HEK-Interessengemeinschaft, um einen Platz im Verwaltungsrat der Kasse beworben.

Elvisa Kantarevic: Oft läuft es über die berufliche Tätigkeit. Ich bin im Bereich der politischen und gesellschaftlichen Weiterbildung tätig und verantworte vielfältige nationale und internationale Projekte und Programme. Als mich meine Gewerkschaft ver.di 2016 fragte, ob ich mich bei meiner Krankenkasse HEK für den Verwaltungsrat bewerben möchte, habe ich das Angebot gerne angenommen.

Eine Studie vom Beginn der laufenden Wahlperiode zeigt, dass die Selbstverwalter:innen im Durchschnitt deutlich älter sind als die Versicherten. Ist das ein Problem?

JS: Ja und nein. Nein, weil die Älteren viel Erfahrung in die aktuellen Debatten einbringen, das ist viel wert. Ja, weil die Jüngeren in der Sozialversicherung selbst mitentscheiden sollten – gerade mit Blick auf den demographischen Wandel. Kranken- und Pflegeversicherung, Rente, Arbeitslosen- und Unfallversicherung betreffen schließlich alle Generationen.

EK: Genau aus diesem Grund gehen wir in den Gewerkschaften verstärkt auf jüngere Mitglieder zu und schlagen ihnen vor, bei der kommenden Sozialwahl 2023 zu kandidieren. Eine Hilfe sind dabei die jüngsten Gesetzesänderungen, die den Arbeitnehmer:innen die Freistellung im Beruf erleichtern, wenn sie ehrenamtliche Ämter in den Sozialparlamenten wahrnehmen.

Viele Selbstverwalter:innen üben ihre Ämter schon seit vielen Jahren aus. Braucht es mehr frisches Blut, neue Ideen?

JS: Diese Frage wird ganz ähnlich immer wieder für politische Ämter in Bund, Ländern und Kommunen gestellt. Auch in den Sozialparlamenten gilt es, neue Selbstverwalter:innen mit frischen Ideen einzubeziehen. Für die Ausgestaltung einer solidarischen Kranken- und Pflegeversicherung benötigen wir aber auch das Wissen derer, die schon seit Jahren im Ehrenamt wirken. Das ist kein Widerspruch.

Deutlich unausgewogen ist bislang das Verhältnis von Frauen und Männern in der Selbstverwaltung.

JS: Das ist unbestritten. In der HEK haben wir immerhin den Anteil von Frauen in der Selbstverwaltung kontinuierlich gesteigert, aktuell wird jedes dritte Mandat von einer Frau wahrgenommen, und 2023 werden wir den Anteil weiter erhöhen. Auch heute noch sind Frauen bei vielen sozialen, gesundheitlichen und pflegerischen Themen benachteiligt, das muss sich ändern. Einer gesetzlichen Quotenregelung stehe ich grundsätzlich positiv gegenüber. Wir sind jedoch auch ohne diese Regelung in dieser Richtung lange unterwegs.

EK: Es wäre schön gewesen, wenn Frauen schon wesentlich früher stärker in den Verwaltungsräten vertreten gewesen wären – und nicht nur, weil wir oft andere gesundheitliche Bedürfnisse als Männer haben. Frauen leisten den Großteil sozialer, gesundheitlicher und pflegerischer Arbeit, im familiären wie im karitativen Umfeld und in physischer wie in psychischer Hinsicht. Adäquat berücksichtigt wird diese Belastung aber weder finanziell noch leistungsrechtlich, das gilt für alle Sozialversicherungsbereiche gleichermaßen.

Auch Menschen mit Migrationsgeschichte, die immerhin ein Viertel der Bevölkerung ausmachen, sind in der Selbstverwaltung kaum vertreten ähnlich wie in vielen anderen Bereichen des öffentlichen Lebens.

EK: Diese Frage beschäftigt mich, seitdem ich als junger Mensch meine Heimat verlassen und mich in Deutschland im Alltag und in der Bürokratie zurechtfinden musste. Menschen aus anderen Ländern – gleichgültig aus welchem Grund sie sich in Deutschland aufhalten – wird es nicht leichtgemacht, die Alltagshürden zu überwinden. Umso schwerer fällt es ihnen bei Behörden und Sozialversicherungen, ihre Anliegen zu platzieren bzw. ihre sozialen Rechte in Anspruch zu nehmen. Dies betrifft dann umso mehr Frauen mit Migrationsgeschichte. Gleichzeitig leisten diese Menschen mit ihrem Arbeitseinsatz, Arbeitseinkommen und Sozialversicherungsbeiträgen einen wichtigen Beitrag für die sozialen Sicherungssysteme in Deutschland.

JS: Für uns als Verwaltungsrat kann ich sagen, dass wir seit geraumer Zeit darauf hinwirken, in der HEK für Menschen mit Sprachbarrieren Erleichterungen zu schaffen, indem wir Informationen oder Anträge mehrsprachig drucken beziehungsweise im Internet und in unserer Service-App hinterlegen. In den Widerspruchsausschüssen schenken wir Widersprüchen von Versicherten mit Migrationshintergrund ebenfalls besonderes Augenmerk und prüfen, ob nicht Kommunikationsprobleme der Ursprung einer Entscheidung waren.

Was fesselt Sie und Ihre Kolleg:innen an Ihrer ehrenamtlichen Arbeit?

EK: Mich motiviert das kollegiale Miteinander und der offene Austausch auch manchmal sehr unterschiedlicher Positionen. Bei uns im Verwaltungsrat geht es um Entscheidungen im Interesse der Versicherten und Patient:innen, besonders bei der Gestaltung von Beratungs- und Leistungsangeboten. Es geht um Mitbestimmung und Mitgestaltung guter Arbeit und sozialer Sicherheit – und das finde ich toll!

JS: Das kann ich nur bestätigen. Der Austausch mit den Kolleg:innen und die Diskussionen über unterschiedliche Blickwinkel zeigen, dass es uns um die Sache geht. Das bereitet wirklich Freude.

Und was frustriert Sie?

EK: Frustration entsteht bei mir z. B. dann, wenn wir uns wieder einmal mit einem Gesetzentwurf beschäftigen müssen, von dem jeder schon vorher weiß, dass die Sache so nicht funktionieren kann oder dass die Finanzierung noch lange nicht nachhaltig geklärt ist. Aber wenn es nun mal passiert, dann müssen wir darauf reagieren, unsere Argumente einbringen und Nachbesserungen fordern. Das ist Teil unseres Auftrages.

JS: Unbefriedigend finde ich auch, wie in der jüngsten Vergangenheit die Gestaltungsmöglichkeiten für die Soziale Selbstverwaltung immer stärker beschnitten wurden. Und was unsere innere Organisation betrifft: Natürlich hakelt es da auch mal. Aber das haben wir in der Vergangenheit jedes Mal auf der Sachebene klären können.

Was unterscheidet die Arbeit in der Sozialen Selbstverwaltung von anderen ehrenamtlichen Tätigkeiten in Deutschland?

JS: Jedes bürgerschaftliche Engagement hat andere Ursprünge, folgt eigenen Regeln und bedient unterschiedliche Bedürfnisse. Die Arbeit in einem Stadtparlament kann man auch nicht direkt mit der ehrenamtlichen Arbeit in einem karitativen Verein vergleichen.

EK: Das Besondere an der Sozialen Selbstverwaltung ist, dass wir in einem so existenziellen Bereich wie der Gesundheitsversorgung tätig sind. Wir sind selbst Versicherte, Patient:innen und Beitragszahlende, und wir verantworten Entscheidungen, die das Leben von Hunderttausenden Menschen beeinflussen. Das ist eine Menge Verantwortung für Ehrenamtler:innen.

Könnten Sie, Herr Schuder, sich vorstellen, auch auf der Liste einer Gewerkschaft für den Verwaltungsrat zu kandidieren? Und Sie, Frau Kantarevic, umgekehrt für eine sonstige Arbeitnehmervereinigung?

JS: Ich schätze sehr was die Gewerkschaft macht, in vielen Bereichen stimmen wir absolut überein, und wir arbeiten im Gremium gut zusammen. Dennoch ist für mich die Unabhängigkeit und der Pragmatismus meiner Arbeitnehmervereinigung für mich entscheidend.

EK: Die Zusammenarbeit mit der HEK-Interessengemeinschaft klappt in der Tat gut. Dennoch ist für mich der übergreifende sozial- und gesellschaftspolitische Ansatz der Gewerkschaft entscheidend.

Eine letzte Frage: Was wünschen Sie sich für die Soziale Selbstverwaltung vom Gesetzgeber, um Ihre Arbeit zu verbessern oder zu erleichtern?

JS: In einem Satz: Wir wünschen uns mehr wirklichen Gestaltungsfreiraum, z. B. in der Frage, welche Finanzreserven wir als Krankenkasse unterhalten dürfen.

EK: Mehr Diversität in der Sozialen Selbstverwaltung! Eine offensivere Kommunikation der verbesserten Freistellungsansprüche gegenüber den Arbeitgebern würde dazu führen, dass sich auch mehr Jüngere, Frauen und Migrant:innen bewerben.

Ein Blick in das Nachbarland: Soziale Selbstverwaltung in Österreich

Tanja Klenk

Auch in Österreich kennt man das Modell einer selbstverwalteten Sozialversicherung. Und ebenso wie in Deutschland wird auch in Österreich darüber diskutiert, wie die Soziale Selbstverwaltung resilient für die Herausforderungen des 21. Jahrhundert gemacht werden kann. Anders als in Deutschland verlief die jüngste Debatte über die Reform der Sozialen Selbstverwaltung allerdings ganz einseitig: Die Reformvorschläge der Regierung konzentrierten sich ausschließlich auf Fragen der Effizienz der Sozialen Selbstverwaltung, Ansätze für eine verbesserte Versichertenpartizipation spielten keine Rolle. Durchgesetzt wurde ein Modell, das die verschiedenen Sozialversicherungszweige noch enger unter dem Dach eines Verbandes zusammenführt, die Entscheidungskompetenzen zentralisiert und die staatlichen Interventions- und Aufsichtsrechte ausweitet. Die Reflexion dieses Kontrastmodells hilft, den Blick für die Debatte über die Zukunft der Sozialen Selbstverwaltung in Deutschland zu schärfen und mögliche Folgen von (unterlassenen) Reformen zu reflektieren.

Bismarcks Modell einer obligatorischen Sozialversicherung hat viele andere Länder inspiriert: Österreich, aber auch Frankreich, Belgien und Luxemburg gehören dabei zu den Kernländern des Bismarckschen Wohlfahrtsregimes. Sie griffen schon früh nicht nur das Modell der Verwaltung des sozialen Sicherungssystems in parafiskalischen Organisationen auf, sondern auch und gerade die Idee der Betroffenenbeteiligung.

Bereits ein kurzer Blick auf die (Deutschland einbegriffen) fünf Länder zeigt jedoch, dass innerhalb der einen »Welt« des Bismarckschen Sozialstaats viele »Teil-Welten« existieren. Die jeweiligen Selbstverwaltungsmodelle unterscheiden sich sehr deutlich. Sie werden insbesondere beeinflusst durch die Staatsstruktur – zentralistisch oder föderal? – sowie die Stellung von Verbänden in den jeweiligen Ländern und deren Rolle als vermittelnde Instanzen zwischen dem Staat einerseits und den Bürger:innen andererseits. Mit dem Ende des »goldenen Zeitalters« der Sozialstaatspolitik in Westeuropa und der beginnenden Transformation des Sozialstaats im ausgehenden 20. Jahrhundert haben sich die Unterschiede zwischen den Bismarck-Ländern weiter verschärft. Um auf den sozialen und technologischen Wandel zu reagieren und den Sozialstaat resilient für die Herausforderungen des 21. Jahrhundert zu machen, haben sich die Bismarck-Staaten für unterschiedliche Reformoptionen entschieden.

Die Debatte über die Zukunftsfähigkeit der Sozialen Selbstverwaltung in Deutschland wird meist ohne einen Blick auf die Reformtendenzen in anderen Ländern geführt. Um dem entgegenzuwirken, wird der folgende Beitrag die Entwicklung der Sozialen Selbstverwaltung in Österreich diskutieren. Österreich wurde gewählt, weil dieses Land einerseits hinsichtlich des politischen Systems und der politischen Kultur sehr viele Ähnlichkeiten zum deutschen System aufweist. Andererseits wurde, gerade was die jüngeren Reformen der Sozialen Selbstverwaltung angeht, ein gänzlich anderer Weg als in Deutschland eingeschlagen: Das Selbstverwaltungsmodell wurde hier vornehmlich nach Effizienzkriterien reformiert. Die Reflexion dieses Kontrastmodells hilft, den Blick für die Debatte über die Zukunft der Sozialen Selbstverwaltung in Deutschland zu schärfen und mögliche Folgen von (unterlassenen) Reformen zu reflektieren.

Der Beitrag ist wie folgt aufgebaut: Zunächst wird die Organisation der Sozialversicherung in Österreich und deren Selbstverwaltungsmodell in den Grundzügen beschrieben. Im darauffolgenden Abschnitt werden die institutionellen Grundlagen der Sozialen Selbstverwaltung in Österreich erläutert: Verkammerung, Korporatismus und Konsensdemokratie. Im Anschluss werden die jüngsten Organisationsreformen in der Sozialversicherung skizziert, die vor allem durch eine Integration der verschiedenen Sozialversicherungszweige, eine Zentralisierung der Entscheidungskompetenzen und eine Ausweitung staatlicher Interventions- und Aufsichtsrechte gekennzeichnet sind. Im Fazit wird die Frage aufgeworfen, welche Schlüsse aus den Entwicklungen in Österreich für die Soziale Selbstverwaltung in Deutschland zu ziehen sind.

Die Organisation der Sozialversicherung und der Sozialen Selbstverwaltung in Österreich

Die Durchführung der Sozialversicherung wird in Österreich – wie in Deutschland – von körperschaftlich verfassten Versicherungsträgern wahrgenommen. Anders als in Deutschland ist das Sozialversicherungssystem aber viel stärker vereinheitlicht und zentralisiert. Was speziell die Krankenversicherung betrifft, so fällt im Vergleich zu Deutschland zunächst auf, dass es keine Unterscheidung zwischen einer grundständigen gesetzlichen und privaten Krankenversicherung gibt. Bereits in der zweiten Hälfte des 20. Jahrhunderts wurde der Versichertenkreis der gesetzlichen Krankenversicherung immer weiter ausgedehnt, sodass ihr Deckungsgrad heute als universell eingestuft werden kann. Auch Selbstständige (Gewerbetreibende, Bauern, auch die sogenannten Neuen Selbständigen) sind in die gesetzliche Sozialversicherung integriert und wirken in ihrem Versicherungsträger – der Sozialversicherungsanstalt der Selbständigen – sowie im übergeordneten Dachverband aller Sozialversicherungsträger an der Sozialen Selbstverwaltung mit. Private Krankenversicherungen operieren lediglich im Bereich der Zusatzversicherungen.

Bei welcher Kasse Versicherte Mitglied werden, hängt insbesondere vom Ort des Arbeitgebers bzw. der Erwerbsform ab. Dabei gibt es sowohl Sozialversicherungsträger, die nur *ein* soziales Risiko verwalten, wie etwa die Österreichische Gesundheitskasse (ÖGK), die mit der Durchführung der gesetzlichen Krankenversicherung befasst ist. Es gibt aber auch Kassen, wie etwa die bereits erwähnte Sozialversicherungsanstalt der Selbständigen, die *mehrere* Sozialversicherungszweige (Gesundheit, Unfall, Rente) für *eine* spezifische Versichertengruppe durchführen (▶ Abb. 1).

Abb. 1: Organisationsstruktur der Sozialversicherung in Österreich.

Mit Inkrafttreten des Sozialversicherungs-Organisationsgesetz (SV-OG) zum 1. Januar 2020 wurde das territoriale und berufsständische Gliederungsprinzip der Sozialversicherung zugunsten einer weiteren Vereinheitlichung deutlich abgeschwächt. Dass es heute nur noch *einen* gesetzlichen Krankenversicherungsträger – die ÖGK – gibt, ist Ergebnis dieser Reform, bei der neun Gebietskrankenkassen fusioniert wurden. Die ÖKG wird – wie auch die anderen Träger der gesetzlichen Sozialversicherung – nach dem Selbstverwaltungsprinzip geführt. Es gibt drei Selbstverwaltungsgremien: den Verwaltungsrat, die Hauptversammlung sowie die Landesstellenausschüsse als dezentrale Steuerungsorgane (§ 420 ASVG; ▶ Abb. 2). Die Gremien setzen sich – wie in Deutschland – aus Vertreter:innen der Betroffenen zusammen, das heißt aus Vertreter:innen der Versicherten und ihrer Arbeitgeber. Anders als in Deutschland werden die Mitglieder der Selbstverwaltungsorgane aber *nicht* direkt gewählt. In Österreich gibt es keine Sozialwahlen (und auch keine Friedenswahlen). Die Mitglieder der Selbstverwaltungsgremien werden vielmehr von den Arbeitskammern, den Wirtschaftskammern und den Landwirtschaftskammern entsandt. Für diese Kammern besteht in Österreich eine gesetzlich festgeschriebene Mitgliedschaft. Ihre Organe werden nach demokratischen Prinzipien im Rahmen regelmäßig durchgeführter Kammerwahlen bestellt. Die Kammern entsenden dann auf der Grundlage der Wahlergebnisse ihre Vertreter:innen in die Gremien der Sozialversicherungsträger.

Soziale Selbstverwaltung – Entscheidungsgremien

```
                    Geschäftsführendes Organ              Rechtsetzendes Organ
                                              Kontroll
                                              funktion
        Büro    ←          Verwaltungsrat          ←     Hauptversammlung
              Bestimmte
              laufenden
              Angelegenheiten
                                    ↓
                            Einheitliche Grundsätze
                    Weisungen   und Vorgaben
                            ↓
                     Landesstellenausschüsse
```

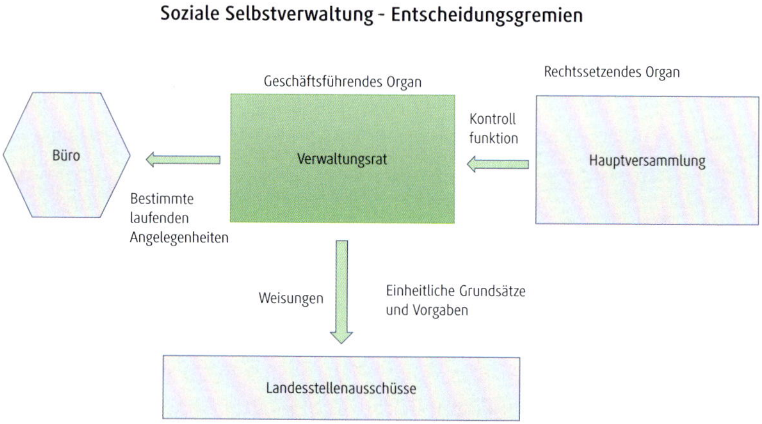

Abb. 2: Selbstverwaltungsstrukturen der Sozialversicherungsträger.

Es gibt weitere wichtige Unterschiede zur Sozialen Selbstverwaltung in Deutschland. So sind in Österreich *alle* Sozialversicherungsträger in *einem* Dachverband zusammengeführt. Aktuell sind es fünf Sozialversicherungsträger, die im Dachverband der Sozialversicherungsträger kooperieren: (1) die Österreichische Gesundheitskasse (ÖGK), (2) die Versicherungsanstalt für den öffentlichen Dienst, Eisenbahnen und Bergbau (BVAEB), (3) die Sozialversicherung der Selbstständigen (SVS), (4) die Pensionsversicherungsanstalt (PVA) und (5) die Allgemeine Unfallversicherungsanstalt (AUVA).

Dem Dachverband kommt bei der Verwaltung der Sozialversicherung eine ganz zentrale Rolle zu. Seine Aufgabe ist es, die Einheitlichkeit der Vollzugspraxis der Sozialversicherungsträger zu gewährleisten und die Aktivitäten der einzelnen Sozialversicherungsträger zu koordinieren. Er übernimmt eine Reihe von Dienstleistungs- und Steuerungsfunktionen nach innen, kann Richtlinien erlassen und vertritt zudem die Sozialversicherungsträger in gemeinsamen Angelegenheiten nach außen. Im Bereich der Krankenversicherung bedeutet dies beispielsweise, dass der Dachverband für die Verhandlungen über die Medikamentenpreise mit der Pharmaindustrie ebenso zuständig ist wie für den Abschluss eines österreichweiten Gesamtvertrages für die Ärztehonorare.

Auch der Dachverband wird nach dem Selbstverwaltungsprinzip geführt. Er verfügt über zwei Selbstverwaltungsgremien:

- die Konferenz der Sozialversicherungsträger (geschäftsführendes Organ), die sich aus den Geschäftsführer:innen der fünf Sozialversicherungsträger und ihren jeweiligen Vertreter:innen zusammensetzt, und
- die Hauptversammlung der Sozialversicherungsträger (kontrollierendes Organ), die aus 21 Mitgliedern besteht, die wiederum von den Selbstverwaltungsorganen der fünf Sozialversicherungsträger entsandt werden. Des Weiteren gehören der Hauptversammlung Vertreter:innen der Seniorenverbände und der Behindertenorganisationen an, die jedoch nur beratende Rechte haben.

Die Hauptversammlung beschließt die von der Konferenz vorgelegten Haushaltspläne. Die Prüfung des Rechnungsabschlusses wird zwingend von einem externen Wirtschaftsprüfer vorgenommen, der jedoch von der Hauptversammlung ausgewählt wird und dessen Bericht sie genehmigen muss, bevor sie anschließend das geschäftsführende Organ – die Konferenz – entlastet.

Zusammengefasst lässt sich also für die Organisation der Sozialen Selbstverwaltung in Österreich folgendes konstatieren: Im Vergleich zu Deutschland ist die Trägerstruktur weniger fragmentiert. Gerade mit der jüngsten Organisationsreform wurde ein weiterer großer Schritt in Richtung Integration der verschiedenen Sozialversicherungszweige und Träger gemacht. Aus Sicht der Selbstverwaltung bedeutet dies, dass es im Vergleich zur Sozialen Selbstverwaltung in Deutschland *strukturell* (und nicht nur bedingt durch die unterschiedliche Größe der beiden Länder) weniger Selbstverwaltungsgremien und damit weniger zu besetzende Posten gibt. Die Selbstverwaltungsakteure in den Sozialversicherungsträgern sind demokratisch legitimiert, aber die Versicherungsmitglieder können ihre Repräsentant:innen nicht direkt bestimmen, sondern nur über den »Umweg« der Beteiligung an den Kammerwahlen. Für die

Selbstverwaltungsakteure im Dachverband – also dem Ort, an dem die wichtigsten Entscheidungen für die Sozialversicherung in Österreich getroffen werden – fällt die direkte Rückbindung an die Interessen der Versicherungsmitglieder noch schwächer aus, da sie ihrerseits aus den Gremien der fünf Sozialversicherungsträger entsandt werden.

Verkammerung, Korporatismus und Konsensdemokratie als Grundpfeiler der Sozialen Selbstverwaltung

Österreich gilt als Idealtypus einer konsensorientierten Verhandlungsdemokratie, deren politische Kultur von Kompromiss, Ausgleich und Elitenkonsens bestimmt ist. Die Partizipation der organisierten Interessen an politischen Entscheidungsprozessen und die Delegation von Entscheidungskompetenz an Selbstverwaltungsorganisationen sind wesentliche Elemente des politischen Systems in Österreich. Dem entspricht, dass die Selbstverwaltung in der Sozialversicherung seit 2008 als eine Institution der »nichtterritorialen Selbstverwaltung« – analog zur »territorialen Selbstverwaltung« der Gemeinden – in der Verfassung des Landes (Art. 120a–c B-VG) verankert wurde (Öhlinger 2008).

Für eine solche verfassungsrechtliche Verankerung der nichtterritorialen oder »funktionalen« Selbstverwaltung (Nullmeier/Klenk 2006; Kluth 1997) gibt es aber auch andere institutionelle Voraussetzungen als in Deutschland. Für Beschäftigte, ihre Arbeitgeber und für Selbstständige besteht eine Pflichtmitgliedschaft in jeweiligen Kammern: Arbeitskammer (AK), Wirtschaftskammer (WK) und Landwirtschaftskammer (LK). Diese Kammern, die eine öffentliche Rechtsform haben und deren Leitungsorgane in nach demokratischen Prinzipien durchgeführten Wahlen bestimmt werden, organisieren die sozial- und arbeitsmarktpolitischen Interessen in Österreich *in Ergänzung* zu dem nach dem Vereinsrecht geführten Österreichischen Gewerkschaftsbund (ÖGB) und den Arbeitgeberverbänden. All diese korporatistischen – privat- und öffentlich-rechtlichen – Organisationen sind in unterschiedlichster Weise in die politische Entscheidungsfindung und Umsetzung politischer Entscheidungen z. B. im Rahmen der Sozialen Selbstverwaltung eingebunden.

Korporatistische Interessenorganisationen und Politik sind in Österreich vielfach verflochten, was beispielsweise daran deutlich wird, dass politische Funktionsträger und zentrale Akteur:innen in den politischen Parteien im Verlauf ihres beruflichen Werdegangs oftmals auch wichtige Funktionen in den Kammern und Verbänden eingenommen haben. Eine Folge davon ist, dass die Soziale Selbstverwaltung – anders als in Deutschland – nicht eine Distanz zum politischen Geschehen schafft, sondern als ein recht politiknaher Steuerungsmodus gelten muss.

Die Legitimation der Akteur:innen der Sozialen Selbstverwaltung durch indirekte Wahlen ist im Übrigen erst ein Ergebnis der jüngeren Reformgeschichte. In der Zeit nach dem zweiten Weltkrieg bis in die frühen 1990er-Jahre wurden die Vertreter der Versicherten und der Arbeitgeber überhaupt nicht gewählt (weder direkt noch indirekt), sondern nach politischem Proporz in die Gremien entsandt. Auch die Besetzung der Position des Präsidenten des Hauptverbandes war lange Zeit eine Aushandlungssache zwischen den beiden großen Parteien SPÖ und ÖVP. Im Ergebnis standen die Selbstverwaltungsgremien fast ausschließlich unter dem Einfluss SPÖ-naher Gewerkschaftsfraktionen (Klenk et al. 2012).

(Sozial-)Politischer Wandel und Anpassungen an veränderte wirtschaftliche und gesellschaftliche Rahmenbedingungen verlaufen in Österreich oft inkrementell und ohne grundlegende strukturelle Brüche (Obinger/Tálos 2006). Mit dem Ende des »goldenen Zeitalters« der Sozialstaatspolitik und dem Beginn der Suche nach neuen ökonomisch und sozial nachhaltigen Formen der sozialen Sicherung stieg aber auch in Österreich die Konfliktintensität, gerade auch was Fragen der Organisation der Sozialversicherung und der Sozialen Selbstverwaltung betrifft. Österreich schlug dabei im Vergleich zu Deutschland einen ganz anderen Weg ein, um die Soziale Selbstverwaltung »fit für das 21. Jahrhundert« zu machen. Das Land setzte nicht auf Wahlfreiheit der Versicherten und Wettbewerb zwischen den Trägern, um die Innovationskräfte in der Sozialversicherung zu stärken. Stattdessen ging man in den vergangenen zwei Dekaden konsequent der Weg der Zentralisierung, der Zusammenführung und Integration der verschiedenen Organisationen des sozialen Sicherungssystems und des Ausbaus der staatlichen Interventionsrechte. Die Suche nach neuen Organisationsmodellen wird dabei im Wesentlichen getrieben von dem Bestreben, die Effizienz der Sozialversicherungsorganisation zu erhöhen.

Reform der Sozialen Selbstverwaltung in Österreich

Die jüngste Reform des Systems der Sozialen Selbstverwaltung in Österreich trat am 1. Januar 2020 mit dem Sozialversicherungs-Organisationsgesetz (SV-OG) in Kraft. Die Strukturreform ist umfassend und kann an dieser Stelle nicht im Detail beschrieben werden. Aus Sicht der Selbstverwaltung sind vor allem die folgenden Maßnahmen zentral:

- Fusion von Sozialversicherungsträgern und Reduktion der Selbstverwaltungsgremien: Auf der Grundlage des SV-OG wurden 21 Sozialversicherungsträger zu fünf Trägern zusammengeführt. Speziell in der Krankenversicherung gingen – wie beschrieben – neun Gebietskrankenkassen in der ÖGK auf. Die Fusion der Sozialversicherungsträger führte zu einem Wegfall von Selbstverwaltungsgremien, da in der Krankenversicherung beispielsweise die ehemaligen Gebietskrankenkassen nun nur noch als Landesstellen fungieren.
- Parität: Mit der Reform wurden die Machtverhältnisse in den Entscheidungsgremien neu justiert. Bis zu diesem Zeitpunkt hatten die Arbeitnehmervertreter:innen in den Entscheidungsgremien der Gebietskrankenkassen (GKK) eine Mehrheit, die Vertreter:innen der Arbeitgeber hingegen waren in den Kontrollgremien dominierend. Seit dem 1. Januar 2020 gibt es im Verwaltungsrat der Österreichischen Gesundheitskasse nun ein Stimmengleichgewicht der Vertreter:innen der Arbeitgeber und der Arbeitnehmer.

- Ausweitung der staatlichen Aufsichtsrechte: Das Sozialministerium als Aufsichtsbehörde sowie das Finanzressort haben seit der Reform die Möglichkeit, gegen Beschlüsse der Selbstverwaltung Einspruch mit aufschiebender Wirkung zu erheben, wenn diese in wichtigen Fragen gegen den Grundsatz der Zweckmäßigkeit, Wirtschaftlichkeit und Sparsamkeit verstoßen (§§ 448 und 449 ASVG).

Das Sozialversicherungs-Organisationsgesetz sieht zudem vor, dass angehende Versicherungsvertreter:innen ihre fachliche Eignung durch den Besuch von regelmäßig vom Dachverband durchzuführenden Informationsveranstaltungen nachzuweisen haben.

Kommunikativ vorbereitet wurde die Reform durch eine von der Regierung in Auftrag gegebene und von der London School of Economics durchgeführte Effizienzstudie (Mossialos et al. 2017). Diese kommt zu dem Ergebnis, dass die Struktur des österreichischen Sozialversicherungssystems komplex und fragmentiert ist, und verweist auf bislang ungehobene Effizienzpotentiale insbesondere bei der Organisation der Sozialen Selbstverwaltung. Eine Zusammenführung der verschiedenen Träger der Sozialversicherung, so die Argumentation, biete die Möglichkeit, nicht nur das Leistungsrecht weiter zu harmonisieren, sondern auch die Verwaltungskosten nachhaltig zu senken. Die in der Studie vorgetragenen Argumente wurden von der Regierung in der Begründung ihres Vorschlags für eine Strukturreform aufgegriffen. Im Regierungsentwurf wurden vor allem die möglichen Synergie-Effekte im Bereich der Krankenversicherung betont, die durch eine Aufgabenbündelung beim Dachverband (z.B. bei Vertragspartnerabrechnung oder bei der Lohnverrechnung) realisiert werden können (Republik Österreich 2018a).

Die Organisationsreform stieß vor allem bei der Arbeitskammer und der SPÖ auf Kritik (Republik Österreich 2018b; Bundesarbeitskammer 2019). Sie konnten sich aber mit ihren Bedenken gegen eine weitere Zentralisierung, die Parität im Verwaltungsrat der neuen ÖKG und die Ausweitung der staatlichen Aufsichtsrechte nicht durchsetzen. Erfolg hatten sie allerdings mit ihrem Einspruch gegen Pläne der Regierung, Selbstverwaltern künftig eine Eignungsprüfung »samt erfolgreich absolviertem Eignungstest« (§ 420 Abs. 6 Z 5) abzuverlangen. Diese Wortfolge im ursprünglichen Gesetzentwurf wurde durch den Verfassungsgerichtshof wieder aufgehoben (VfGH, BGBl. I Nr. 3/2020).

Das jüngste Reformpaket ist weitreichend, es steht aber in der Linie eines seit längerem laufenden Umbaus der Selbstverwaltung in Österreich, der vor allem das Ziel der Steigerung der Effizienz der Entscheidungsfindung verfolgt und von parteipolitischen Überlegungen geprägt ist (Klenk et al. 2012).

Fazit

Blickt man aus der deutschen Perspektive auf die Reform der Sozialen Selbstverwaltung im Nachbarland, so erscheinen die Entwicklungen ambivalent. Einerseits erhält die Soziale Selbstverwaltung als eine spezifische Form der funktionalen Selbstverwaltung eine verfassungsrechtliche Bestätigung. Andererseits wird das Selbstverwaltungsmodell im gleichen Zeitraum in einer solchen Weise umgebaut, dass viele Selbstverwaltungsakteure darin eine Schwächung der Selbstverwaltung sehen. Die Fusion von Sozialversicherungsträgern geht mit einer Verringerung der Zahl der Selbstverwaltungsgremien einher, es sind also viel weniger Akteure in die konkrete Selbstverwaltungsarbeit eingebunden. Für die Selbstverwaltungsakteure auf der zentralen Ebene, im Dachverband der österreichischen Sozialversicherung, wird der Spielraum zudem durch schärfer gesetzte staatliche Aufsichts- und Interventionsrechte enger.

Diese Entwicklung stößt insbesondere bei den korporatistischen Verbänden auf Kritik. Vor allem die jüngsten, von einer konservativ-freiheitlichen Regierung in die Wege geleiteten Reformen wurden vom Protest der Vertreter:innen der Arbeitnehmer begleitet. In der breiten Bevölkerung wurde der Umbau der Sozialen Selbstverwaltung hingegen nur mit begrenzter Aufmerksamkeit verfolgt. Für die Versicherten sind die Reformen weniger einschneidend, hatte doch die Soziale Selbstverwaltung in Österreich aufgrund des spezifischen Wahlmodus der indirekten Wahl ohnehin eher den Charakter einer *Verbändepartizipation* im

Unterschied zur *Partizipation der Versicherten*, wie sie in Deutschland mit den Sozialwahlen zumindest strukturell angelegt ist, auch wenn Friedenswahlen bei den meisten Krankenkassen in der Praxis wenig davon erlebbar machen. Gleichzeitig verlaufen andere Großprojekte wie etwa die Digitalisierung der Sozialversicherung (z. B. die Einführung einer elektronischen Gesundheitskarte) deutlich schneller als in Deutschland (Bogumil/Klenk 2021).

Welche Lehren lassen sich nun aus den österreichischen Erfahrungen für die Debatte über die Zukunft der Sozialen Selbstverwaltung in Deutschland ziehen? Ein direkter Vergleich verbietet sich – dazu sind der territoriale Zuschnitt, die Anzahl der Versicherten und die Stärke des Korporatismus in den beiden Ländern zu unterschiedlich. Ein vorsichtiger Schluss sei hier dennoch gewagt: Wenn es der Sozialen Selbstverwaltung in Deutschland nicht gelingt, eine direkte, lebendige Verbindung zwischen den einzelnen Versicherten und dem sozialen Sicherungssystem als Ganzem herzustellen, gibt es immer weniger Gründe, an einem flächendeckenden, durch direkte Wahl zu legitimierenden Selbstverwaltungsmodell festzuhalten. Und wenn dann gleichzeitig noch andere Großbaustellen wie die Digitalisierung der sozialen Sicherung von privaten und/oder staatlichen Akteuren vorangetrieben werden und nicht von der eigentlich zuständigen Sozialen Selbstverwaltung, werden die Versicherten möglicherweise den Verlust gar nicht bemerken – zumindest aber nicht beklagen.

Literatur

Bundesarbeitskammer 2019: Gutes Gesundheitswesen nicht mutwillig zerstören. Online: https://www.arbeiterkammer.at/interessenvertretung/gesundheit_und_pflege/gesundheit/Gutes_Gesundheitswesen_nicht_mutwillig_zerstoeren.html [Zugriff: 18.02.2022].

Bogumil S./Klenk T. 2021: Varieties of health care digitalization: Comparing advocacy coalitions in Austria and Germany. In: Review of Policy Research 38 (4), 478–503. DOI: https://doi.org/10.1111/ropr.12435.

Dachverband der österreichischen Sozialversicherungsträger 2020: Jahresbericht. Wien.

Klenk T./Weyrauch P./Haarmann A./Nullmeier F. 2012: Abkehr vom Korporatismus? Der Wandel der Sozialversicherungen im europäischen Vergleich. Frankfurt a. M.

Kluth W. 1997: Funktionale Selbstverwaltung. Verfassungsrechtlicher Status – verfassungsrechtlicher Schutz. Tübingen.

Mossialos E. et al. 2017: Efficiency Review of Austria's Social Insurance and Healthcare System. Bd. 1: International Comparisons and Policy Options. Online: https://www.lse.ac.uk/business/consulting/reports/efficiency-review-of-aus trias-social-insurance-and-healthcare-system-volume-1 [Zugriff: 18.02.2022].

Nullmeier F./Klenk T. 2006: Das Ende der funktionalen Selbstverwaltung? In: Bogumil J./Jann W./Nullmeier F. (Hrsg.): Politik und Verwaltung. PVS Sonderheft 37: 299–324.

Obinger H./Tálos E. 2006: Sozialstaat Österreich zwischen Kontinuität und Umbau. Eine Bilanz der ÖVP/FPÖ/BZÖ-Koalition. Wiesbaden.

Öhlinger T. 2008: Die Verankerung von Selbstverwaltung und Sozialpartnerschaft in der Bundesverfassung. In: Journal für Rechtspolitik 16: 186–192.

Republik Österreich 2018a: Sozialversicherungs-Organisationsgesetz – SV-OG, GP XXVI RV 329, Beilagen, Regierungsvorlage – Erläuterungen. Online: https://www.parlament.gv.at/PAKT/VHG/XXVI/I/I_00329/fname_715737.pdf [Zugriff: 18.02.2022].

Republik Österreich – Nationalrat 2018b: Stenographisches Protokoll 57. Sitzung des Nationalrates der Republik Österreich, XXVI. Gesetzgebungsperiode. Online: https://www.parlament.gv.at/PAKT/VHG/XXVI/NRSITZ/NRSITZ_00057/fname_769424.pdf [Zugriff: 18.02.2022].

Was die Soziale Selbstverwaltung leistet

Selbstverwaltung soll Sozialleistungen gestalten!

Harry Fuchs

Die öffentliche und politische Erwartung an die Gestaltung von Sozialleistungen durch die Selbstverwaltung der Krankenkassen ist deutlich größer als die Handlungsmöglichkeiten, die ihr der Gesetzgeber im Rahmen der Gemeinsamen Selbstverwaltung im Gesundheitswesen tatsächlich einräumt. Im Innenverhältnis liegt die konkrete Gestaltungmacht überwiegend beim hauptamtlichen Vorstand, während die ehrenamtliche Selbstverwaltung (nur) Entscheidungen von grundsätzlicher Bedeutung mit eher deklamatorischem Charakter zu treffen sowie den Vorstand zu überwachen hat. Ihre Gestaltungsmöglichkeiten beschränken sich im Wesentlichen auf die Wahrnehmung ihres Budgetrechts und die vom Gesetzgeber in geringem Umfang zugelassene satzungsrechtliche Ausgestaltung weniger Leistungen. Die eigentliche Gestaltung der gesundheitlichen Versorgung findet in den Gremien der Gemeinsamen Selbstverwaltung im Gesundheitswesen auf Bundesebene statt, in denen die Selbstverwaltung der Krankenkassen nur als Minderheit vertreten ist. Der Beitrag zeigt die rechtlichen Rahmenbedingungen auf, in denen die Selbstverwaltung der Krankenkassen Gestaltungsmöglichkeiten besitzt, und auch, was an ihnen geändert werden müsste.

Das Recht des Sozialgesetzbuchs soll zur Verwirklichung sozialer Gerechtigkeit und sozialer Sicherheit Sozialleistungen einschließlich sozialer und erzieherischer Hilfen gestalten. Diese an prominenten Stellen des Sozialgesetzbuches (§ 1 Abs. 1 Satz 1 SGB I) verankerte Gestaltungsaufgabe (§ 1 Abs. 1 Satz 1 SGB IX) ist zugleich Auftrag der Institutionen und Akteure, die das Sozialgesetzbuch durchzuführen haben, und damit insbesondere auch Auftrag der Selbstverwaltung. Das im Vierten Sozialgesetzbuch (SGB IV) verankerte Organisationsrecht der Sozialversicherungsträger trägt dem Rechnung und wird folgerichtig von den auf den Grundnormen der Demokratie basierenden Wesensmerkmalen der »Sozialen Selbstverwaltung« geprägt. Zu ihrem Wesen gehören der Status der Körperschaft des öffentlichen Rechts (§ 29 Abs. 1 SGB IV), die Repräsentation der Beteiligten in demokratisch gewählten Organen, Rechtsautonomie und Rechtskontrolle durch staatliche Aufsicht.[1]

Das Prinzip der »von den Betroffenen« ausgeübten Selbstverwaltung war bereits in der *Kaiserlichen Botschaft* vom 17. November 1881 enthalten. In der Selbstverwaltung der Sozialversicherung gilt die Priorität der Sozialpartner, die durch die Beteiligung der Versicherten und Arbeitgeber in den Organen verwirklicht ist (§ 29 Abs. 2 SGB IV). Eine Krankenkasse ist als Körperschaft des öffentlichen Rechts mit Selbstverwaltung ein »organisatorisch verselbständigter Teil der Staatsgewalt, der grundsätzlich nicht staatlich administrativer Leitung und Mitwirkung, sondern nur staatlicher Rechtsaufsicht unterliegt« (BSGE 58, 247 – SozR 1500 § 51 Nr. 38; SozR 3–2200 § 1344 Nr. 1). Sie agiert deshalb auch als mittelbare Staatsverwaltung.

Nach § 29 Abs. 3 SGB IV erfüllen die Versicherungsträger ihre Aufgaben im Rahmen des Sozialgesetzbuches und sonstigen für sie maßgebenden Rechts in eigener Verantwortung.

Rechtlicher Rahmen der Selbstverwaltung der GKV

Die Selbstverwaltung der gesetzlichen Krankenkassen war lange Zeit in zwei ehrenamtliche Organe gegliedert: Vertreterversammlung und Vorstand. Durch die mit dem Gesundheitsstrukturgesetz vom 21. Dezem-

---

1 Kasseler Kommentar Sozialversicherungsrecht (KassKomm) (2002). Maier § 29 SGB IV Vorbemerkungen Rn. 1.

ber 1992 (GSG)[2] beschlossene und Anfang 1996 in Kraft getretene Organisationsreform wurden sie durch einen ehrenamtlichen Verwaltungsrat als Selbstverwaltung und einen hauptamtlichen Vorstand mit geänderter Aufgabenzuordnung abgelöst (§ 31 Abs. 3a SGB IV). Die Krankenkassen werden danach aufgabenteilig verantwortet.

- Die Verwaltungsaufgaben verantwortet der hauptamtliche Vorstand.
- Entscheidungen, die für die Kasse von grundsätzlicher Bedeutung sind, trifft das Selbstverwaltungsorgan Verwaltungsrat.

Mit der Organisationsreform wurden die Aufgaben der früheren Vertreterversammlung mit einem geringeren Teil der Aufgaben des früheren ehrenamtlichen Vorstandes als Aufgaben des Selbstverwaltungsorgans Verwaltungsrat zusammengefasst. Den größeren Teil der Aufgaben des früheren ehrenamtlichen Vorstandes und die bisherigen Aufgaben der Geschäftsführung übernahm der neue hauptamtliche Vorstand. Mit dieser Neuordnung der Aufgabenverteilung zwischen Verwaltungsrat und Vorstand wurde die gesamte öffentlich-rechtliche und fiskalische Tätigkeit des Trägers beim hauptamtlichen Vorstand gebündelt, damit der Vorstand schnell und sensibel auf die Anforderungen des Marktes reagieren kann.[3]

Mit der Konzentration der Aufgaben der Selbstverwaltung auf ein ehrenamtliches Organ sollte, vor dem Hintergrund der mit dem GSG eingeführten Kassen-Wahlfreiheit, eine rasche und flexible Entscheidungsfindung gewährleistet werden.[4] Zudem sollte die Organisationsreform der Stärkung der Eigenverantwortung der Selbstverwaltung dienen.[5]

Manche Selbstverwalter:innen haben jedoch die Reform des Selbstverwaltungsrechts als Schwächung der Selbstverwaltung wahrgenommen, was angesichts der Übertragung bedeutender Aufgaben des früheren ehrenamtlichen Vorstandes (z. B. Aktiv- und Passivlegitimation zur

---

2 BT-Drs. 12/3608 vom 05.11.1992.
3 Kasseler Kommentar Sozialversicherungsrecht (KassKomm) (2002). Maier § 35a SGB IV Rn. 2.
4 BT-Drs. 12/3608, S. 75.
5 BT-Drs. 12/3608, S. 128.

Innen- und Außenvertretung der Kassen) auf die hauptamtliche Ebene nachvollziehbar ist.

Der Verwaltungsrat soll sich nach der Begründung zu § 197 SGB V durch Spezialisierung seiner Mitglieder auf bestimmten Fachgebieten Fachkompetenz aneignen, um die Überwachung des Vorstandes nach § 197 Abs. 2 Nr. 1a SGB V wirkungsvoll ausüben zu können.[6] Da dies eine kontinuierliche, tiefe und breite Einbindung der Mitglieder des Verwaltungsrates in die Fachmaterie der Krankenkasse voraussetzt, fordert § 197 Abs. 3 SGB V den Verwaltungsrat ausdrücklich dazu auf, für die Erfüllung seiner Aufgaben Fachausschüsse zu bilden.[7]

Kann die Selbstverwaltung der GKV gesundheitliche Verhältnisse gestalten?

Der Staat gibt zwar – insbesondere im Fünften Buch Sozialgesetzbuch (SGB V) – die gesetzlichen Rahmenbedingungen vor, aber die Träger des Gesundheitswesens organisieren sich selbst, um in eigener Verantwortung die Gesundheitsversorgung zu gewährleisten (BMG o. J.). Danach wäre die Gestaltung der gesundheitlichen Verhältnisse der Versicherten vorrangige Aufgabe der Selbstverwaltung, d. h., der Verwaltungsräte der Krankenkassen.

Tatsächlich hat der Gesetzgeber diese Aufgabe jedoch der sogenannten gemeinsamen Selbstverwaltung im Gesundheitswesen übertragen. Der GKV-Spitzenverband, die Kassenärztliche Bundesvereinigung, die Kassenzahnärztliche Bundesvereinigung und die Deutsche Krankenhausgesellschaft (DKG) bilden den Gemeinsamen Bundesausschuss (G-BA) als wichtigstes Gremium der *Gemeinsamen Selbstverwaltung* im Gesundheitswesen. Hier beraten Vertreter:innen der Krankenkassen sowie

---

6 BT-Drs. 9/1264, S. 114.
7 Zur Bedeutung und Arbeit der Ausschüsse der Selbstverwaltung vgl. im Einzelnen Beitrag von Udo und Silke Kruse 2011.

der Leistungserbringer (Ärzt:innen, Zahnärzt:innen, Psychotherapeut:innen und Krankenhäuser) gemeinsam mit der Patientenvertretung und den unparteiischen Mitgliedern die medizinischen Leistungen, die von der gesetzlichen Krankenversicherung übernommen werden. Dem 13-köpfigen Plenum des G-BA gehören fünf Vertreter:innen der GKV an, von denen lediglich zwei Vertreter:innen der Selbstverwaltung sind.

Bei seinen Entscheidungen berücksichtigt der G-BA den allgemein anerkannten Stand der medizinischen Erkenntnisse, und er untersucht den diagnostischen und therapeutischen Nutzen, die medizinische Notwendigkeit und die Wirtschaftlichkeit von Leistungen. Des Weiteren hat der G-BA wichtige Aufgaben im Bereich Qualitätsmanagement und Qualitätssicherung in der ambulanten und stationären Versorgung. Der G-BA erlässt Richtlinien, die für alle Versicherten, die gesetzlichen Krankenkassen und die an der Versorgung beteiligten Ärzt:innen sowie andere Leistungserbringer verbindlich sind. Damit dabei auch die maßgeblichen Interessen von Patient:innen, chronisch Kranken und Menschen mit Behinderungen berücksichtigt werden, haben deren Organisationen auf Bundesebene mit ihren Patientenvertreter:innen ein Mitberatungs- und Antragsrecht im G-BA.

Vertreter:innen der Krankenkassen im G-BA bzw. seinen Ausschüssen sind in der Regel nicht die Vertreter der Sozialen Selbstverwaltung, mithin der Verwaltungsräte der Krankenkassen, sondern Mitglieder der Vorstände und nachgeordnete Mitarbeiter:innen. Dies basiert auf der, insbesondere von den Vorständen vertretenen, Auffassung, dass es sich dabei nicht um Aufgaben handelt, die für die Kasse von grundsätzlicher Bedeutung sind, sondern um öffentlich-rechtliche und fiskalische Aufgaben des Vorstands. Inwieweit der Verwaltungsrat befugt ist, Aufgaben des Verwaltungsrates im Rahmen seiner Kompetenz-Kompetenz an sich zu ziehen, dazu später mehr.

Die Selbstverwaltung der Krankenkassen hat damit keinen unmittelbaren, sondern nur einen mittelbaren Zugriff auf die Gestaltung gesundheitlicher Verhältnisse. Diese Gestaltung wird vielmehr fast vollständig über das Richtlinien- und Vertragsrecht der Gemeinsamen Selbstverwaltung definiert. Inwieweit die Selbstverwaltung in den Verbänden der GKV auf Bundes- und Landesebene sowie in den einzelnen Kassen mittelbar über die Vorstände Einfluss nehmen kann, hängt ganz wesentlich von der Kultur der Zusammenarbeit von Verwaltungsräten und Vorständen ab, aber auch vom Selbstverständnis und der Qualität der Wahrnehmung der Berichtspflichten des Vorstandes und von der Orientierung der Vorstände an den grundsätzlichen Maßgaben der Verwaltungsräte.

Gestaltungsmöglichkeiten im Rahmen der Satzung

Die Beschlussfassung über »autonomes Recht der Kasse«, die ihren Höhepunkt in der Beschlussfassung über die Satzung als »Verfassung« des Versicherungsträgers findet, ist – rechtlich gesehen – sicher die herausragende Aufgabe des Verwaltungsrates.

Während vor der Selbstverwaltungsreform die Detailarbeit für die Gestaltung und Weiterentwicklung des Satzungsrechts in den ehrenamtlichen Vorständen und den Ausschüssen der Vertreterversammlung geleistet und das Ergebnis von der Vertreterversammlung häufig mit seiner Beschlussfassung nur nachvollzogen wurde, fallen nunmehr die Erarbeitung der Satzungstatbestände im Detail und die Beschlussfassung darüber »in eine Hand«, d. h. allein in die Verantwortung des Verwaltungsrates.

Welchen Inhalt eine Satzung haben muss, bestimmt § 34 SGB IV nicht. § 194 SGB V enthält eine nicht abschließende Aufzählung dessen, was eine Satzung der Krankenkassen mindestens beinhalten muss. Darüber hinaus enthalten auch andere sozialrechtliche Normen Vorgaben für die Satzung (z. B. § 43 Abs. 1 SGB IV hinsichtlich der Größe der Selbstverwaltungsorgane, § 242 SGB V hinsichtlich der Gestaltung des Zusatzbeitrages).

Die gesetzlichen Bestimmungen über die Funktionsfähigkeit des Versicherungsträgers sind in der Satzung zu konkretisieren und zu ergänzen.[8] Es ist nicht unüblich, z. B. von den Verbänden der Kassen auf-

---

8 Kasseler Kommentar Sozialversicherungsrecht (KassKomm) (2002). Maier, § 34 Rn. 6.

gestellte Satzungsmuster zu nutzen. Diese Muster binden jedoch den Verwaltungsrat einer Kasse nicht und können von ihm weiterentwickelt werden.

Soweit sich der Verwaltungsrat im Rahmen der gesetzlichen Grenzen bewegt, ist er hinsichtlich seiner satzungsrechtlichen Gestaltungsmöglichkeiten frei.

Autonomes Satzungsrecht kann inhaltlich sowohl materielles als auch formelles Recht enthalten, insbesondere auch Organisations- und Verfahrensrecht. Die Vorschriften der Satzung können zwingend, aber auch nur Ordnungsvorschriften sein. Sie können eine Vielzahl von Tatbeständen für eine Vielzahl von Personen, aber auch nur Einzelfälle regeln. In der Satzung dürfen sich auch allgemeine Verhaltens- und Verfahrensrichtlinien für bestimmte Fallgruppen oder Fälle finden, die im Einzelfall nicht zwingend sind, aber einen Maßstab bilden, nach dem z. B. bei der Beurteilung von Voraussetzungen für die Bewilligung von Ermessensleistungen vorgegangen wird.[9]

Gestaltung aufgrund gesetzlicher Ermächtigung

Der Verwaltungsrat kann in der Satzung die Gestaltung von Art und Umfang der Versicherungsleistungen (§ 1 Abs. 1 SGB I iVm § 194 Abs. 1 Nr. 3 SGB V) vornehmen und ebenso die Konkretisierung der zur satzungsautonomen Gestaltung überlassenen Bestimmungen (z. B. §§ 14, 20 Abs. 1, 23 Abs. 2, 37c Abs. 3, 38 Abs. 2). Gemessen am gesamten Leistungskatalog der GKV enthält das SGB V nur wenige Leistungstatbestände, deren Ausgestaltung – ohne Verpflichtung zur Regelung in der Satzung – dem pflichtgemäßen Ermessen der Kassen vorbehalten ist (z. B. §§ 20, 33 Abs. 5, 43, 68 SGB V). Dazu ergeben sich für die Selbstverwaltung Gestaltungsmöglichkeiten bei der Aufstellung objektiver Maßstäbe und Regeln zur Ausübung des Ermessens im Einzelfall.

---

9 Peters H./Hommel H. (2020). § 33 Rn. 3.

Der Verwaltungsrat hat im Übrigen über

- die Höhe eines Zusatzbeitrages (§ 242 SGB V) sowie
- die Einführung und die Ausgestaltung von Wahltarifen (§ 53 SGB V),
- die Gewährung von Boni für gesundheitsbewusstes Verhalten (§ 65a SGB V) und die Vermittlung des Abschlusses von privaten Zusatzversicherungsverträgen bei privaten Krankenversicherungsunternehmen (§ 194 Abs. 1a SGB IV)

zu entscheiden und dies in der Satzung zu verankern.

Die Satzungspraxis beschränkt sich häufig auf die Übernahme des Textes der gesetzlichen Ermächtigung in die Satzung, ohne dass zugleich eine Konkretisierung für das Handeln der Kasse vorgenommen wird. Die Konkretisierung der Leistung oder Leistungsvoraussetzungen und die Gestaltung des Verwaltungsverfahrens wird mit dem Argument erhöhter Flexibilität im Wettbewerb oftmals den Vorständen überlassen, obwohl dies z. T. Rückwirkungen auf die inhaltliche Ausgestaltung der Leistungen hat und für die Betroffen von grundsätzlicher Bedeutung ist. Die Verwaltungsräte der Kassen sollten deswegen alle Satzungsänderungen aus dem Blickwinkel und mit Blick auf die Betroffenheit der Mitglieder beurteilen und des Weiteren klären, inwieweit sie zugleich

- ihre gesundheits- und sozialpolitisch indizierten Entscheidungen von grundsätzlicher Bedeutung und
- die betroffenenorientierte Ausgestaltung der Versorgung und der Vertragspolitik

konkret verwirklichen können.

Zu dem vom Verwaltungsrat nach § 33 Abs. 1 SGB IV zu beschließenden sonstigen für den Versicherungsträger maßgebenden Recht gehören auch Verwaltungsvereinbarungen (z. B. iSd § 30 Abs. 2 SGB IV) oder der Beitritt zu Vereinbarungen, die unmittelbar Rechtswirkungen für die Versicherten der Kasse entfalten.

Aufgaben von grundsätzlicher Bedeutung – Satzungsrechtliche Konkretisierung der »Kompetenz-Kompetenz«

Nach § 35a Abs. 1 Satz 1 SGB IV verwaltet der Vorstand die Krankenkasse und vertritt sie gerichtlich und außergerichtlich, soweit Gesetz und sonstiges für die Krankenkasse maßgebendes Recht nicht Abweichendes bestimmen. Er hat dem Verwaltungsrat »über die *Umsetzung* der Entscheidungen von grundsätzlicher Bedeutung« zu berichten (§ 35a Abs. 2 Nr. 1 SGB IV). Demgegenüber hat der Verwaltungsrat nach § 197 Abs. 1 Nr. 1b SGB V »alle Entscheidungen zu treffen, die für die Krankenkasse von grundsätzlicher Bedeutung sind«, und den Vorstand zu überwachen (§ 197 Abs. 1 Nr. 1a SGB V).

Da der Gesetzgeber die sehr unbestimmte Regelung nicht weiter konkretisiert hat, bietet sie immer wieder Anlass zu Diskussionen zwischen Selbstverwaltung und Vorstand, aber auch innerhalb der Selbstverwaltung zwischen Versicherten- und Arbeitgebervertretern darüber, wie weit die jeweiligen Befugnisse reichen. Sie hat jedenfalls unmittelbare Auswirkung auf die tatsächlichen Handlungsmöglichkeiten der Selbstverwaltung zur Gestaltung der gesundheitlichen Versorgung. Da diese Gestaltung weit überwiegend der Gemeinsamen Selbstverwaltung zugeordnet ist, ist sie in den Verwaltungsräten regelmäßig nur Bestandteil der Berichterstattung des Vorstandes.

Mit der Einordnung des vormaligen Selbstverwaltungsrechts in das SGB IV wurde den Vertreterversammlungen die Möglichkeit zur Festlegung und Änderung von Zuständigkeiten von Vorstand und Geschäftsführung eingeräumt (sog. »Kompetenz-Kompetenz«).[10] Dieses Recht wurde ab dem 1. Januar 1996 unverändert auf den Verwaltungsrat übertragen. Danach ist der Verwaltungsrat grundsätzlich berechtigt, seine Aufgaben und die Grundsätze der Gesundheits- und Geschäftspolitik der Kasse im Rahmen der Satzung zu konkretisieren und damit auch seinen Aufgabenkreis zu Lasten des Vorstandes auszuweiten. Dies ergibt

---

10 § 33 Abs. 1, § 35 Abs. 1, § 36 Abs. 1 SGB IV mit dem jeweiligen Tatbestandsmerkmal »sonstiges für den Versicherungsträger maßgebendes – autonomes – Recht«.

sich aus § 35a Abs. 1 Satz 1 SGB IV, wonach die Kompetenz des Vorstandes, die Körperschaft zu verwalten und sie gerichtlich und außergerichtlich zu vertreten, durch den nachfolgenden Halbsatz »soweit Gesetz oder sonstiges Recht nichts Abweichendes bestimmen« begrenzt wird. Da zum »sonstigen Recht« auch das autonome Recht und hierzu wiederum insbesondere das Satzungsrecht gehört, wird daraus abgeleitet, dass der Verwaltungsrat eine »Kompetenz-Kompetenz« besitzt, welche ihn berechtigt, die Zuständigkeiten des Vorstandes zu seinen Gunsten zu modifizieren und bisherige Aufgaben des Vorstandes sich selbst zuzuweisen (BSG 2013).

Danach sind Satzungsbestimmungen zulässig, die die allgemeinen Kompetenzen von Verwaltungsrat und Vorstand im Sinne deklaratorischer Regelungen sichtbar machen, oder solche, die den Kreis der Entscheidungen mit grundsätzlicher Bedeutung in begrenztem Maß konstitutiv festlegen. Auch eine auf einer »Kompetenz-Kompetenz« beruhende Aufgabenübertragung steht jedoch unter dem Vorbehalt, dass die gesetzlich vorgesehene Kompetenzverteilung zwischen beiden Organen eingehalten wird. Die gesetzlichen Regelungen zur Kompetenzverteilung sind im Hinblick auf ihren Kerngehalt nicht dispositiv.[11] Es liegt auf der Hand, dass ein derart weit reichendes Recht, wie es die »Kompetenz-Kompetenz« darstellt, einer Begrenzung bedarf, weil sich der Verwaltungsrat andernfalls kraft eigener Rechtsmacht eine Allzuständigkeit einräumen könnte.

Zusammenfassend bleibt festzuhalten, dass das Kompetenz-Kompetenz-Recht für die Selbstverwaltung nicht wirklich hilfreich ist, solange der Gesetzgeber nicht klarstellt, wie weit der Auftrag der Selbstverwaltung zur Gestaltung gesellschaftlicher Verhältnisse greifen soll.

---

11 Fuchs H. (2011).; Schneider-Danwitz A. (2011). juris PraxisKommentar SGB IV., § 35a RdNr. 66.

Gesetzliche Handlungsgrundlagen

Weitgehend unstreitig sind die Aufgaben der Verwaltungsräte, soweit diese entweder im SGB IV und/oder § 197 SGB V gesetzlich vorgeben sind:

- Beschlussfassung über die Satzung und sonstiges autonomes Recht,
- Feststellung des Haushaltsplanes,
- Beschlussfassung über die Entlastung des Vorstandes auf der Grundlage der Jahresrechnung,
- Vertretung der Krankenkasse gegenüber dem Vorstand und den Mitgliedern,
- Wahl des Vorstandes und – je nach Größe der Kasse – ggf. auch des Vorstandsvorsitzenden und seiner Stellvertreter,
- Amtsenthebung oder Amtsentbindung eines Mitgliedes des Vorstandes,
- Wahl der Versichertenältesten,
- Erlass einer Geschäftsordnung für den Verwaltungsrat, mit der z. B. auch das Verfahren zwischen Verwaltung und Vorstand wie etwa Form und Zeitpunkt der Berichterstattung des Vorstandes konkret gestaltet werden kann,
- Unterscheidung zwischen öffentlichen und nichtöffentlichen Sitzungen (einschließlich des entsprechenden Verfahrens),
- Bestimmung der Widerspruchsstelle(n) und der Zusammensetzung der Ausschüsse,
- Entschädigungsregelung für die Selbstverwaltung und Versichertenältesten,
- Bestimmung der Einspruchsstelle,
- Beschlussfassung über den Erwerb, die Veräußerung oder die Belastung von Grundstücken sowie über die Errichtung von Gebäuden,
- Beschlussfassung über die Auflösung der Krankenkasse oder die freiwillige Vereinigung mit anderen Krankenkassen sowie
- Bildung von Erledigungsausschüssen.

Auch in diesem Kontext besteht ein – wenn auch sehr begrenzter – Spielraum zur Gestaltung gesundheitlicher Verhältnisse. Ansonsten gewährt jedoch die Beschlussfassung über die Satzung und sonstiges autonomes Recht angesichts der weitgehenden gesetzlichen Vorgaben insbesondere zum Leistungsrecht nur noch geringe Spielräume.

Bei den in § 197 Abs. 1 genannten gesetzlichen Aufgaben handelt es sich nicht um eine abschließende Aufzählung. Der Verwaltungsrat kann also grundsätzlich darüber hinaus weitere Aufgaben an sich ziehen, wobei allerdings in der Praxis durch die Rechtsprechung zur sog. Kompetenz-Kompetenz Grenzen gesetzt sind.

Gestaltungsmöglichkeiten im Rahmen des Haushaltsrechts

Nach § 70 Abs. 1 Satz 2 SGB IV stellt der Verwaltungsrat den Haushalt fest (in anderen Worten: er beschließt ihn), während der Vorstand ihn nach Satz 1 aufzustellen und – im Rahmen seiner Verantwortung für die Verwaltungsaufgaben – auch für seine Umsetzung zu sorgen hat. Danach liegt das Budgetrecht uneingeschränkt beim Verwaltungsrat. Der Vorstand muss sich mit seinem Verwaltungshandeln im Rahmen des vom Verwaltungsrat beschlossenen Haushalts bewegen.

Der Verwaltungsrat kann vor der Feststellung des Haushaltes jeden Ansatz (also jeden Einzelposten) prüfen und entsprechend den von ihm aufgestellten Grundsätzen der Gesundheits- und Geschäftspolitik abändern. Der Verwaltungsrat wird nur einen Haushalt feststellen, der mit seinen Grundsätzen zur Politik der Kasse übereinstimmt. Die Mitglieder des Verwaltungsrates müssen sich deshalb sehr detailliert und differenziert mit den einzelnen Ansätzen des Haushaltes, aber auch mit dem Haushaltsrecht der Krankenversicherung auseinandersetzen, wenn sie ihren Anspruch ernst nehmen, die Übereinstimmung des Verwaltungshandelns des hauptamtlichen Vorstandes mit den vom ehrenamtlichen

Verwaltungsrat beschlossenen Grundsätzen der Gesundheits- und Geschäftspolitik der Kasse sicherzustellen und ggf. auch konkret zu beeinflussen.

Dazu bietet das Haushaltsrecht der Krankenversicherung dem Verwaltungsrat verschiedene Instrumente, die nicht nur bei der Feststellung des Haushaltes, sondern auch während der Umsetzung durch den hauptamtlichen Vorstand greifen. So dürfen z. B. Ausgaben und Verpflichtungsermächtigungen nach § 11 Abs. 2 SVHV erst »veranschlagt« (also vorgesehen) werden, wenn Planungen und Schätzungen der Kosten und der Kostenbeteiligung vorliegen. Liegen diese Unterlagen bis zur Feststellung des Haushaltsplanes nicht, nicht vollständig oder nicht rechtzeitig vor, so darf eine »Veranschlagung« grundsätzlich nicht stattfinden – es sei denn, dem Versicherungsträger würden aus einer späteren Veranschlagung Nachteile erwachsen. In derartigen Fällen kann der Verwaltungsrat nach § 11 Abs. 3 SVHV eine Ausnahme zulassen.

Im Rahmen des Haushaltsrechts bieten sich dem Verwaltungsrat weitere Gestaltungsmöglichkeiten durch

- das Anbringen von Sperrvermerken (§§ 10, 14 SVHV),
- das Veranschlagen von Verpflichtungsermächtigungen (§ 6 SVHV) und
- Erklärungen zur gegenseitigen Deckungsfähigkeit von Haushaltsansätzen und Verpflichtungsermächtigungen (§ 9 SVHV).

So kann z. B. nach § 10 Abs. 2 SVHV in besonderen Ausnahmefällen durch die Anbringung eines Sperrvermerkes im Haushaltsplan bestimmt werden, dass die Leistung von bestimmten Ausgaben oder die Inanspruchnahme von Verpflichtungsermächtigungen von der Einwilligung des Verwaltungsrates oder einer seiner Erledigungsausschüsse abhängt.

Obwohl das SGB V (z. B. im Gegensatz zur GRV in § 31 Abs. 1 Nr. 3 SGB VI) keine ausdrückliche Ermächtigung zur Förderung von Versorgungsforschung enthält, ist eine solche Forschung dennoch implizit im Rahmen des allgemeinen Haushaltsrechts zulässig, soweit sie zur Erfüllung der gesetzlich vorgeschriebenen oder zugelassenen Aufgaben erforderlich ist (§§ 30, 69 Abs. 2 SGB IV). Einige Kassen nutzen dies zur Gestaltung zielgerichteter Versorgungsmodelle.[12]

Viele Aufgaben, geringer Einfluss auf die Gestaltung gesundheitlicher Verhältnisse

Der in § 1 SGB I verankerte Auftrag der Selbstverwaltung zur Gestaltung gesundheitlicher Verhältnisse kann von der Selbstverwaltung in den Verwaltungsräten der GKV auf der Basis geltenden Rechts nur mittelbar und damit nur bedingt verwirklicht werden. Seine Verwirklichung beschränkt sich im Wesentlichen auf – in der Regel abstrakte – Entscheidungen von grundsätzlicher Bedeutung, die auch in der Satzung verankert werden könnten.

Das geltende Recht räumt der Selbstverwaltung – insbesondere über die Kontrolle des Vorstandes und das Haushaltsrecht – Handlungs- und Gestaltungsmöglichkeiten ein, die durch die Organisation und das Verwaltungshandeln der Kassen unmittelbare Auswirkungen auf die gesundheitliche Situation der Versicherten haben können (z. B. qualifizierte, bedarfsgerechte Beratung, Unterstützung bei der Organisation der individuellen Versorgung usw.).

Die Selbstverwaltung kann ihren Gestaltungsauftrag nur wahrnehmen, wenn sie entscheidenden Einfluss auf die Organisation, Verfügbarkeit, Qualität und Vergütung der gesundheitlichen Versorgung nehmen kann. Dies kann durch eine dies berücksichtigende Konkretisierung der Aufgaben von Verwaltungsrat und Vorstand in den Krankenkassen und deren Spitzenverband erreicht werden, insbesondere aber durch eine Stärkung der Rechte der Selbstverwaltung sowie durch eine gleichge-

---

12 So z. B. »Das Düsseldorfer Modell: Integrierte Versorgung der frühen Arthritis«, »Integrierte Versorgung von Patienten mit chronischen Schmerzen im Raum Koblenz«, beide gefördert durch die DAK.

wichtige Besetzung der Gremien des G-BA zwischen Leistungsträgern, Leistungserbringern und Patientenvertreter:innen.

Literatur

Bundesministerium für Gesundheit (BMG) o. J.: Das Prinzip der Selbstverwaltung. https://www.bundesgesundheitsministerium.de/gesundheitswesen-selbstverwaltung.html [Zugriff am 16.03.2022].
Fuchs H. 2011: Der Verwaltungsrat in der GKV: Seine Aufgaben, Rechte, Handlungsgrundlagen und -Instrumente. In: Soziale Sicherheit 11/2011: 365–371.
Kasseler Kommentar Sozialversicherungsrecht (KassKomm) 2002: Maier. München.
Kruse U./Kruse S. 2011: Soziale Selbstverwaltung: Grundlagen, Bedeutung und Arbeit der Ausschüsse. In: Soziale Sicherheit 11/2011: 377–383.
Peters H./Hommel H. 2010: Sozialgesetzbuch IV, gemeinsame Vorschriften für die Sozialversicherung. Stuttgart.
Schneider-Danwitz A. 2011: In: Schlegel R. (Hg.). juris PraxisKommentar SGB IV – Gemeinsame Vorschriften für die Sozialversicherung. 2. Auflage. Berlin, Saarbrücken, Frankfurt am Main.

»Alle Entscheidungen von grundsätzlicher Bedeutung«: Möglichkeiten des Verwaltungsrates bei der Mitgestaltung im Leistungsrecht

Dieter Schröder und Luise Klemens

»DAK-Gesundheit verbessert Vorsorge für Schwangere«, lautete der Titel einer Pressemitteilung im August 2019. Verwiesen wurde auf das neu eingeführte Vorsorgepaket DAK MamaPLUS. Neben medizinischen Leistungen wie Toxoplasmose-Tests setzt das Angebot einen Schwerpunkt auf frühzeitige Beratung und unterstützt junge Familien bei der Suche nach einer Hebamme. Den Beschluss dazu hatten wir im DAK-Verwaltungsrat gefasst. Einmal mehr hatten wir auf Grundlage von § 197 im Fünften Sozialgesetzbuch unsere Mitgestaltungsmöglichkeiten genutzt.

Dieser Einfluss jedoch ist aus guten Gründen begrenzt. Gesetzliche Krankenkassen erfüllen einen öffentlichen Auftrag, sie erhalten dafür neben den Mitgliedsbeiträgen auch Steuerzuschüsse und haben darum nicht die Möglichkeit, über ihre Leistungen frei zu entscheiden. Aus gutem Grund gibt es im Sozialstaat einen für alle Bürger:innen verlässlichen Katalog von Leistungen der gesetzlichen Krankenversicherung. Möglich ist aber, durch sogenannte Satzungsleistungen freiwillige Zusatzangebote zu eröffnen. Welche Chancen ergeben sich durch die Mitgestaltung der Verwaltungsräte im Leistungsbereich – für die Kassen wie für die Versicherten?

Ehrenamt und Vorstand im Zusammenspiel

Zentral für die Arbeit der Verwaltungsräte ist der genannte § 197 SGB V. Er bindet auch uns als Selbstverwalter:innen der DAK-Gesundheit.

Dabei ist das Aufgabenspektrum bewusst nicht eingeengt, denn es heißt dort, der Verwaltungsrat habe »alle Entscheidungen zu treffen, die für die Krankenkasse von grundsätzlicher Bedeutung sind«. Diese Formulierung eröffnet Möglichkeiten für Initiativen, um auf aktuelle Entwicklungen zu reagieren.

Wichtig ist hier die Zusammenarbeit der ehrenamtlichen Verwaltungsratsmitglieder mit den Entscheidungsträger:innen im Vorstand und den Abteilungen der Krankenkasse. Konkreter Bedarf, Versorgungslücken, innovative Versorgungsmodelle oder etwaige Wettbewerbsvorteile durch ansprechende Zusatzleistungen werden vielfach als Kritik oder Anregungen von Versicherten an die Kasse herangetragen und finden auf diese Weise Eingang in die Beratungen des Verwaltungsrats. Dadurch befindet sich das Selbstverwaltungsorgan der Kasse in einer Doppelrolle. Denn es nimmt einerseits Kontrollaufgaben wahr, wenn es z. B. die Finanzen prüft oder die Arbeit des Vorstands bewertet. Andererseits ist es aber für eine effektive Arbeit zum Wohle der Versicherten auf eine gute fachliche Zusammenarbeit angewiesen. Beschlüsse zur Ausweitung des Angebots freiwilliger Leistungen kann wiederum nur der Verwaltungsrat treffen, nicht der Vorstand.

Bedarf erkennen, Beschlüsse vorbereiten

Wertvolle Anregungen für die Anpassung von Leistungsregelungen können auch die Widerspruchsausschüsse geben. Durch ihre Arbeit kann es gelingen, an konkreten Beispielen möglichen Bedarf in der Versorgung zu erkennen: Beschwerden, die sich häufen, können Anlass dazu sein, dass sich die Verwaltungsratsmitglieder grundsätzlich mit der Frage befassen, ob ein Handlungsbedarf besteht – und ob der gesetzliche Rahmen es der Kasse erlaubt, ihn zu beheben.

Zwei Beispiele sollen das verdeutlichen: Zum einen hat in jüngerer Vergangenheit eine auffällige Zahl an Widersprüchen unsere Aufmerksamkeit erregt, in denen es darum ging, dass Kosten für eine ärztliche

Zweitmeinung nicht oder nicht vollständig erstattet wurden. Dies betraf in vielen Fällen onkologische Diagnosen. Deshalb trafen wir im Verwaltungsrat der DAK-Gesundheit im Mai 2021 die Entscheidung, das bestehende Leistungsangebot »Zweitmeinung« um den Bereich Onkologie zu erweitern. Zum anderen übernimmt die DAK-Gesundheit seit Juli 2018 die Impfung gegen humane Papillomviren (HPV) auch für Jungen. HPV sind häufig Auslöser von Gebärmutterhalskrebs, aber auch Krebsformen im Mund- und Rachenraum und am Darmausgang sowie die sogenannten Genitalwarzen können durch eine HPV-Infektion verursacht werden. Dennoch war lange nur die Impfung von Mädchen Bestandteil der Regelversorgung gesetzlicher Krankenkassen. Auch hier hat der Verwaltungsrat den Beschluss gefasst, den Leistungskatalog per Satzungsänderung zu erweitern.

Es gibt jedoch auch Beispiele für die Grenzen dessen, was die Selbstverwaltung im Leistungsbereich beschließen kann. Denn hier hat das Bundesamt für Soziale Sicherung (BAS) das letzte Wort. Als Aufsichtsbehörde für die bundesunmittelbaren Träger der gesetzlichen Kranken-, Renten- und Unfallversicherung sowie der sozialen Pflegeversicherung behält sich das BAS vor, entsprechenden Verwaltungsratsbeschlüssen die Genehmigung zu verweigern, wenn nach seiner Auffassung die erforderliche Rechtsgrundlage fehlt. Kommen wir zu einem anderen Schluss, bleibt uns als Verwaltungsrat nur, uns mit Forderungen an die Politik zu wenden, die gesetzlichen Regelungen anzupassen.

Politische Forderungen und Zusammenarbeit im Verband

Es gehört zu den wichtigsten Aufgaben der Selbstverwaltung der Krankenkassen, sich gegenüber der Politik für die Belange ihrer Versicherten einzusetzen. Mit Positionspapieren und politischen Handlungsempfehlungen verdeutlichen wir, wie wir den Leistungsrahmen für unsere Versicherten weiterentwickeln wollen.

Dabei kann es nützlich sein, die Interessenvertretung für unsere Versicherten mit den Bemühungen anderer Krankenkassen zu bündeln. Diese Aufgabe nimmt der Verband der Ersatzkassen (vdek) wahr, in dessen Mitgliederversammlung darum auch Verwaltungsräte der DAK-Gesundheit aktiv sind. Die Mitgliederversammlung als zentrales Gremium der Selbstverwaltung der Ersatzkassengemeinschaft entscheidet darüber, wie sich der Verband politisch positioniert und wie er gemeinsam mit den Ersatzkassen die Versorgung der Versicherten weiterentwickelt. Politische Interessenvertretung geschieht darüber hinaus über den Spitzenverband der gesetzlichen Krankenkassen (GKV-SV), der neben den Ersatzkassen auch andere Kassenarten wie die Allgemeinen Ortskrankenkassen und die Betriebskrankenkassen vertritt.

Kommunizieren mit den Versicherten

Arbeit für die Versicherten bedeutet auch gute Information und Kommunikation, denn von besonderen Leistungen müssen diejenigen frühzeitig und umfassend erfahren, die davon profitieren. Auch die weitere Arbeit der Sozialen Selbstverwaltung muss den Versicherten regelmäßig vermittelt werden. Schließlich sind diese nicht nur Kund:innen der jeweiligen Krankenkasse, sondern auch unsere Wähler:innen.

Deshalb ist es umso wichtiger, über das Wirken des Verwaltungsrats zu informieren, um den Versicherten zu zeigen, dass auch sie davon persönlich betroffen sind. In kaum einem Bereich lässt sich dies so eindrücklich zeigen wie im Leistungsbereich. Deshalb informiert die DAK-Gesundheit in jeder Ausgabe des Kundenmagazins »fit!« über die Arbeit des Verwaltungsrats, ebenso im Geschäftsbericht und immer wieder auch in Pressemitteilungen und der digitalen Kundenzeitschrift. Nicht selten liegen diesen Berichten, wie im Fall von MamaPLUS, Satzungsanderungen im Bereich der freiwilligen Zusatzleistungen zugrunde.

Mitwirkungsmöglichkeiten kreativ nutzen

Ziehen wir also ein Fazit aus Sicht der ehrenamtlichen Selbstverwaltung: Die klassischen Aufsichtsfunktionen der Verwaltungsräte sind klar geregelt, die Mitwirkung bei der Gestaltungsmöglichen des Leistungsangebotes gestaltet sich jedoch differenzierter. Der § 197 SGB V benennt die Aufgaben, über die der Verwaltungsrat zu beraten und zu beschließen hat. Daraus lassen sich zentrale Rechte und Gestaltungmöglichkeiten der Selbstverwaltung ableiten. Dabei müssen unsere Beschlüsse und Forderungen immer Evidenz, ökonomische Aspekte und Wettbewerb berücksichtigen. Das gilt ganz besonders für Veränderungen des Leistungsangebots.

Als Selbstverwalter:innen haben wir die Aufgabe, auf Missstände und Fehlentwicklungen hinzuweisen, in den entsprechen Foren über sie zu beraten und dann unsere Forderungen anzumelden, sei es in der Verbandsarbeit oder im öffentlichen Diskurs, als Forderungen an die Politik. Das SGB V bietet für die Soziale Selbstverwaltung ausreichende Möglichkeiten, auf die Leistungsangebote einzuwirken – sie müssen nur kreativ genutzt werden.

Rechtsschutz und Selbstverwaltung: Widerspruchsausschüsse in der Sozialversicherung

Armin Höland und Felix Welti

In Widerspruchsausschüssen aus ehrenamtlichen Vertreter:innen der Versicherten und Arbeitgeber sowie teilweise der hauptamtlichen Verwaltung werden jährlich ca. 800.000 Widerspruchsverfahren entschieden. Die Erfolgsquote ist auf den ersten Blick sehr niedrig, sie beträgt nur etwa 3 %. Zu berücksichtigen ist jedoch, dass mehr als ein Drittel der Widersprüche durch Abhilfe erledigt werden und damit für die Versicherten ebenfalls mit einem Erfolg enden. Widerspruchsausschüsse sind ein Element der (Selbst-)Kontrolle von Rechtmäßigkeit und Zweckmäßigkeit der Verwaltungsentscheidungen, sie entlasten die Sozialgerichte und haben eine hohe Verantwortung für gelingende Kommunikation zwischen Versicherten und den Sozialversicherungsträgern und ihrer Selbstverwaltung. Ihre Arbeitsbedingungen und Arbeitsweisen sind bei den Sozialversicherungsträgern unterschiedlich ausgestaltet und bedürfen der Aufmerksamkeit der Selbstverwaltungsorgane.

Über Widersprüche von Versicherten in der gesetzlichen Krankenversicherung, der sozialen Pflegeversicherung, der gesetzlichen Unfallversicherung und der gesetzlichen Rentenversicherung gegen Entscheidungen ihres Versicherungsträgers entscheiden, wenn sie nicht vorher anders erledigt wurden, Widerspruchsausschüsse. Das sind paritätisch oder drittelparitätisch aus Vertreter:innen der Versicherten, der Arbeitgeber und gegebenenfalls der Verwaltung der jeweiligen Sozialversicherungsträger zusammengesetzte Ausschüsse, die – ausgehend vom Vorbringen des Widerspruchsführers oder der Widerspruchsführerin – abschließend über die Rechtmäßigkeit und Zweckmäßigkeit des Verwaltungsaktes beraten und entscheiden. Mit dem von ihnen erlassenen Widerspruchsbescheid findet das Vorverfahren seinen Abschluss. Es soll im Regelfall durchgeführt werden, ehe der oder die Versicherte eine Anfechtungs- oder Verpflichtungsklage erhebt, und so die Gerichtsbarkeit von vermeidbaren Verfahren entlasten. Weil im Widerspruchsverfahren nicht nur die Rechtmäßigkeit, sondern auch die Zweckmäßigkeit einer Entscheidung überprüft wird, hat es nicht nur die Funktion einer vor das gerichtliche Verfahren gesetzten Konfliktentscheidung, sondern es ist auch eine Selbstkontrolle der Verwaltung. Klage erhoben werden kann dann gegen den Widerspruchsbescheid, so dass dieser das Material des sozialgerichtlichen Verfahrens ist, einschließlich der im Rahmen des Widerspruchsverfahrens erhobenen Tatsachen, z. B. weiterer Gutachten.

Zuständigkeit, Zusammensetzung und Arbeitsweise der Widerspruchsausschüsse übersetzen Grundsätze der Selbstverwaltung in der Sozialversicherung in die Behördenwirklichkeit des jeweiligen Trägers. Mit den ehrenamtlich tätigen Versicherten und Arbeitgebern sind die beiden traditionellen Hauptgruppen der Selbstverwaltung maßgeblich an den Entscheidungen über die Widersprüche der Versicherten beteiligt. Hinzu kommen nicht immer, aber in vielen Fällen Mitarbeiter:innen aus der Verwaltung des jeweiligen Trägers. Sie bringen das Sach- und Rechtswissen zu den einzelnen Widerspruchsfällen in das Verfahren ein. Auch dort, wo sie stimmberechtigt sind, kann sich die Verwaltung gegenüber den ehrenamtlichen Mitgliedern des Widerspruchsausschusses nicht durchsetzen, wenn diese von dem Entscheidungsvorschlag nicht überzeugt sind. Hierin kommt ein Grundgedanke der Sozialen Selbstverwaltung zum Ausdruck: Ehrenamt kann sich gegenüber Hauptamt, Laien können sich gegenüber Fachleuten in der Widerspruchsentscheidung behaupten.

Organisation und Arbeitsweise der Widerspruchsausschüsse

Widerspruchsausschüsse sind durch die Satzungen der Sozialversicherungsträger errichtete besondere Ausschüsse nach § 36a Abs. 1 SGB IV. Zu ihren Mitgliedern können nach § 36a Abs. 2 S. 2 SGB IV nur Personen bestellt werden, die als Organmitglied die Voraussetzungen der Wählbarkeit erfüllen, sowie, wenn die Satzung ihre Mitwirkung vorsieht, Bedienstete des Versicherungsträgers. Zu den Voraussetzungen nach § 51 Abs. 1 S. 1 Nr. 1 SGB IV für die Wählbarkeit gehört, dass die betreffende Person beim Versicherungsträger zu einer der Gruppen gehört, aus deren Vertretern sich die Selbstverwaltungsorgane des Versicherungsträgers zusammensetzen. Widerspruchsausschüsse müssen nach dem Gesetz nicht zwingend eingerichtet werden (§ 36a Abs. 1 S. 1 SGB IV). Nach unserer 2016 durchgeführten Satzungsanalyse haben jedoch fast alle Sozialversicherungsträger (162 von insgesamt 165) wenigstens einen Widerspruchsausschuss, im Regelfall mehrere, eingerichtet. Das spricht dafür, dass das Instrument bislang als bewährt und effektiv angesehen wird. Allerdings haben inzwischen einige Träger einen Teil der Verfahren aus der Kompetenz der Ausschüsse herausgenommen, wenn sie in ihnen geringe rechtliche Entscheidungsspielräume sehen.

So gut wie immer bestehen die Ausschüsse aus einer gleichen Anzahl von Versicherten- und Arbeitgebervertretern, und so gut wie immer sind an ihrer Arbeit auch Hauptamtliche beteiligt, die die Sitzungen vorbereiten und leiten. Nicht unerheblich ist aber der Unterschied, ob diese Hauptamtlichen auch Stimmrecht haben oder nicht.

Empirische Erkenntnisse

Zum Verständnis der Widerspruchsausschüsse sind nicht nur die rechtlichen Grundlagen in den Blick zu nehmen, sondern auch die sozialen

Tatsachen, die Zusammensetzung der Ausschüsse, die Organisation und Arbeitsweise, die Wirkungen und Ergebnisse ihrer Entscheidungen. Viele Fragen sind nur auf Grundlage von Empirie und daher nur annäherungsweise zu beantworten. Einen wichtigen Beitrag dazu leistete die Befragung von 978 Mitgliedern aus Widerspruchsausschüssen im Rahmen des von der Hans-Böckler-Stiftung im Zeitraum 2014–2017 geförderten Forschungsprojektes *Widerspruchsausschüsse in der Sozialversicherung – Bestandsaufnahme und Wirkungsanalyse*, auf die diese Diskussion im Folgenden zurückgreift. Von der Gesamtheit der Befragten waren 807 ehrenamtlich und 152 hauptamtlich in WA tätig (Böttcher 2019: 18).[1]

Eine solche Frage lautet: Wenn Laien des Rechts mit Fachleuten des Rechts in einem Gremium gemeinsam Entscheidungen treffen müssen wie in den Arbeits- und Sozialgerichten und Widerspruchsausschüssen – wie kann sich ihre Sicht in die Behandlung hochspezialisierter juristischer Fachfragen einbringen (Höland 2016)?

Von 2015 bis 2020 erhoben Versicherte bzw. Antragsteller:innen in der Sozialversicherung, bei anderen Sozialleistungsträgern und in der Kriegsopferversorgung jährlich zwischen 1,2 und 1,4 Millionen Widersprüche gegen Bescheide. Rechnet man mit Rücksicht auf den Forschungsgegenstand die Kriegsopferversorgung und das Schwerbehindertenrecht sowie die Bundesagentur für Arbeit, bei der keine Widerspruchsausschüsse (WA) bestehen, heraus, so bleiben für die sechs Jahre jeweils rund 800.000 Widersprüche in der Sozialversicherung.[2] Das wäre für die 1.000 bis 1.200 WA in der Sozialversicherung mit ihren 3.000 bis 3.500 Ausschussmitgliedern (Höland 2019: 38, 41, 58) eine nur schwer zu bewältigende jährliche Fall-Last. Tatsächlich ist die Zahl der bei den WA eintreffenden Widersprüche erheblich kleiner.

---

1 An diesem Forschungsprojekt haben außer den Autoren mitgewirkt: Sabine Böttcher, Christina Buchwald, Elisabeth Krausbeck (Zentrum für Sozialforschung Halle), Manuela Fischer, Alexandra Richter (Universität Kassel).

2 Die Zahlen der Widersprüche sinken von 2015 bis 2020. Für 2020 weist die vom BMAS geführte Statistik SG01/SG02 »Tätigkeit der Widerspruchsstellen der Sozialversicherung und der Kriegsopferversorgung« für die vier Sozialversicherungszweige Krankheit, Pflege, Unfall und Rente insgesamt 765.801 Widersprüche aus, gegenüber 2019 ein Rückgang von rund 6 %.

Auf ihrem Weg zu den Ausschüssen durchlaufen die von Versicherten erhobenen Widersprüche gegen Bescheide der jeweiligen Sozialversicherungsträger ein Prüfverfahren innerhalb der Verwaltung. Im Zuge der erneuten Durchsicht durch eine im Regelfall von der Sachbearbeitung getrennte Stelle oder Abteilung verkleinert sich ihre Zahl um mehr als die Hälfte. Die erneute Befassung hat über alle Sparten und Träger hinweg in rund einem Drittel der Fälle (so auch 2020) eine Korrektur zur Folge, die vom Gesetz als Abhilfe bezeichnet wird. Der Vergleich in der Widerspruchsstatistik der Jahre 2015 bis 2020 zeigt einen bemerkenswert stabilen Anteil der Abhilfen an den erledigten Widerspruchsverfahren in allen Bereichen der Sozialversicherung von jeweils rund einem Drittel.[3] Im Vergleich weisen die Abhilfequoten in den einzelnen Sozialversicherungszweigen beachtliche Unterschiede auf. Beispielsweise liegen für das Berichtsjahr 2020 die Abhilfequoten für die Rentenversicherungsträger[4] mit 37 % höher, für die Unfallversicherung hingegen mit 15 % deutlich niedriger. Das Bild der Unterschiede verändert sich im Sechsjahresvergleich von 2015 bis 2020 hingegen nicht wesentlich.

Zur Verkleinerung der Menge von erhobenen Widersprüchen, die am Ende bei den WA ankommen, tragen zwei weitere Verfahrensereignisse bei: die Zurücknahme, auf die im Berichtsjahr 2020 rund 16 % aller Erledigungen entfielen, und die Erledigung auf sonstige Art mit einem Anteil von 3 %. Im Unterschied zur Abhilfe, die vom Sozialversicherungsträger vorgenommen wird, ist die Zurücknahme eine Entscheidung der Versicherten selbst. Veranlasst sein kann sie beispielsweise durch Aufklärung der Versicherten über die Rechtslage, möglicherweise auch durch ein Kompromissangebot des Versicherungsträgers, Erledigung des Zwecks des Widerspruchs, etwa die Wahrung einer bestimmten Frist, den Verzicht der Versicherten auf weitere Verfolgung seines Anliegens u. a. (Höland 2019: 148, 155).

Auch die »Erledigung auf sonstige Art« ist eine Misch- und Sammelkategorie, hinter der sich Veränderungen auf Seiten der Versicherten

---

3 SG01/SG02 für die jeweiligen Berichtsjahre, beschränkt auf die vier Zweige der Sozialversicherung.

4 Regionalträger, Bund, Knappschaft-Bahn-See, Alterssicherung der Landwirte.

(einschließlich Tod), der Träger oder auch eine veränderte Rechtslage verbergen können.

Addiert man die durch Zurücknahme und sonstige Erledigung erreichten 19 % zu den 33 % Abhilfen im Jahr 2020, so gelangt man zu einer Restmenge von rund 48 %, die für die Erledigung durch die WA verbleiben. Dieser Anteil ist ähnlich hoch wie in den Vorjahren (Höland 2019: 11, 38, 40).

Auswirkungen hat die Verkleinerung der Fallmenge an Widersprüchen nicht nur für die mengenmäßige Bewältigung, sondern auch darauf, wie die verbleibenden Fälle rechtlich beschaffen sind. Was in der verwaltungsinternen Revision nicht zur Abhilfe geführt hat, und was nicht von den Versicherten zurückgenommen wurde oder sich auf andere Weise erledigt hat, ist eine Restmenge, in der die Entscheidungsspielräume geringer sind. Es handelt sich weit überwiegend um rechtlich eindeutige Fälle oder um Fälle, in denen eine gefestigte Rechtsprechung vorliegt.

Ihren objektiven Niederschlag findet dies in einer niedrigen Quote von Entscheidungen der WA, die von den vorausgegangenen Entscheidungen der Verwaltung abweichen. Zu Bescheiden, die dem Widerspruch in vollem Umfang oder teilweise stattgeben, kommt es in diesem letzten Abschnitt des Vorverfahrens über alle Sozialversicherungsträger hinweg nur in rund 3 % der Fälle (Buchwald/Krausbeck/Höland 2019: 166). Für 2020 lässt sich ein etwas niedrigerer Anteil von voll (1,6 %) oder teilweise (0,9 %) stattgebenden Widerspruchsbescheiden ermitteln, insgesamt 2,5 %. Um den niedrigen Quoten stattgebender Bescheide gerecht zu werden, ist allerdings zu berücksichtigen, dass zur Entscheidung des WA auch gehören kann, die Akten mit Anmerkungen und Fragen zurück in die Sachbearbeitung zu geben oder eine andere, dem Widerspruchsführer oder der Widerspruchsführerin zumindest in Teilen entgegenkommende Lösung zu finden.

In der subjektiven Wahrnehmung der Mitglieder von WA liegt der Anteil der voll oder teilweise stattgebenden Entscheidungen höher als in der Statistik ausgewiesen. In der Befragung von 2016 schätzten insgesamt nur zwei Drittel der Mitglieder den Anteil der Fälle, in denen der Widerspruchsausschuss dem Begehren der versicherten Person stattgibt, auf unter 5 %. Interessant ist, dass es zwischen Hauptamt und Ehrenamt einen erheblichen Unterschied gab:

Der Anteil der hauptamtlichen Mitglieder mit einer von den Fakten bestätigten Schätzung lag mit 78 % deutlich höher als derjenige der ehrenamtlichen Mitglieder mit 65 % (Höland 2019: 158). Umgekehrt schätzen die ehrenamtlichen Mitglieder von Widerspruchsausschüssen die Anteile stattgebender Entscheidungen höher ein. So gaben 28 % von ihnen 2016 an, die Anteile von stattgebenden Entscheidungen im WA lägen zwischen 5 % und 25 %. Von solchen Quoten der Stattgabe gehen hingegen nur 18 % der Hauptamtlichen aus.

Die Divergenz mag sich aus dem breiteren Fallwissen der Hauptamtlichen erklären. Davon abgesehen kann die optimistischere Wahrnehmung der Ehrenamtlichen ihren psychologischen Grund auch darin haben, dass sie ihre von den Vorschlägen der Verwaltung unabhängige Entscheidungsmöglichkeit überschätzen. Dahinter mag auch das in Gesprächen vor allem mit Versichertenvertretern erkennbare Bedürfnis stecken, nicht als kategorische Nein-Sager am Ende des Widerspruchsverfahrens zu erscheinen.

Es wäre voreilig, aus der sehr niedrigen Quote stattgebender Widerspruchsbescheide zu schließen, der Ausschuss entscheide grundsätzlich gegen die Versicherten und sei nur eine verzögernde Station auf dem Weg zur gerichtlichen Überprüfung. Vielmehr können funktionierende WA dafür sorgen, dass die hauptamtliche Verwaltung die Überprüfung einer möglichen Abhilfe ernst nimmt. 72 % der befragten Ehrenamtlichen (52 % der Hauptamtlichen) bejahen, dass die Verwaltungspraxis durch die Kontrolle der WA beeinflusst wird (Böttcher in: Böttcher 2019: 27).

Zusammensetzung und Arbeitsweise der Widerspruchsausschüsse

Zu diskutieren ist auch, wieweit das Prinzip der Selbstverwaltung in der Zusammensetzung und Arbeitsweise der Widerspruchsausschüsse seinen praktischen Niederschlag findet. Die online-Befragung von ehren- und hauptamtlichen Mitgliedern von Widerspruchsausschüssen konnte naturgemäß nur begrenzt ins Innere und in den Sitzungsalltag solcher Ausschüsse vordringen.[5] Gleichwohl lassen die Antworten der Befragten, die zu 84 % aus dem Ehrenamt und zu 16 % aus dem Hauptamt kamen, bestimmte Eigenschaften, Arbeitsweisen und Probleme von WA erkennen.

Die WA sind in einer Weise zusammengesetzt, die, gemessen an der Struktur der jeweiligen Versichertenpopulation, nicht ohne Probleme ist. Der sozialstatistische Befund ist, dass vor allem im Ehrenamt in den WA überwiegend ältere Männer tätig werden. Fast zwei Drittel von ihnen haben ein Lebensalter von 64 und mehr Jahren, vier Fünftel sind Männer (Höland 2019: 45). Damit ist die sozialstrukturelle Zusammensetzung der Gesamtheit der ehrenamtlichen Mitglieder gegenüber der entsprechenden Zusammensetzung der Bevölkerung wie auch der Versichertengemeinschaften deutlich verschoben.[6] Nicht auszuschließen ist daher eine die Repräsentativität und Legitimität dieser selbstverwalteten Institution einschränkende Wahrnehmung. Ihren Hauptgrund dürfte die Zusammensetzung der Gruppe der ehrenamtlichen Mitglieder von WA in dem für die Vorbereitung auf die Sitzungen erforderlichen Zeitaufwand[7] und in der Häufigkeit der Sitzungen[8] haben. Die für dieses Ehrenamt erforderliche Zeitinvestition dürfte erklären, dass die Mitwirkung in einem WA mit Berufstätigkeit und familiären Alltagsbedingungen nicht einfach zu vereinbaren ist.

Die bestimmende Rolle der Verwaltung ist im gesamten Verfahren angelegt. Sie erlässt den Ausgangsbescheid und überprüft ihn im Falle eines Widerspruchs. Die fachliche Kompetenz und das Rechtswissen lie-

---

5 Genaueren Aufschluss könnten teilnehmende Beobachtung und Gruppengespräche erbringen, Methoden, die in dem Forschungsprojekt nicht angewandt wurden.
6 Nach der Bevölkerungsstatistik des Statistischen Bundesamtes betrug der Anteil der 65 Jahre und älteren Menschen in Deutschland im Jahr 2020 an der Wohnbevölkerung 21 %; der Geschlechteranteil betrug jeweils rund 50 %.
7 Nach den Auskünften der befragten Ehrenamtlichen liegt der Schwerpunkt der Zeitdauer pro Sitzung bei zwei bis drei Stunden (38 %). Bis zu zwei Stunden Dauer geben 32 % an, drei bis vier Stunden 23 %.
8 Von den ehrenamtlich tätigen Befragten nimmt fast die Hälfte ein oder zwei Mal im Monat an Sitzungen des WA teil, ein weiteres Drittel ein oder zwei Mal im Quartal.

gen allein oder jedenfalls ganz überwiegend bei der Verwaltung. Von ihr kommen im Regelfall die Beschlussvorlagen. Sie entwirft die Widerspruchsbescheide, über die nach Auskunft von 84 % aller befragten Mitglieder von WA in den Ausschusssitzungen dann entschieden wird. Mit Laienmitteln in der Ausschussberatung gegen das Gewicht der Vorbereitung durch die Verwaltung anzukommen, ist schwierig. Unmöglich ist es nicht, wie die Befragung der Mitglieder zeigt. Helfen können die Kontrolle der Schlüssigkeit der Begründung der Verwaltung, die Bereitschaft zu kritischen Nachfragen, etwa bei Ermessensentscheidungen, der nicht zu unterschätzende Einsatz des »gesunden Menschenverstandes« und die Routine und Expertise, die durch häufige Befassung mit sozialrechtlichen Fragen auch bei Laien entsteht.

Ob die Kontroll- und Diskussionsmöglichkeit durch die Ehrenamtlichen realisiert wird, hängt nicht unerheblich von der Organisation des Verfahrens ab. Sie unterscheidet sich von Träger zu Träger erheblich. Das betrifft insbesondere die Fragen, wie viele Fälle pro Sitzung verhandelt werden, ob und wie die Mitglieder vorab die Möglichkeit zur Akteneinsicht und zu Nachfragen haben und ob sie von der Möglichkeit Gebrauch machen, Vorgänge zu weiterer Ermittlung in die Verwaltung zurückzugeben (Höland 2019: 148 ff.). Für die weitere Entwicklung der Arbeitsweise ist nicht uninteressant, ob und wie die in der Corona-Pandemie ermöglichte Praxis von telefonischen oder videotelefonischen Sitzungen der WA fortgesetzt wird (vgl. Höland/Welti/Dahlke 2021). Dadurch könnte auch Bewegung in die Frage kommen, ob die Widerspruch führenden Versicherten im Verfahren des WA persönlich zu Wort kommen können, weil es technisch einfacher zu realisieren sein wird und Anfahrtswege wegfallen könnten. Bislang ist die persönliche Anhörung sehr selten: 84 % der Befragten berichteten, dass dies »nie« vorkomme, bei den anderen war es selten (Höland 2019: 160).

Interessant ist auch das Selbstverständnis der ehrenamtlichen Mitglieder von WA. Wie stark kommt bei ihnen als Vertreter:innen der Versicherten oder der Arbeitgeber neben der Rechtsanwendung die Sicherung oder Förderung der Interessen ihrer Bezugsgruppe zum Tragen? Die Antworten in der zitierten Befragung vermitteln ein entschiedenes, wenn auch nicht geschlossenes Meinungsbild. Insgesamt 92 % der Befragten nennen als ihre Hauptaufgabe im Widerspruchsausschuss (»voll und ganz« oder »eher ja«) die Anwendung des geltenden Rechts (unter den Arbeitgebervertretern sind es etwas mehr, unter den Versichertenvertretern etwas weniger; Höland 2019: 55). Das schließt interessengeleitetes Denken der ehrenamtlichen Selbstverwalter:innen in den WA aber nicht gänzlich aus: Dass sie für die von ihnen vertretene Gruppe etwas bewirken können, glauben immerhin fast vier Fünftel der Versichertenvertreter:innen in WA, wenngleich weniger als ein Drittel der Arbeitgebervertreter:innen.

Inwieweit es gelingt, bei der Anwendung des geltenden Rechts die Lebenswirklichkeit der Versicherten und Arbeitgeber einzubringen, um so zu einer besseren Rechtsanwendung und Konfliktlösung zu kommen, hängt neben zeitlichen Ressourcen und einer partizipativen Verfahrensgestaltung auch davon ab, wie das eigene Vorverständnis mit rechtlichen und z. B. arbeits- und sozialmedizinischen Wissensbeständen verbunden werden kann und welche Austausch-, Schulungs- und Informationsmöglichkeiten zur Verfügung stehen. Bislang geben jeweils nur Minderheiten der Ehrenamtlichen in den WA an, zu Beginn ihrer Tätigkeit geschult worden zu sein und über regelmäßige Austauschmöglichkeiten mit anderen Ehrenamtlichen zu verfügen (Böttcher 2019: 33). Information und Kommunikation oblagen dabei zum Teil primär der Verwaltung, zum Teil vor allem den entsendenden Arbeitgeberverbänden, Gewerkschaften und anderen Organisationen.

Zusammenfassung und Ausblick

Die Widerspruchsausschüsse sind ein gelebter Teil der Sozialen Selbstverwaltung. Sie bringen die hauptamtliche Verwaltung und Mitglieder der ehrenamtlichen Selbstverwaltungsorgane im praktischen Leistungs- und Konfliktgeschehen zusammen. Sie haben das Potenzial, die Rechtsanwendung im Einzelfall zu verbessern, indem, wie es recht- und zweckmäßig ist, die individuelle Lebenswirklichkeit im Verhältnis zu standardisierten Verwaltungsabläufen beachtet wird. Ob und wie dieses Potenzial genutzt wird, gerade im Sinne einer Qualitätssicherung über den Einzelfall hinaus durch regelmäßige Aufarbeitung des Widerspruchsgeschehens in den Selbstverwaltungsorganen, bedarf weiterer Diskussion in diesen Organen und vertiefter Forschung.

Literatur

Böttcher S. 2019: Die Forschungsergebnisse zu den ehrenamtlichen und hauptamtlichen Mitwirkenden in Widerspruchsausschüssen – eine Auswahl. In: Höland A./Welti F. (Hrsg.): Recht und Praxis der Widerspruchsausschüsse in der Sozialversicherung. Hans-Böckler-Stiftung, Study 411. Düsseldorf: 18–37. Online: https://www.boeckler.de/de/faust-detail.htm?sync_id=HBS-07113 [Zugriff: 20.03.2022].

Braun B./Buhr P./Höland A./Welti F. 2009: Gebührenrecht im sozialgerichtlichen Verfahren. Baden-Baden.

Braun B./Klenk T./Kluth W./Nullmeier F./Welti F. 2008: Modernisierung der Sozialversicherungswahlen. Baden-Baden.

Buchwald C./Krausbeck E./Höland A. 2019: Erkenntnisse zum Widerspruchsverfahren aus den Akten sozialgerichtlicher Verfahren. In: Höland A./Welti F. (Hrsg.): Recht und Praxis der Widerspruchsausschüsse in der Sozialversicherung. Hans-Böckler-Stiftung, Study 411. Düsseldorf: 166–193. Online: https://www.boeckler.de/de/faust-detail.htm?sync_id=HBS-07113 [Zugriff: 20.03.2022].

Fischer M./Welti F. 2017: Das Widerspruchsverfahren und die Widerspruchsausschüsse in der Sozialversicherung. In: Die Sozialgerichtsbarkeit 10/2017: 541–549

Höland A. 2016: Wie Laien Recht pflegen. Rechtsanthropologische Fragen zu ehrenamtlichen Richtern in der Arbeitsgerichtsbarkeit und zu Selbstverwaltern in der Sozialversicherung. In: Faber U./Feldhoff K./Nebe K./Schmid K./Waßer U. (Hrsg.): Gesellschaftliche Bewegungen. Recht in Beobachtung und in Aktion. Festschrift für Wolfhard Kohte. Baden-Baden: 97–119.

Höland A. 2019: Widerspruchsausschüsse in der Sozialversicherung – rechtssoziologische Erkenntnisse und Fragen. In: Höland A./Welti F. (Hrsg.): Recht und Praxis der Widerspruchsausschüsse in der Sozialversicherung. Hans-Böckler-Stiftung, Study 411. Düsseldorf: 38–59. Online: https://www.boeckler.de/de/faust-detail.htm?sync_id=HBS-07113 [Zugriff: 20.03.2022].

Höland A./Buchwald C. 2019: Das richterliche Ehrenamt in der Sozialgerichtsbarkeit. Die wichtigsten Ergebnisse der Befragung. In: Soziale Sicherheit 68 (3), 104–110.

Höland A./Welti F./Dahlke C. 2021: Die Sozialgerichtsbarkeit und die Sozialverwaltung in der Pandemie. In: Die Sozialgerichtsbarkeit 8/2021: 480–484.

Höland A./Welti F./Schmidt S. 2008: Fortlaufend anwachsende Klageflut in der Sozialgerichtsbarkeit. Befunde, Erklärungen, Handlungsmöglichkeiten. In: Die Sozialgerichtsbarkeit 12/2008: 689–697.

Das Ohr an der Basis: Aus der Praxis der Widerspruchsausschüsse

Roland Schultze im Interview

Herr Schultze, Sie sind nicht nur Vorsitzender des Verwaltungsrates der Handelskrankenkasse (hkk), sondern auch Mitglied in einem Widerspruchsausschuss Ihrer Kasse. Mit was für Fragen haben Sie sich dort zuletzt beschäftigt?

Roland Schultze: In der letzten Widerspruchsausschusssitzung haben wir uns mit sehr verschiedenen Fällen befasst. Es ging um die korrekte Festlegung des Pflegegrades von Pflegebedürftigen, um Arbeitsunfähigkeit, die zu spät gemeldet wurde, um die Höhe des Zuschusses für Zahnersatz für jemanden, der nicht regelmäßig die Vorsorgeuntersuchung wahrgenommen hatte, und einiges mehr.

Und haben Sie den Widersprüchen der Versicherten stattgeben können?

RS: In vier Fällen konnten wir dem Widerspruch zumindest teilweise abhelfen, weil sich im Laufe des Verfahrens der Gesundheitszustand der Pflegebedürftigen so verschlechtert hat, dass inzwischen ein höherer Pflegegrad anerkannt werden konnte. Die anderen Widersprüche aber konnten auch wir nur abweisen. Wir wissen sehr gut, dass hinter vielen Widersprüchen ein persönliches Schicksal steht, das auch uns berührt. »Kulanzentscheidungen« aber sind uns verwehrt – und das ist auch richtig so. Grundlage unserer Entscheidungen können nur die geltenden Gesetze und die Satzung unserer Kasse sein. An sie müssen wir uns in jedem Einzelfall halten.

Die Bestätigung der Kassenentscheidungen ist wohl der Regelfall: Nur selten hat ein Widerspruch Erfolg, oder?

RS: Ja, das stimmt. Im Jahr 2020 hatten die Widerspruchsausschüsse der hkk insgesamt 1.825 Widersprüche zu beraten. Ob das viel oder wenig ist in einer Kasse mit mehr als 890.000 Versicherten, kann jeder für sich selbst entscheiden. Doch noch bewilligt oder zumindest teilweise bewilligt werden konnten dort die Leistungen in 65 Fällen, das entspricht rund 3,5 %, und zwar überwiegend im Bereich der Pflegeleistungen. Die allermeisten Entscheidungen der Kasse wurden dagegen von den Ausschüssen bestätigt.

Erklären Sie bitte noch einmal die Abläufe. Wie kommt ein Fall zu Ihnen auf den Tisch?

RS: Wenn ein Versicherter einen Antrag an die Kasse stellt, wird dieser in den allermeisten Fällen auch genehmigt, und die Sache ist erledigt. Lehnt die Kasse aber ab, und der Versicherte ist damit nicht einverstanden, kann er innerhalb eines Monats Widerspruch einlegen. Das Verfahren hierzu ist gesetzlich vorgeschrieben. Häufig reichen die Versicherten auch weitere Unterlagen wie z. B. ärztliche Atteste ein, und die Kasse ändert daraufhin ihre Entscheidung. Bleibt die Kasse aber auch bei der zweiten Prüfung dabei, dass die spezielle Leistung nicht bewilligt werden kann, geht der Fall an den Widerspruchsausschuss. Das passiert automatisch, ohne dass der Versicherte noch einmal aktiv werden muss.

Zu welchen Fragen wird am häufigsten Widerspruch eingelegt?

RS: Besonders häufig geht es z. B. um Krankengeld, Hilfsmittelversorgung, stationäre Kuren, Rehabilitation oder Pflegeleistungen. Aber auch Widersprüche zur Beitragsberechnung freiwillig Versicherter kommen vor, wenn jemand neben einem festen Arbeitsverhältnis zusätzliche Einnahmen hat und einen entsprechend höheren Beitrag zahlen muss.

In welchen Fällen können Sie im Ausschuss die Verwaltungsentscheidungen kippen? Haben Sie sachlichen Ermessensspielraum?

RS: Ja, aber nicht sehr oft, denn durch die Gesetze sind nun einmal sehr enge Grenzen gesetzt. Es hat ja auch einen Sinn, dass die Kasse, also die Solidargemeinschaft der Beitragszahler, nicht unbedingt ein besonders teures Hörgerät bezahlt, wenn ein vergleichbar gutes, aber kostengünstigeres Gerät verfügbar ist. Einen gewissen Spielraum gibt es beispielsweise im Bereich der Rehabilitation. Um das Ziel der Rehabilitation zu erreichen oder zu sichern, kann die Kasse hier sogenannte ergänzende Leistungen übernehmen. Das hängt aber immer von der Art und Schwere der Erkrankung ab.

Die Besetzung der Ausschüsse ist von Kasse zu Kasse unterschiedlich. Bei Ihnen in der hkk sind es jeweils zwei Versicherten- und ein Arbeitgebervertre-

ter. Spürt man den Unterschied in der Diskussion, im Abstimmungsverhalten?

RS: Nein, überhaupt nicht. Einige der Arbeitgebervertreter:innen sind selbst Versicherte der Kasse.

Wie kommen Sie im Ausschuss zu einer Entscheidung? Wie läuft das ab?

RS: Das ist schnell erklärt: Wir setzen wir uns intensiv mit dem Sachverhalt und den Widerspruchsgründen auseinander, und dann diskutieren wir, bis wir ein Ergebnis erzielen.

Und wie oft gibt es Abstimmungen, die nicht im Konsens erfolgen?

RS: Ganz selten. Ich kann mich gar nicht daran erinnern, wann das zuletzt der Fall war.

Woher nehmen Sie das Selbstbewusstsein, als Ehrenamtler genauso sachkundig entscheiden zu können wie die hauptamtliche Verwaltung?

RS: Durch unsere jahrelange Tätigkeit bekommen wir viel mit und lernen dazu. Im Widerspruchsausschuss werden wir durch einen Spezialisten der Kasse beraten, der jedoch nicht mit abstimmen darf. Wir entscheiden also durchaus auf hohem fachlichen Niveau. Außerdem kommt noch etwas anderes hinzu: Als Ehrenamtler haben wir einen anderen Blickwinkel. Damit können wir auch kritisch hinterfragen, ob und inwieweit die Krankenkasse ihre Möglichkeiten ausgeschöpft hat.

In aller Regel entscheiden Sie nach Aktenlage, also auf Basis dessen, was die hauptamtlichen Kassenmitarbeiter:innen Ihnen zur Verfügung stellen. Haben Sie da überhaupt die nötigen Informationen, um – von Ausnahmen abgesehen – auch mal anders zu entscheiden?

RS: Ja, die haben wir. Wenn wir das Gefühl haben, dass uns Informationen wie z. B. eine Begutachtung durch den Medizinischen Dienst fehlen, hinterfragen wir das. Insofern wirken die Widerspruchsausschüsse wie eine zusätzliche Qualitätskontrolle in der Kasse – einfach dadurch, dass jede:r Sachbearbeiter:in weiß, dass jede Ablehnung eines Widerspruchs durch die Verwaltung noch nicht endgültig ist, sondern noch einmal durch uns im Widerspruchsverfahren geprüft wird.

Im Widerspruchsausschuss müssen Sie die Interessen von einzelnen Versicherten, die eine Leistung bezahlt bekommen möchten, austarieren gegen die Interessen der Gemeinschaft der Beitragszahler, die dafür aufkommen soll. Fällt Ihnen das schwer?

RS: Ehrlich gesagt: Ja. Wir sehen in erster Linie die Versicherten und ihr Schicksal. Es ist doch ganz natürlich, dass man helfen möchte.

Erfolg haben in den Ausschüssen nur 3,5 % der Widersprüche. Damit stellt sich die Frage: Sind die Ausschüsse am Ende nur eine Alibiveranstaltung? Was ist dran an dem Vorwurf, Sie verträten die Interessen der Kasse, nicht der einzelnen Versicherten?

RS: Das stimmt einfach nicht. Wir halten uns in unseren Entscheidungen an die Gesetze und an die Satzung der Kasse. Die Kosten spielen in der Diskussion im Ausschuss keine Rolle. Ich möchte aber noch einen anderen Aspekt erwähnen: Wir als ehrenamtliche Selbstverwalter:innen bekommen in den Ausschüssen mit, wo die Versicherten »der Schuh drückt«. Dadurch können wir in manchen Fällen korrigierend eingreifen. So hat unser Verwaltungsrat vor einigen Jahren eine neue Satzungsleistung beschlossen: Familien mit Kindern haben dadurch bei uns in bestimmten Fällen über den gesetzlichen Rahmen hinaus auch dann Anspruch auf eine Haushaltshilfe, wenn das Kind schon zwölf oder 13 Jahre alt ist. Eine »Alibiveranstaltung« ist die Arbeit unserer Ausschüsse also ganz bestimmt nicht.

Ohnehin ist ein »Nein« im Ausschuss noch nicht das Ende der Fahnenstange. Die Versicherten können anschließend immer noch klagen.

RS: Selbstverständlich. Die Selbstverwaltung versucht nur, eine Klärung ohne Gericht herbeizuführen, unbürokratisch und ohne zusätzliche Kosten für die Versicherten.

Im Jahr 2020 wurden vor Gericht 35 Klagen von hkk-Versicherten gegen die Kasse abschließend entschieden. Acht Kläger hatten Erfolg. Das heißt dann wohl: Die Kasse und der Ausschuss haben falsch entschieden.

RS: Nicht ganz. Unter diesen acht Fällen waren auch mehrere, in denen die Entscheidung der hkk nur in Teilen geändert wurde, in anderen Fällen erledigte sich das Verfahren durch Rücknahme der Klage oder einen Vergleich anderweitig. Und noch etwas sollten wir bedenken: Von allen Anträgen, die die Kasse aus den geschilderten Gründen ablehnt, landet nur ein winziger Bruchteil vor Gericht. Das beweist, dass das Widerspruchsverfahren bei uns in der hkk alles in allem sehr gut funktioniert.

Der politische Umgang mit der Corona-Pandemie. Ein Blick auf das kollektive Risikomanagement aus Sicht der Selbstverwaltung

Anke Fritz

Die weltumspannende Corona-Pandemie hat das öffentliche Leben in weiten Teilen ausgebremst und in den Modus des kollektiven Risikomanagements versetzt. Dabei wurden das Gesundheitssystem und seine Institutionen einschließlich der Selbstverwaltung als tragendes Prinzip der gesetzlichen Krankenversicherung (GKV) einem umfangreichen Stresstest unterzogen. »Wir sind gut vorbereitet!«, mochte man meinen, als Deutschland vergleichsweise geräuschlos durch die erste Infektionswelle im Frühjahr 2020 glitt und die hiesige Corona-Politik auch im Ausland als effizient und vorbildlich wahrgenommen wurde.

Unter dem Eindruck der Wucht, mit welcher die Pandemie in Norditalien in Europa ihren Anfang nahm, stellte der Deutsche Bundestag am 25. März 2020 »eine epidemische Lage von nationaler Tragweite« fest und bremste damit das öffentliche Leben abrupt aus. Weltweit verfuhren die Regierungen in ähnlicher Manier, wobei die Restriktionen zeitlich und in ihrem Ausmaß erheblich variierten. Für eine abschließende Bilanz über Erfolg oder Misserfolg der jeweiligen nationalen Strategie im Umgang mit COVID-19 ist es noch zu früh. Um sich aber für künftige Corona-Wellen oder auch gänzlich neue Pandemien zu wappnen, ist ein Zwischenresümee über die bisherigen Schutzmaßnahmen erforderlich. So sieht es auch die Ampelkoalition, die »das Krisenmanagement der Bundesregierung zur Bekämpfung der Corona-Pandemie neu ordnen« (SPD / Bündnis 90/Die Grünen / FDP 2021: 175) möchte. Ein besonderer Blick sollte hier den Konstruktionsverhältnissen des deutschen Sozialstaates in Form der Selbstverwaltung gelten, mittels derer Gesundheitssystem und GKV subsidiär seit Jahrzehnten erfolgreich gesteuert werden.

Zwar ist der pandemischen Realität insgesamt nur schwer etwas Gutes abzugewinnen, unbestritten kann man sie aber – wie in anderen Branchen auch – in der GKV als Modernisierungsbeschleuniger bezeichnen: Dass etwa digitale Lösungen in der Kundenkommunikation stärker in den Fokus gerückt sind (E-Rezept, elektronische Patientenakte, Apps etc.), ist zweifelsohne eine Nebenwirkung der Krise, von der das System nachhaltig profitieren dürfte. Gleiches gilt für die Modernisierung der betrieblichen Organisation, die schlagartig für Millionen von Menschen Telearbeit normalisierte und so den Krankenkassen auch in Zeiten der Kontaktbeschränkung eine qualifizierte Beratung ihrer Versicherten ermöglichte. Nicht nur hierfür haben die Selbstverwalter:innen den Weg freigemacht, die ihrerseits selbst auf Basis einer Sonderregelung (digital eingeleitete) Entscheidungen ohne Präsenzveranstaltungen treffen konnten.

Seit Beginn der Pandemie hat die Gemeinsame Selbstverwaltung mehr als sechzig unbürokratische Sondervereinbarungen geschlossen, die den (ambulanten) Leistungserbringern eine flexible Versorgung unter Corona-Bedingungen ermöglichen und zugleich die Versicherten vor unnötigen Kontakten in den Praxen schützen sollen. Die Regelungen reichen von der telefonischen Feststellung von Arbeitsunfähigkeit über Videobehandlungen bis zur Verordnung von Krankentransporten nach fernmündlicher Anamnese, um nur einige Beispiele für die reaktionsschnelle Zusammenarbeit im Gemeinsamen Bundesausschuss zu nennen. Die Aufrechterhaltung der ambulanten Versorgung trug maßgeblich zur Entlastung der Krankenhäuser bei, weil die überwiegende Anzahl von COVID-19-Fällen von niedergelassenen Ärzt:innen behandelt werden konnte. Flankiert wurde dieser Umstand durch die seitens der Krankenkassen aufgespannten Rettungsschirme in Form befristeter Ausgleichszahlungen, die vertragsärztliche Leistungserbringer ebenso wie stationäre Einrichtungen vor Honorarminderungen in Folge von Patientenrückgängen (ohne Corona-Bezug) bewahren sollten.

So gesehen kann die Bilanz der Pandemiepolitik unter der Mitwirkung der Selbstverwaltung insbesondere im ersten Corona-Jahr als Erfolg bezeichnet werden. Entsprechend positiv, und das zu Recht, fiel das (Selbst-)Lob der Selbstverwaltung in Bezug auf die eigene Handlungsfähigkeit in der Krise aus. Aber genügt das?

Auch wenn die Selbstverwaltung tatsächlich einen Beitrag zur Bewältigung der Pandemie geleistet hat, fragt man sich, warum ihre Stärken dann nur unzureichend genutzt wurden. Beispiel Krankenkassen: Statt ihre Nähe zu den Versicherten für einen unbürokratischen und zielgerichteten Informationsfluss zu nutzen, überließ das politische Risikomanagement das Feld viel zu oft dem komplexen Bund-Länder-Geflecht. Hier fehlte es im Verlauf der Corona-Krise zusehends an Stringenz und Transparenz – oder wie es unter anderem die Standesorganisationen mehrerer Ärzteverbände in einem gemeinsamen Appell an die Politik formulierten: »Kommunikation ist das größte Problem in der Pandemie.« (Bundesärztekammer et al. 2021) Eine zutreffende Beschreibung der staatlichen Informationspolitik, die die Bürger:innen offenkundig immer weniger erreichte.

Auch der Soziologe Dirk Baecker stellte Defizite im staatlichen Krisenmanagement fest: »In der aktuellen Situation mangelt es an einem ausgewogenen Verhältnis zwischen Bürokratie und Politik. Unzureichend ausgestattete Gesundheitsämter, fehlende statistische Erhebungen, unklarer Umgang mit Hygienekonzepten […], Kompetenzgerangel zwischen verschiedenen Krisenstäben und nicht zuletzt eine Ministerpräsidentenrunde, die den Austausch zwischen Behördenleitern eher behindert als fördert, stehen einer effektiven Krisenpolitik im Wege.« (Baecker 2021: 13)

Die selbstverwalteten Krankenkassen können das hier beschriebene Defizit an wirksamer Organisation und Kommunikation keinesfalls heilen. Fest steht jedoch, dass sie als staatsferne, aber bürgernahe wie gleichermaßen demokratische und solidarische Institutionen das Vertrauen ihrer Versicherten genießen und zudem über entsprechende Kommunikationsroutinen verfügen. Zugleich haben Krankenkassen umfangreiche Daten, die über die Pandemie hinaus in einem digitalisierten Gesundheitswesen für die Versorgung genutzt werden könnten. Dies gilt nicht nur für die Ansprache der Versicherten, sondern auch für ein aktives Datenmanagement, das Risikogruppen identifizieren und personenbezogene Daten im Kampf gegen die Pandemie speichern und aufbereiten könnte.

All dies ist angesichts der bestehenden Datenschutzbestimmungen nicht oder kaum möglich. Eine Ausnahme bildete die staatlich angeordnete Versorgung mit FFP2-Masken von Bürger:innen, die ein erhöhtes Risiko im Falle einer Corona-Infektion aufwiesen. Hier »durften« die Kassen die unterschiedlichen Altersgruppen sowie chronisch erkrankte Versicherte identifizieren und entsprechend informieren.

Mehr als zwei Jahre nach Beginn des gesamtgesellschaftlichen Corona-Testens hat die Politik noch immer nicht gehandelt. Schließlich hätten verantwortungsbewusste Anpassungen im Datenschutzrecht den Weg für eine aktivere Rolle der Krankenkassen und ihrer Verwaltungsräte bei der Pandemiebekämpfung ebnen können. Damit wäre es der Sozialen Selbstverwaltung möglich gewesen, ihrer zentralen Aufgabe als Gestalter in der Gesundheitsversorgung stärker gerecht werden.

Literatur

Baecker D. 2021: Wir scheitern an der Bürokratie. Staatsversagen. Die deutsche Pandemiebekämpfung verpatzt die Balance zwischen Sachlichkeit und Befindlichkeit. In: Der Freitag 12/2021: 13. Online: https://www.freitag.de/autoren/der-freitag/wir-scheitern-an-der-buerokratie [Zugriff: 27.06.2022].

Bundesärztekammer/Hartmannbund e. V./Hausärzteverband e. V./NAV-Virchow-Bund e. V./Spitzenverband Fachärzte Deutschland e. V./Mertens T. 2021: Gemeinsam gegen Corona – Jede Impfung zählt! Pressemitteilung vom 22.11.2021. Online: https://www.bundesaerztekammer.de/presse/pressemitteilungen/news-detail/gemeinsam-gegen-corona-jede-impfung-zaehlt [Zugriff: 27.06.2022].

SPD / Bündnis 90/Die Grünen / FDP 2021: Mehr Fortschritt wagen. Bündnis für Freiheit, Gerechtigkeit und Nachhaltigkeit. Online: https://www.bundesregierung.de/resource/blob/974430/1990812/04221173eef9a6720059cc353d759a2b/2021-12-10-koav2021-data.pdf [Zugriff: 06.02.2022].

Legitimation und Legitimationsmängel der Sozialen Selbstverwaltung

Thomas Gerlinger

Institutionen müssen ihre Existenz rechtfertigen können. Wichtige Legitimationsquellen sind die Verfahren, mit denen ihre Verantwortlichen bestimmt werden (Input-Legitimation), und die Leistungen, die sie erbringen (Output-Legitimation). Unter diesen Gesichtspunkten ist die Legitimität der Sozialen Selbstverwaltung in der gesetzlichen Krankenversicherung in Politik und Öffentlichkeit sehr umstritten. Kritik bezieht sich zum einen auf die geringe Wahlbeteiligung und den weit verbreiteten Modus der Friedenswahlen, zum anderen auf eine zu geringe Nähe zu den Versicherten und auf eine wenig wirksame Vertretung ihrer Interessen. Diese Kritik ist vielfach illustriert worden. Die Handlungsspielräume der Sozialen Selbstverwaltung sind in den letzten Jahrzehnten durch staatliche Interventionen und den Wettbewerb der Krankenkassen eingeschränkt worden. Trotz aller gegenteiligen Bekenntnisse ist der politische Rückhalt der Sozialen Selbstverwaltung bei politischen Entscheidungsträgern insgesamt eher als gering einzustufen. Über die jüngere Praxis der Sozialen Selbstverwaltung liegen keine verallgemeinerbaren empirischen Befunde und auch nur wenig Erkenntnisse über die Bedingungen für die durchaus zu findenden Beispiele hoher Legitimation und wirksamer Interessenvertretung vor.

Die Soziale Selbstverwaltung in der gesetzlichen Krankenversicherung ist Gegenstand sehr unterschiedlicher und nicht selten auch gegensätzlicher Bewertungen und Zuschreibungen, die meistens dann wieder in der Öffentlichkeit Aufmerksamkeit erlangen, wenn die alle sechs Jahre stattfindenden Sozialwahlen näher rücken. Den einen gilt die Selbstverwaltung als Ausdruck von Selbstbestimmung und demokratischer Teilhabe an sozialpolitischen Entscheidungen, den anderen als weitgehend nutzlose Einrichtung, deren Vertreter häufig auf fragwürdige Weise in ihr Amt gekommen sind. Die Soziale Selbstverwaltung bedarf, wie jede Institution, der Legitimität. Dies ist eine Kernbedingung für ihre Existenz. Institutionen, die ihre Existenz und ihr Handeln nicht rechtfertigen können, sind – zumindest auf mittlere oder längere Sicht – in ihrem Bestand gefährdet.

Dieser Beitrag formuliert zunächst einige grundsätzliche Überlegungen zur Legitimität und Legitimation von Institutionen. Anschließend befasst er sich mit der Frage, durch welche Merkmale die zwei identifizierten Formen der Legitimation, die Input- und die Output-Legitimation, die Soziale Selbstverwaltung gekennzeichnet ist. Dabei kommen sowohl Leistungen als auch Defizite zur Sprache. Eine kurze Schlussbetrachtung geht auf die Perspektiven der Sozialen Selbstverwaltung unter den obwaltenden Bedingungen ein.

Legitimität und Legitimation demokratischer Institutionen

Legitimität bezeichnet die »Anerkennung und Anerkennungswürdigkeit« (Emde 1991: 27) von Institutionen. Während es sich bei Legitimität um einen Zustand handelt, ist Legitimation »ein verfahrensbezogener Begriff« (Emde 1991: 28), der »den Prozeß des Zustandekommens von Legitimität« (Emde 1991: 27 f.) bezeichnet. In der Politikwissenschaft ist die Unterscheidung zwischen einer Input- und einer Output-Legitimation weit verbreitet (Scharpf 1999: 17 ff.; Scharpf 2004). An ihr orientieren sich auch die folgenden Darlegungen. Zentraler Bezugspunkt für die *Input-Legitimation* ist die Übereinstimmung von Entscheidungsprozessen mit den prozeduralen Regeln einer Herrschaftsordnung. Im parlamentarisch-demokratischen System der Bundesrepublik Deutschland ist für deren Institutionen und deren Entscheidungen das

Demokratieprinzip von herausragender Bedeutung. Somit sind demokratische Verfahren der Willensbildung und Entscheidungsfindung ein zentrales Merkmal der Input-Legitimation. Im Unterschied dazu bezieht sich die *Output-Legitimation* auf die Leistungen der Institutionen. Output-Legitimität erwächst somit aus den Ergebnissen der getroffenen Entscheidungen, vor allem daraus, dass die getroffenen Entscheidungen Probleme im Sinne der Betroffenen lösen und damit ihr Wohlergehen fördern (Scharpf 2004: 6).

Für die Legitimation der Selbstverwaltung in der Sozialversicherung werden sowohl Input- als auch Output-bezogene Argumente herangezogen. Im Mittelpunkt der Input-orientierten Legitimation steht die demokratische Teilhabe an Entscheidungen. Mit ihr verbessern sich, so die Erwartung, die Partizipationschancen Betroffener, könnten das Fachwissen beteiligter Akteure mobilisiert und Entscheidungen in die Gesellschaft verlagert werden (Kluth 1997; Klenk 2008). Auch auf der Output-Seite werden der Selbstverwaltung zahlreiche Vorzüge zugeschrieben. Dazu zählen eine bessere Interessenvertretung für Versicherte, eine sachgerechtere Problembearbeitung durch die Einbeziehung fachkundiger Akteure sowie eine effektivere Konfliktbewältigung durch die Einbindung divergierender Interessen mit der Folge einer größeren Akzeptanz der getroffenen Entscheidungen. Auf diese Weise trage die Selbstverwaltung zu einer effizienten Steuerung der Sozialversicherung bei (Klenk 2006 und 2008) und entlaste den Staat von Aufgaben. Freilich ist umstritten, ob und inwiefern die genannten Merkmale in der Praxis der Selbstverwaltung anzutreffen sind. Die empirische Forschung enthält sowohl Befunde, die zeigen, dass die Selbstverwaltung den ihr zugeschriebenen Nutzen tatsächlich produzieren kann, als auch solche, die Zweifel daran begründen.

Die Input-Legitimation der Sozialen Selbstverwaltung

Verfassungsrechtlich ist zwar durchaus umstritten, wie sich die Existenz einer Selbstverwaltung legitimieren lässt, aber klar ist, dass dies nur im Lichte des Demokratieprinzips und der Partizipation geschehen kann (z. B. Kluth 2001; Bieback 2015). Der Staat weist einem qualifizierten Kreis von Personen Zuständigkeiten für einen abgegrenzten Verantwortungsbereich zu, dessen Verwaltung sie in besonderer Weise betrifft (Kluth 1997: 242 ff.; Gross 1999: 141; Heinig 2008: 491). Als solche ist die Selbstverwaltung ein ausgegliederter Teil der Staatsverwaltung.

Für die *politische* Legitimation der Selbstverwaltung ergibt sich daraus aber keineswegs zwingend die Bestimmung des Gegenstands, des einbezogenen Personenkreises und der Entscheidungsregeln. Dies zeigt allein schon der historische Wandel der sozialen wie der gemeinsamen Selbstverwaltung in der gesetzlichen Krankenversicherung (Tennstedt 1977; Gerlinger 2016a). Zudem steht das Konzept der Betroffenenpartizipation in einem Spannungsverhältnis – wenn nicht sogar im Widerspruch – zur Vorstellung der Gleichheit aller Bürger:innen (Klenk et al. 2012), denn sie zieht neben dem für die Demokratie charakteristischen Bürgerstatus weitere Kriterien für die Inklusion und Exklusion beim Zugang zu Entscheidungen heran. So wird mit dem Modus der paritätischen Selbstverwaltung diese Idee der Gleichheit insoweit durchbrochen, als damit bestimmte Gruppen (z. B. Arbeitgeber) privilegierten Zugang zu den Entscheidungsgremien erhalten.

Die heutige paritätische Selbstverwaltung der Krankenkassen durch Versicherte und Arbeitgeber wurde erst 1951 eingeführt. Bei der Gründung der gesetzlichen Krankenversicherung im Jahr 1883 hatte der Gesetzgeber noch eine Stimmverteilung von 1/3 für die Arbeitgeber- und 2/3 für die Versichertenvertreter vorgesehen (Tennstedt 1977). Anders als vielfach angenommen beruhte die Legitimation der Parität nicht auf der zum gleichen Zeitpunkt eingeführten paritätischen Finanzierung in der GKV (Bogs 1973). Vielmehr war sie Bestandteil eines in den Nachkriegsjahrzehnten angestrebten Interessenausgleichs zwischen Kapital und Arbeit, der nicht nur in der Sozialen Selbstverwaltung der Sozialversicherungsträger, sondern z. B. auch in der betrieblichen Mitbestimmung zum Ausdruck kam (z. B. Hockerts 1980). Der Politikwissenschaftler Gerhard Lehmbruch charakterisierte die Funktion der Parität folgendermaßen: »Parität wurde […] zur Ordnungsformel, [derer] sich nun der Staat für die institutionelle Befriedung der Arbeitsbeziehungen, für die sozialen Sicherungssysteme, für das Gesundheitssystem bedient[e]« (Lehmbruch 2003: 171). Parität, so Lehmbruch, wurde somit auch zu einer »sozialpolitische[n] Friedensformel« staatlichen Handelns (Lehmbruch 2003: 172), die viele Jahre Bestand haben sollte.

Daran wird deutlich, dass derartige Legitimationsmuster historisch variabel sein können. So ist insbesondere seit den 1980er-Jahren der Gedanke der Sozialpartnerschaft von Kapital und Arbeit im Lichte einer von konservativen und liberalen Leitvorstellungen geprägten Gesellschafts- und Wirtschaftspolitik zeitweise doch deutlich in den Hintergrund getreten. Somit kann man nicht davon ausgehen, dass das Narrativ von der Sozialpartnerschaft dauerhaft eine tragende Säule der Sozialen Selbstverwaltung sein wird.

Für die Legitimation der Selbstverwaltung hat in den letzten Jahrzehnten vielmehr das Konzept der kollektiven Teilhabe an Bedeutung gewonnen. In weiten Teilen von Politik und Gesellschaft ist mittlerweile akzeptiert, dass es bei wichtigen, die Lebensbedingungen der Menschen betreffenden Entscheidungen kollektive Beteiligungsrechte für Betroffene geben müsse. Demokratie erschöpfe sich nicht in den Entscheidungen demokratisch gewählter Parlamente oder anderer Gremien, sondern verlange auch die direkte Beteiligung von Betroffenen. Dieser Gedanke findet sich in zahlreichen Politikfeldern, u. a. auch in der Gesundheitspolitik, wie die Patientenbeteiligung im Gemeinsamen Bundesausschuss (Gerlinger 2017) oder die Etablierung von Gesundheitskonferenzen in Ländern und Gemeinden (Hollederer 2015) zeigen. Die Legitimität des Konzepts der Sozialen Selbstverwaltung wird durch diese Entwicklung im Grundsatz stabilisiert.

Ungeachtet dessen wird die demokratische Legitimität der Sozialen Selbstverwaltung mit unterschiedlichen Argumenten hinterfragt. Im Mittelpunkt stehen dabei die Sozialwahlen und die gesetzlich festgelegte Inklusion bzw. Exklusion gesellschaftlicher Gruppen.

Die Sozialwahlen werden zum einen im Hinblick auf das Wahlverfahren kritisiert: Im Mittelpunkt steht hier die gesetzlich vorgesehene Möglichkeit der »Friedenswahl«, die stattfindet, wenn bei einer Wahl nicht mehr Kandidaten als Sitze zur Verfügung stehen (Rusert 2013). Aus ihr ist die verbreitete Praxis erwachsen, dass zur Listenaufstellung berechtigte Organisationen bei einem Sozialversicherungsträger im Vorfeld die Sitzverteilung absprechen und genauso viele Kandidaten aufstellen, wie Sitze zu vergeben sind. Nach Ablauf der Wahlfrist gelten dann alle aufgestellten Kandidaten als gewählt. Bei den Sozialwahlen 2017 wurde nur eine kleine Minderheit der Selbstverwaltungsmandate durch Wahlhandlungen (»Urwahlen«) vergeben, die große Mehrheit aber durch »Wahlen ohne Wahlhandlung« – wobei derartige Urwahlen allerdings in fünf der sechs Ersatzkassen stattfanden (Die Bundeswahlbeauftragte 2018: 15 f.). Friedenswahlen, so eine verbreitete Kritik, seien mit dem Demokratieprinzip nicht vereinbar.

Zum anderen stießen die Sozialwahlen bei den Versicherten nur auf geringes Interesse, was sich an der Wahlbeteiligung ablesen lasse, die sich z. B. bei den Sozialwahlen mit Wahlhandlungen im Jahr 2017 auf rund 30 % belief (Die Bundeswahlbeauftragte 2018: 19). Die demokratische Legitimation der Vertreter:innen in der Sozialen Selbstverwaltung sei daher insgesamt schwach. Vor diesem Hintergrund wurden in der Vergangenheit vielfältige Vorschläge zur Reform der Sozialwahlen unterbreitet (z. B. Braun et al. 2008; Der Bundeswahlbeauftragte 2012: 129 ff.; Die Bundeswahlbeauftragte 2018: 214 ff.). Der Modus der Friedenswahl und die geringe Wahlbeteiligung stellen hingegen eine Gefährdung für die Legitimation der Selbstverwaltung dar.

Schließlich ist auch die gesetzlich festgelegte Zusammensetzung der Selbstverwaltung, nämlich die Parität aus Versicherten- und Arbeitgebervertretern, Gegenstand der Kritik. Sie bezieht sich auf ganz unterschiedliche Aspekte und kommt aus ganz unterschiedlichen Richtungen. Ein wichtiges Argument lautet, die Vertretung der Arbeitgeberinteressen in der Selbstverwaltung sei nicht zu legitimieren, weil sich deren Beteiligung keineswegs aus der paritätischen Finanzierung ergebe (s. o.). Selbst wenn dies der Fall wäre, wäre zu berücksichtigen, dass der Arbeitgeberbeitrag zur gesetzlichen Krankenversicherung keinesfalls eine gleichsam zusätzliche Arbeitgeberleistung sei, sondern vorenthaltener Lohn der abhängig Beschäftigten, und dass die Arbeitgeberseite sich damit realiter gar nicht an der Finanzierung der gesetzlichen Krankenversicherung beteilige (Schönwälder 2003: 45 ff.). Umso weniger lasse sich legitimieren, dass die Arbeitgeber die aus der Parität erwachsene Machtstellung nutzen könnten und nicht selten tatsächlich auch nutzen, um Initiativen der Versichertenvertreter zu blockieren.

Ein anderer Strang der Kritik an der Zusammensetzung der Selbstverwaltung zielt auf mögliche Interessendivergenzen zwischen Versicherten und Patienten. Dem liegt die Annahme zugrunde, dass Versicherte, die nicht Patienten sind, eher ein Interesse an einer Begrenzung der Ausgaben und damit der Beitragssätze hätten als an einer guten Krankenversorgung. Diese Annahme wird genährt durch eine bisweilen beobachtete restriktive Auslegung des Leistungsrechts durch die Krankenkassen. Hier gibt es Kritik, dass Versichertenvertretungen dem nicht immer entschieden genug entgegentreten würden. Somit seien die Interessen von Patienten in der Sozialen Selbstverwaltung nicht ausreichend repräsentiert (Standfest 1977; Bogs/von Ferber 1977; Enquete-Kommission 1990; Braun et al. 2008).

Aus diesem Narrativ erwuchs u.a. die Forderung nach einer eigenständigen Interessenvertretung für Patient:innen, u.a. durch die Einführung einer Drittelparität mit den »Bänken« Versicherte, Patienten und Arbeitgeber. Gegen diese Sicht wird vor allem von gewerkschaftlicher Seite eingewendet, dass die behaupteten Interessenunterschiede zwischen Versicherten- und Patientenvertretern in der Praxis nicht bestünden, denn auch Versicherte hätten nicht nur ein Interesse an niedrigen Beitragssätzen, sondern auch an einer guten Versorgung. Im Übrigen sei zweifelhaft, ob Patientenorganisationen tatsächlich die *übergreifenden* Interessen von Patienten oder nicht vielmehr die Partikularinteressen *bestimmter* Patientengruppen vertreten würden.

Die Output-Legitimation der Sozialen Selbstverwaltung

Ebenso wie die Input-Legitimation ist auch die Output-Legitimation der Sozialen Selbstverwaltung Gegenstand vielfältiger, anhaltender Kritik. Bei der Analyse von Gründen für die der Selbstverwaltung zugeschriebenen Funktionsmängel ist zu unterscheiden zwischen den vom Gesetzgeber vorgegebenen Rahmenbedingungen, unter denen sie agiert, und den Defiziten, die ihrem Handeln selbst zuzuschreiben sind und deren Überwindung auch unter den obwaltenden Rahmenbedingungen im Grundsatz möglich wäre. Dabei sei allerdings eingeräumt, dass diese Unterscheidung nicht immer trennscharf ist.

Im Hinblick auf die Rahmenbedingungen ist zunächst darauf hinzuweisen, dass der Gesetzgeber insbesondere in den letzten Jahrzehnten die Regulierungsdichte im Recht der gesetzlichen Krankenversicherung deutlich erhöht und damit den Handlungsspielraum der Sozialen Selbstverwaltung eingeschränkt hat (z.B. Tennstedt 1977; Enquete-Kommission 1990; Klenk et al. 2012). Diese Klage ist fast so alt wie die gesetzliche Krankenversicherung selbst. Schon ein Blick auf den bloßen Umfang des Fünften Sozialgesetzbuches verdeutlicht, dass der Bundesgesetzgeber – weitgehend unabhängig davon, welche Parteien die Bundesregierung stellten – das Vorschriftenwerk zur GKV in den vergangenen Jahrzehnten erheblich ausgeweitet hat. Insbesondere im Hinblick auf die Ausgabenentwicklung und auf die Vergütung in der vertragsärztlichen und in der stationären Versorgung, aber auch im Hinblick auf die Qualitätssicherung hat der Staat seine Eingriffe erheblich verstärkt und mitunter detailgenaue Regelungen erlassen, die die Spielräume der Selbstverwaltung einengen (Gerlinger/Rosenbrock 2022).

Zum Verlust an Gestaltungsmacht der Sozialen Selbstverwaltung haben aber nicht nur zahlreiche Maßnahmen zur Beschneidung der Handlungsspielräume der Krankenkassen geführt, sondern auch zu Lasten der Selbstverwaltung gehende Eingriffe in das Binnengefüge der Machtverteilung auf der Seite der Krankenkassen. Eine grundlegende Veränderung hat der Gesetzgeber hier mit der 1992 im Rahmen des Gesundheitsstrukturgesetzes verabschiedeten und 1996 in Kraft getretenen Organisationsreform herbeigeführt. Der Verwaltungsrat einer Krankenkasse, also die Soziale Selbstverwaltung, entscheidet seitdem bekanntlich nur noch über Fragen von grundsätzlicher Bedeutung (§ 197 Abs. 1 SGB V). Dazu zählen z. B. die Verabschiedung des Kassenhaushalts, die Festsetzung des Zusatzbeitrags, die Einsetzung und Kontrolle des hauptamtlichen Vorstands, die Entscheidung über Kassenfusionen und über die Gewährung von Satzungsleistungen der Krankenkassen.

Zwar ist die Verteilung der Zuständigkeit zwischen dem hauptamtlichen Vorstand und der ehrenamtlichen Selbstverwaltung oftmals Gegenstand kassenspezifischer Aushandlungsprozesse (Nürnberger 2015: 815). Im Hinblick auf die Leitung von Krankenkassen hat sich aber eine Zuständigkeit des Vorstands für das operative Tagesgeschäft durchgesetzt. Insgesamt betrachtet, hat der Gesetzgeber mit dieser Organisationsreform den Einfluss der Sozialen Selbstverwaltung auf das Handeln der Krankenkassen gravierend eingeschränkt (z. B. Klenk 2012: 80 ff.).

Diese Entwicklung setzt sich bis in die Gegenwart fort. So wurde im Jahr 2020 dem Verwaltungsrat des GKV-Spitzenverbandes ein neuer Lenkungs- und Koordinierungsausschuss zur Seite gestellt, in dem zehn hauptamtliche Vorstandsmitglieder, aber keine ehrenamtlichen Versicherten- und Arbeitgebervertreter der Krankenkassen mehr vertreten sind. Der Lenkungs- und Koordinierungsausschuss soll eine engere Anbindung des Spitzenverbandes an das operative Geschäft der Krankenkassen gewährleisten und dürfte deren unternehmerische Perspektiven im GKV-Spitzenverband stärken (Gerlinger/Rosenbrock 2022).

Einschränkungen von Handlungsspielräumen ergeben sich für die Soziale Selbstverwaltung aber auch durch den seit den 1990er-Jahren herbeigeführten ordnungspolitischen Wandel im deutschen Gesundheitssystem. Die seither vollzogenen Reformen der gesetzlichen Krankenversicherung haben die Umweltbedingungen der Sozialen Selbstverwaltung gravierend verändert. Neben der erwähnten Reform der Leitungsstrukturen in den Krankenkassen gehen vor allem mit der Einführung der freien Kassenwahl durch das Gesundheitsstrukturgesetz 1992, mit der die Krankenkassen ihre bisherige Bestandsgarantie verloren und die sie in einen Wettbewerb um Versicherte trieb, weitreichende Veränderungen der Handlungsbedingungen für die Selbstverwaltung einher. Die gesetzlichen Krankenkassen wurden damit einem regulierten Wettbewerbsregime um Versicherte unterworfen. Sie haben sich seither zu »hybriden Organisationen« (Bode 2003) gewandelt, die neben der Wahrnehmung der gesetzlich definierten Verantwortung für gemeinwohlorientierte Aufgaben ihr individuelles Überleben auf dem »Versicherungsmarkt« gewährleisten sollen.

Der Zusatzbeitrag wurde für die Krankenkassen damit zum bedeutendsten Wettbewerbsparameter. Damit gewannen »ökonomisch-rationale Begründungsfiguren« (Klenk 2008: 256) im Handeln der Krankenkassen an Bedeutung, auch für die Soziale Selbstverwaltung. Zwar erhalten die Krankenkassen mit der Hinwendung zum regulierten Wettbewerb eine Reihe neuer Gestaltungsmöglichkeiten. Dazu zählen insbesondere die Optionen zum Abschluss und zur Ausgestaltung von Selektivverträgen (Götze et al. 2009). Aber auch bei der Wahrnehmung dieser Optionen erzeugen die Wettbewerbsbedingungen einen starken Anreiz, Auswirkungen auf die Einnahmen- und vor allem die Ausgabenentwicklung zu berücksichtigen (Klenk et al. 2009). Auch verstärken sich Bestrebungen, bestehende Lücken in den Anreizsystemen zu nutzen, um die Position der eigenen Krankenkasse im Wettbewerb zu verbessern, wie die hinlänglich bekannten, vielgestaltigen Mechanismen der Risikoselektion zeigen (Bundesversicherungsamt 2018).

Die Einbettung in ein verändertes Anreizsystem hat auch Auswirkungen auf die ordnungspolitischen Leitbilder in den Krankenkassen. Vor dem Hintergrund des skizzierten Wandels der Anreizstrukturen, Handlungszwänge und Interessen ist das Selbstverständnis der Krankenkassen als öffentliche Sozialversicherungsträger in den Hintergrund getreten und hat weithin einem Selbstverständnis als Unternehmen Platz gemacht. Auch viele Versichertenvertretungen orientieren sich an den daraus erwachsenden Partikularinteressen ihrer Krankenkasse.

Ferner wird des Öfteren darauf hingewiesen, dass es Versichertenvertretern zu oft an fachlicher Kompetenz mangelt: Viele Entscheidungen setzten ein großes Expertenwissen voraus, über das die Akteure der Sozialen Selbstverwaltung zumeist nicht verfügten. Häufig wird der Sozialen Selbstverwaltung auch ein Mangel an Versichertennähe attestiert (Braun et al. 2008; Baumeister et al. 2012). Die herausgehobene Stellung der Tarifparteien, so ist mitunter zu hören, verhindere den Zugang anderer Akteure und Interessenvertreter zu den Entscheidungen der

Selbstverwaltung: Weniger die Interessen der Versicherten als die der Arbeitgeber und Gewerkschaften fänden Eingang in ihr Handeln. Hier findet sich die traditionelle Kritik an der Verbändemacht wieder, die in einem Spannungsverhältnis steht zu dem der Selbstverwaltung zugeschriebenen Vorzug, Aufgaben des Staates in die Gesellschaft zurückzuverlagern.

Die genannten Defizite der Sozialen Selbstverwaltung sind in der öffentlichen Wahrnehmung weit verbreitet und werden auch in der wissenschaftlichen Literatur oft genannt. Allerdings müssen sie auch mit zwei gewichtigen Einschränkungen versehen werden. Erstens bietet die Praxis der Sozialen Selbstverwaltung ein vielgestaltiges Bild. Den skizzierten Defiziten stehen auch Befunde über eine fachlich kompetente, an den Versicherteninteressen orientierte und effektive Selbstverwaltungspraxis gegenüber (Gerlinger et al. 2016a und 2016b). Dafür stehen ganz unterschiedliche Beispiele: die Durchsetzung von Leistungsverbesserungen in Krankenkassen auf dem Gebiet der Prävention, Gesundheitsförderung und Krankenversorgung; die Information und Herstellung von Transparenz über Leistungsansprüche der Versicherten; die erfolgreiche Unterstützung von Kranken bei der Wahrung ihrer Leistungsansprüche in den Widerspruchsausschüssen; die Verbesserung der Versichertennähe in einzelnen Kassen z. B. durch die Einrichtung von Regionalbeiräten oder den Einbezug von Versichertenältesten; Stärkung der Solidarität zwischen den Versicherten innerhalb einer Krankenkasse und der Solidarität zwischen Versicherten verschiedener Krankenkassen durch den Widerstand gegen Wahltarife. Dies ist auch eine Folge der zum Teil intensiven gewerkschaftlichen Bemühungen um die Qualifizierung von Versichertenvertretungen. Zweitens sind die skizzierten wissenschaftlichen Befunde häufig älteren Datums. Es mangelt an aussagekräftigen empirischen Studien über die jüngere und aktuelle Praxis der Selbstverwaltung.

Fazit

Die konstatierten Mängel der Sozialen Selbstverwaltung waren in der Vergangenheit nicht der Grund für die fortschreitende Einschränkung ihrer Gestaltungsrechte. Daraus ist aber nicht zu schließen, dass die Soziale Selbstverwaltung sich bei den politischen Entscheidungsträgern großer Wertschätzung erfreuen würde. Darüber sollte auch nicht hinwegtäuschen, dass es an gegenteiligen Bekenntnissen nicht mangelt. Bei politischen Entscheidungsträgern dürfte der Rückhalt für die Soziale Selbstverwaltung im Allgemeinen nicht sonderlich groß sein, weil neoliberales Denken, das die soziale und partizipative Flankierung und Ausgestaltung des Gesundheitssystems für verzichtbar oder vernachlässigbar hält, weit vorgedrungen ist und weil die öffentliche Kritik an der Sozialen Selbstverwaltung – ob berechtigt oder nicht – weit verbreitet ist. Wenn die Soziale Selbstverwaltung in ihrer Substanz bisher unangetastet geblieben ist, so hat dies wohl viel mit dem Wissen politischer Entscheidungsträger darüber zu tun, dass deren Beseitigung den gemeinsamen Protest von Arbeitgebern und Gewerkschaften hervorrufen würde. Dem setzt sich kein Gesetzgeber gerne aus, erst recht nicht, wenn das in Rede stehende Regelungsobjekt – hier die Soziale Selbstverwaltung – zwar nicht als sonderlich hilfreich, aber wohl auch nicht als sonderlich störend angesehen wird.

Für eine starke Soziale Selbstverwaltung, die auch in Zukunft Bestand haben kann, ist das nicht genug. Für sie kommt es darauf an, sowohl ihre Input- als auch ihre Output-Legitimation zu stärken. Dies wird am ehesten dann gelingen, wenn eine geeignete Gestaltung der Makrostrukturen der gesetzlichen Krankenversicherung, Reformen der Sozialwahlen und die gezielte Stärkung der Versichertenvertretungen ineinandergreifen.

Literatur

Baumeister K./Hartje A./Knötig N./Wüstrich T. 2012: Soziale Selbstverwaltung in der gesetzlichen Krankenversicherung (GKV). Ökonomische und soziale Handlungsperspektiven für Versicherte und Arbeitnehmer. Handlungsfelder identifizieren – Hemmnisse abbauen – Handlungskompetenzen stärken. Abschlussbericht, Hans-Böckler-Stiftung. Düsseldorf.

Bieback K.-J. 2015: Soziale Selbstverwaltung. Geschichte und Programm. In: Rixen S./Welskop-Deffaa E. M. (Hrsg.): Zukunft der Selbstverwaltung. Responsivität und Reformbedarf. Wiesbaden: 11–30.

Böckenförde E.-W. 2004: Demokratie als Verfassungsprinzip. In: Isensee J./Kirchhof P. (Hrsg.): Handbuch des Staatsrechts. Bd. I: Grundlagen von Staat und Verfassung. Heidelberg: § 24, 429–496.

Bogs H. 1973: Die Sozialversicherung im Staat der Gegenwart. Öffentlich-rechtliche Untersuchungen über die Stellung der Sozialversicherung im Verbändestaat und im Versicherungswesen. Berlin.

Bogs H./Ferber C. von 1977: Soziale Selbstverwaltung. Aufgaben und Funktion der Selbstverwaltung in der Sozialversicherung. Bonn.

Braun B./Greß S./Lüdecke D./Rothgang H./Wasem J. 2007: Funktionsfähigkeit und Perspektiven von Selbstverwaltung in der GKV. In: Soziale Sicherheit 56 (11): 365–373.

Braun B./Klenk T./Kluth W./Nullmeier F./Welti F. 2008: Modernisierung der Sozialversicherungswahlen. Baden-Baden.

Bundesversicherungsamt 2018: Sonderbericht zum Wettbewerb in der gesetzlichen Krankenversicherung. Bonn.

Der Bundeswahlbeauftragte für die Sozialversicherungswahlen (Hrsg.) 2012: Schlussbericht des Bundeswahlbeauftragten für die Sozialversicherungswahlen zu den Sozialwahlen 2011. Bonn.

Die Bundeswahlbeauftragte für die Sozialversicherungswahlen (Hrsg.) 2018: Schlussbericht der Bundeswahlbeauftragten für die Sozialversicherungswahlen zu den Sozialwahlen 2017. Bonn.

Emde E. T. 1991: Die demokratische Legitimation der funktionalen Selbstverwaltung. Eine verfassungsrechtliche Studie anhand der Kammern der Sozialversicherungsträger und der Bundesanstalt für Arbeit. Berlin.

Enquete-Kommission 1990: Strukturreform der gesetzlichen Krankenversicherung. Endbericht. 2 Bde. Bundestag Drucksache 11/3267 vom 12.02.1990.

Francke R./Hart D. 2001: Bürgerbeteiligung im Gesundheitswesen. Baden-Baden.

Gerlinger T. 2016: Soziale Selbstverwaltung in der Bürgerversicherung. Düsseldorf.

Gerlinger T. 2017: Der Gemeinsame Bundesausschuss als Governance-Struktur. In: Pfaff H./Neugebauer E./Glaeske G./Schrappe M. (Hrsg.): Lehrbuch Versorgungsforschung. 2. Aufl. Stuttgart/New York: 295–300.

Gerlinger T./Knötig N./Lückenbach C./Staender J./Wüstrich T. 2016a: Aus der Praxis der Selbstverwaltung. Beispiele für erfolgreiches Handeln bei den Krankenkassen (Teil 1). In: Soziale Sicherheit 65 (3): 93–102.
Gerlinger T./Knötig N./Lückenbach C./Staender J./Wüstrich T. 2016b: Aus der Praxis der Selbstverwaltung. Beispiele für erfolgreiches Handeln bei den Krankenkassen (Teil 2). In: Soziale Sicherheit 65 (5): 192–197.
Gerlinger T./Rosenbrock R. 2022: Gesundheitspolitik. Eine systematische Einführung. 4. Aufl. Bern.
Gross T. 1999: Das Kollegialprinzip in der Verwaltungsorganisation. Tübingen.
Heinig H. M. 2008: Der Sozialstaat im Dienst der Freiheit. Zur Formel vom »sozialen« Staat in Art. 20 Abs. 1 GG. Tübingen.
Hockerts H. G. 1980: Sozialpolitische Entscheidungen im Nachkriegsdeutschland. Stuttgart.
Hollederer A. 2015: Gesundheitskonferenzen in Deutschland. Ein Überblick. In: Das Gesundheitswesen 77 (3): 161–167.
Klenk T. 2006: Selbstverwaltung – ein Kernelement demokratischer Sozialstaatlichkeit? Szenarien zur Zukunft der Sozialen Selbstverwaltung. In: Zeitschrift für Sozialreform 52 (2): 273–291.
Klenk T. 2008: Modernisierung der funktionalen Selbstverwaltung. Universitäten, Krankenkassen und andere öffentliche Körperschaften. Frankfurt a. M./New York.
Klenk T. 2012: Deutschland: Korporatistische Selbstverwaltung zwischen Staat und Markt. In: Klenk T./Weyrauch P./Haarmann A./Nullmeier F. (Hrsg.): Abkehr vom Korporatismus? Der Wandel der Sozialversicherungen im europäischen Vergleich. Frankfurt a. M./New York: 53–117.
Klenk T./Nullmeier F./Weyrauch P./Haarmann A. 2009: Das Ende einer Bismarck-Tradition? Soziale Selbstverwaltung zwischen Vermarktlichung und Verstaatlichung. In: Sozialer Fortschritt 58 (5): 85–92.
Klenk T./Weyrauch P./Haarmann A./Nullmeier F. 2012: Das Ende der korporatistischen Selbstverwaltung? In: Klenk T./Weyrauch P./Haarmann A./Nullmeier F. (Hrsg.): Abkehr vom Korporatismus? Der Wandel der Sozialversicherungen im europäischen Vergleich. Frankfurt a. M./New York: 19–51.
Kluth W. 1997: Funktionale Selbstverwaltung. Verfassungsrechtlicher Status – verfassungsrechtlicher Schutz. Tübingen.
Kluth W. 2001: Demokratische Legitimation in der funktionalen Selbstverwaltung. Grundzüge und Grundprobleme. In: Schnapp F. E. (Hrsg.): Funktionale Selbstverwaltung und Demokratieprinzip. Am Beispiel der Sozialversicherung. Frankfurt a. M.: 17–41.
Lehmbruch G. 2003 [zuerst: 1996]: Die korporative Verhandlungsdemokratie in Westmitteleuropa, in: Ders. (Hrsg.): Verhandlungsdemokratie. Beiträge zur vergleichenden Regierungslehre. Wiesbaden: 154–176.
Nürnberger I. 2015: Die Zukunft der Sozialen Selbstverwaltung. Gewerkschaftliche Überlegungen. In: Mülheims L./Hummel K./Peters-Lange S./Toepler E./

Schuhmann I. (Hrsg.): Handbuch Sozialversicherungswissenschaft. Wiesbaden: 811–824.

Rusert K. 2013: Wahlen ohne Demokratie? Legitimation der Verwaltungsräte nach Friedenswahlen. In: Zeitschrift für Sozialreform 59 (3): 227–253.

Scharpf F. W. 1999: Regieren in Europa. Effektiv und demokratisch? Frankfurt a. M./New York.

Scharpf F. W. 2004: Legitimationskonzepte jenseits des Nationalstaats. Max-Planck-Institut für Gesellschaftsforschung, Working Paper 04/6. Köln. Online: http://hdl.handle.net/10419/41650 [Zugriff: 27.06.2022].

Schönwälder T. 2003: Begriffliche Konzeption und empirische Entwicklung der Lohnnebenkosten in der Bundesrepublik Deutschland – eine kritische Betrachtung (Edition der Hans-Böckler-Stiftung 89), Düsseldorf.

Standfest E. (Projektleitung) 1977: Sozialpolitik und Selbstverwaltung. Zur Demokratisierung des Sozialstaats. Köln.

Tennstedt F. 1977: Geschichte der Selbstverwaltung in der Krankenversicherung von der Mitte des 19. Jahrhunderts bis zur Gründung der Bundesrepublik Deutschland. Bonn.

Die Sozialwahlen als Fundament der Sozialen Selbstverwaltung

Die drittgrößte Wahl in Deutschland: Ablauf, Anspruch, Realität und Weiterentwicklung der Sozialwahlen durch Online-Wahlen

Rita Pawelski, Bundeswahlbeauftragte für die Sozialversicherungswahlen (2015–2021)

Der Anruf erreichte mich unvorbereitet. Mein ehemaliger Kollege Karl Schiewerling, der leider viel zu früh verstarb, rief mich an und fragte, ob ich Bundeswahlbeauftragte für die Sozialversicherungswahl 2017 werden wolle. Ich gebe zu, die Sozialversicherungswahl kannte ich mehr oder weniger nur durch den roten Umschlag. Ich bat um Bedenkzeit und informierte mich. Schnell stellte ich fest: Was für eine Chance, diese großartige Form der Mitbestimmung zu modernisieren, zu reformieren! Denn Deutschlands drittgrößte Wahl führte ein Schattenleben, leider auch die Selbstverwaltungen der Gremien der gesetzlichen Krankenkassen und der Rentenversicherung. Dabei leisten die Mitglieder der Selbstverwaltung eine großartige, hervorragende Arbeit. Aber wird diese Arbeit überhaupt von der Öffentlichkeit zur Kenntnis genommen, wird sie gewürdigt? Nein! Das wollte ich ändern. Der Diamant »Selbstverwaltung« sollte wieder zum Strahlen kommen.

Aber zuerst einige wichtige Zahlen: 1953 fanden die ersten Sozialwahlen in der noch jungen Bundesrepublik Deutschland statt. Mit 5,2 Millionen Wahlberechtigten für die Selbstverwaltung der Krankenkassen und Rentenversicherungsträger fingen sie relativ bescheiden an. Damals gab es noch keine Briefwahl. Die Stimmberechtigten mussten ein Wahllokal aufsuchen. Über die Jahrzehnte stieg die Anzahl der Wahlberechtigten drastisch an. 2017 hatte sie sich im Vergleich zu den ersten bundesrepublikanischen Sozialwahlen praktisch verzehnfacht. 50,9 Millionen renten- und krankenversicherte Personen erhielten Wahlunterlagen zugesandt. 15,5 Millionen abgegebene Stimmen gingen bei den Trägern ein.

Von den 2017 theoretisch wahlberechtigten 54,5 Millionen Mitgliedern gesetzlicher Krankenkassen konnten 21,3 Millionen fast ausschließlich in Ersatzkassen versicherte Personen tatsächlich wählen, was dann 6,5 Millionen oder 30,51 % auch taten.

Bei der Wahlbeteiligung befinden sich die Sozialwahlen damit auf dem Niveau etlicher Kommunalwahlen. Das würde ich als großen Erfolg bezeichnen! Denn anders als aus den Landtagen oder gar dem Bundestag berichten die Massenmedien praktisch nie aus den Selbstverwaltungen und relativ selten über die Wahl. Und der persönliche Bezug der Menschen, den es in der Kommunalpolitik gibt, fällt bei den Vertreterversammlungen bzw. bei den Verwaltungsräten ebenfalls weg oder bei bundesweit aktiven Trägern sehr schwer. Auch wenn die einzelnen Vertreter in den Gremien unbekannt sind, ist ihre Arbeit für das Leben der Versicherten immens wichtig. Nur leider dringt dies viel zu selten in das Bewusstsein der Versicherten.

Bei den Sozialwahlen gibt es eine wichtige Parallele zu den politischen Wahlen: Die Alten gehen zum Wählen. Die jungen Wähler:innen interessieren sich in einem deutlich geringeren Umfang für die Beteiligung an den Sozialwahlen. Als 1974 die Briefwahl eingeführt und 1984 obligatorisch wurde, stellte man sich damit auf die Lebenswirklichkeit der Menschen ein. Denn diese wollten sich den Gang zu den Wahllokalen ersparen. Die Wahlbeteiligung verdoppelte sich. Nach den letzten Sozialwahlen fragten wir uns, ob wir nicht stärker auf die veränderte Lebenswirklichkeit gerade der jungen Menschen eingehen sollten. Viele Menschen – gerade die jungen – organisieren ihr Leben online. Viele wissen gar nicht mehr, wo der nächste Briefkasten ist. Also war der Weg in Richtung Online-Wahlen folgerichtig.

Mein Stellvertreter Klaus Wiesehügel und ich waren nicht die Ersten, die die Einführung der Online-Wahlen forderten, aber wir waren die Erfolgreichsten. Die Zeit war einfach reif dafür. Deshalb hat der Deutsche Bundestag im *7. SGB IV-Änderungsgesetz* das Modellprojekt zur Durchführung von Online-Wahlen bei den Krankenkassen beschlossen. Online-Wahlen wird es 2023 nur bei den Krankenkassen geben, die sich in einer Arbeitsgemeinschaft zur Vorbereitung der Online-Wahlen zusammengeschlossen haben – und bei denen Wahlen durchgeführt werden. Im Herbst 2020 bildeten 15 Krankenkassen diese AG. Hier wird ein großer Schritt getan, der auch auf andere Wahlen ausstrahlen wird.

Leider wird in nur wenigen Bereichen der Selbstverwaltung wirklich gewählt. Der Großteil der Mandate wird durch Verhandlungen bestimmt. Der juristische Begriff hierfür heißt »Wahlen ohne Wahlhandlung«. Bei den Sozialwahlen 2017 wurden von 3.423 Mandaten 169 Mandate durch direkte Wahlen vergeben. Das ist ein großes Manko, das auch von den Medien sehr kritisch hinterfragt wurde: Warum beteiligen sich so wenige Krankenkassen an den Urwahlen?

Gemeinsam mit meinem Stellvertreter Klaus Wiesehügel habe ich ein 10-Punkte-Programm zur Reform des Sozialwahlrechtes veröffentlicht, in dem wir diese (Nicht-)Wahlen erschweren wollten. Unsere Hoffnung war und ist, dass diese Erschwernisse beim einen oder anderen Versicherungsträger zu richtigen, echten Wahlen führen. Nach vielen und langen Gesprächen mit Abgeordneten, Ministern und Staatssekretären folgte der Gesetzgeber unseren Überlegungen: Im Gesetz *Digitale Rentenübersicht* wurde die notwendige Anzahl von Unterstützerunterschriften, die man für das Einreichen von neuen Vorschlagslisten benötigt, halbiert. Erschwert wird hingegen die vielerorts übliche Praxis, eingereichte Vorschlagslisten zusammenzulegen, so dass nur noch eine Liste übrigbleibt und die Selbstverwalter:innen statt durch eine Urwahl doch wieder nur über eine *Friedenswahl* in ihr Amt kommen. Das Zusammenlegen von Listen ist jetzt nur noch bis zum Ende der Einreichungsfrist möglich. Die Praxis wird zeigen, ob dies zu zusätzlichen Urwahlen führt.

Ein weiterer wichtiger Kritikpunkt an den Sozialwahlen war der geringe Frauenanteil in den Gremien. Über alle Verwaltungsräte und Vertreterversammlungen hinweg lag der Frauenanteil in diesen Gremien 2017 bei 22,6 %. Dieser beschämend geringe Anteil ist völlig inakzeptabel. Wobei ausdrücklich erwähnt werden muss, dass der Frauenanteil dort, wo gewählt wurde, deutlich höher ist. Der Gesetzgeber führte auf unser Drängen hin eine Geschlechterquote ein. Leider nicht für alle verbindlich! Das *MDK-Reformgesetz* legt fest, dass im Bereich der Krankenkassen nur Vorschlagslisten zugelassen werden dürfen, die eine Geschlechterquote von mindestens 40 % erfüllen. Die Quote ist hier also verpflichtend vorgeschrieben. Im Gesetz *Digitale Rentenübersicht* wurde dagegen die 40 %-Quote für den Bereich der Renten- und Unfallversicherungsträger nur als »Soll-Vorschrift« verabschiedet. Sollte die Quote nicht eingehalten werden, müssen die Listenträger dies gegenüber den

Wahlausschüssen der Renten- und Unfallversicherung begründen. Befriedigend ist diese Lösung nicht. Ebenso wenig wie die Tatsache, dass nicht erwerbstätige Mitversicherte, also mehrheitlich Frauen, immer noch kein Wahlrecht besitzen.

Im 10-Punkte Programm wird eine größere Transparenz bei der Aufstellung der Listen gefordert. In diesem Sinne hat der Gesetzgeber gehandelt.

Außerdem wurden die Freistellungsregelungen verbessert und ein Urlaubsanspruch für Fortbildung eingeführt. Hierfür erhalten die Mitglieder der Selbstverwaltungen fünf Tage pro Kalenderjahr. Seit vielen Jahren wurde bemängelt, dass Listen, die den Namen der Versicherung in ihrer Bezeichnung führen, Vorteile bei der Wahl hätten. Unser Erfolg: Vorschlagslisten von allen Organisationen und Freien Listen können die Bezeichnung der Versicherungsträger, bei denen sie antreten, in ihre Listenbezeichnung aufnehmen.

All diese Punkte sollen dazu beitragen, die nächsten Wahlen populärer und erfolgreicher zu machen.

Unser größter Erfolg ist aber die Einführung von Online-Wahlen. Zum ersten Mal kann in der Bundesrepublik Deutschland eine vom Gesetzgeber vorgeschriebene Wahl per »Mausklick« durchgeführt werden. Ich bin sehr gespannt, wie sich das »Wählen zu Hause am Computer« auf die Wahlbeteiligung auswirkt. Werden sich die jungen Menschen stärker beteiligen? Werden die Medien endlich Notiz von dieser wichtigen Wahl nehmen? Die Gremien der Selbstverwaltung wurden mit dem Gesetz gestärkt, durch die Online-Wahlen werden sie ein Stück weit einzigartig. Ich freue mich für sie!

Ist die Selbstverwaltung im 21. Jahrhundert angekommen? Zumindest wird sie weiblicher!

Ulrike Hauffe

»Frauen sind in Organen der Sozialen Selbstverwaltung noch immer unterrepräsentiert.« Zu diesem Schluss kam die Bundesregierung in ihrer Antwort auf eine Kleine Anfrage der Bundestagsfraktion Bündnis 90/Die Grünen im Jahr 2018.[1] Zwei Jahre später fiel das Regierungsurteil noch härter aus: »Eklatant unterrepräsentiert«, hieß es nun.[2] Und trotzdem: In der Frage, wie weiblich die Soziale Selbstverwaltung inzwischen geworden ist, tut sich etwas!

Auch wenn noch viele Schwachstellen vorhanden sind, gibt es inzwischen ein wachsendes Bewusstsein dafür, wie wichtig Frauen in der Selbstverwaltung sind. Gleichberechtigung ist wirklich nicht nur eine numerische Frage. Denn inwieweit Frauen in der Selbstverwaltung beteiligt sind, hat Einfluss auf praktisch alle Prozesse im Gesundheitswesen. Ihre Rolle für Inhalte und Strukturen kann man gar nicht deutlich genug betonen. So ist mittlerweile hinlänglich bekannt, dass sich die medizinische Forschung und Lehre immer noch am männlichen Körper orientiert. Das führt wiederum zu geringerer medizinischer Versorgungsqualität für Frauen und sogar zu eklatanten Behandlungsfehlern (z. B. Regitz-Zagrosek 2018). Davor schützt am ehesten, die Kenntnisse, Sichtweisen und Einschätzungen von Frauen von Anfang an einzubeziehen und ihre Expertise zu nutzen. Frauen werden also in der Selbstver-

---

[1] Drucksache 19/725, Antwort der Bundesregierung auf die Kleine Anfrage der Fraktion Bündnis 90/Die Grünen – Drucksache 19/458

[2] Drucksache 19/17806, Antwort der Bundesregierung auf die Kleine Anfrage der Abgeordneten Dr. Kirsten Kappert-Gonther, Maria Klein-Schmeink, Kordula Schulz-Asche, weiterer Abgeordneter und der Fraktion Bündnis 90/Die Grünen – Drucksache 19/17347

waltung gebraucht! Sie müssen in die Entscheidungsprozesse eingebunden sein. Nur so kann sich dauerhaft etwas ändern.

Ich selbst stieß 2005 zur Sozialen Selbstverwaltung, weil eine Fraktion im Verwaltungsrat der Barmer ganz einfach eine Frau mit frauengesundheitspolitischer Expertise suchte. Die brachte ich unbestritten mit. Die Ankündigung, es sei nicht viel Arbeit, stellte sich natürlich als blanke Untertreibung heraus. Bereut habe ich es trotzdem nie. Schnell übernahm ich die Leitung des Leistungsausschusses und hatte somit die Möglichkeit, inhaltlich zu gestalten – und uns Frauen sichtbarer zu machen.

Schon kleine Stellschrauben können dabei helfen. Daten mussten z. B. fortan immer geschlechtsspezifisch für den Verwaltungsrat aufbereitet werden. Ich legte großen Wert darauf, dass Themen aus der Perspektive der Versicherten geschlechtsdifferenziert beleuchtet wurden. Ein Beispiel ist die Krebsfrüherkennung, die aus naheliegenden Gründen geschlechterspezifisch erfolgen muss. Auch nach außen hat die Barmer diese Themen sichtbarer gemacht, nicht zuletzt mit der Kampagne zu den geschlechtsspezifischen Unterschieden in der Medizin *Die Gleichbehandlung muss aufhören*. Darüber hinaus gibt es Themen wie Schwangerschaft und Geburt, die Frauen besonders berühren und noch stärker in den Fokus rücken müssen. Aus guten Gründen war und ist die Barmer bei der Entwicklung und Umsetzung des Nationalen Gesundheitsziels *Gesundheit rund um die Geburt* beteiligt.

Zum Zeitpunkt meiner Wahl in den Verwaltungsrat der Barmer waren Frauen mit einem Anteil von 33 % dort deutlich unterrepräsentiert. Doch selbst mit diesem Wert war die Barmer Spitzenreiter unter den Ersatzkassen, bei denen im Schnitt nur jedes vierte Verwaltungsratsmitglied weiblich war. Inzwischen hat sich einiges getan. Seit der Sozialwahl 2017 beträgt der Frauenanteil im Verwaltungsrat der Barmer 40 % und über die Ersatzkassen hinweg knapp 37 %. Die Verwaltungsräte bei den Krankenkassen sind also weiblicher geworden.

Aber kann uns das bisher Erreichte zufriedenstellen? Keineswegs! In den Gremien der Selbstverwaltung muss es eine Geschlechterparität geben. Je eher, desto besser. Verwaltungsräte sollten die Gesellschaft möglichst genau abbilden. Es gibt keinen triftigen Grund, weswegen Frauen dort unterrepräsentiert sein sollten. Dieser Einsicht ist auch der Gesetzgeber gefolgt und hat im *Gesetz zur Verbesserung der Transparenz in der Alterssicherung und der Rehabilitation sowie zur Modernisierung der Sozialversicherungswahlen* vom 18. Februar 2021 festgelegt, dass in Zukunft die Vorschlagslisten zu den Sozialversicherungswahlen nahezu paritätisch mit mindestens 40 % weiblichen Bewerberinnen und 40 % männlichen Bewerbern aufgestellt werden müssen.

Zur Abbildung der Gesellschaft gehört auch eine Überprüfung des aktiven Wahlrechts zur Wahl der Verwaltungsräte in der gesetzlichen Krankenversicherung. So besteht das aktive Wahlrecht zwar für die Gruppe der Versicherten, die jedoch begrenzt wird auf die Mitglieder der Krankenkassen beziehungsweise der entsprechenden Pflegekassen, die am Tag der Wahlausschreibung das 16. Lebensjahr vollendet haben (§ 50 Abs. 1 SGB IV i. V. m. § 47 Abs. 1 S. 1 SGB IV). Alle familien-(mit)versicherten Personen sind hingegen vom aktiven Wahlrecht ausgeschlossen. Das sind in Deutschland aufgrund des nach wie vor üblichen Geschlechter- beziehungsweise Familienmodells, in dem Frauen in der Familienphase seltener eine versicherungspflichtige Beschäftigung aufrechterhalten, aktuell rund zwei Millionen Männer, aber 4,4 Millionen Frauen im Alter von über 15 Jahren.[3] Sie werden strukturell von der Beteiligung an den Sozialwahlen ausgeschlossen.

Hier ist der Gesetzgeber gefordert. Das würde sich vermutlich auch positiv auf die gesamte Wahlbeteiligung auswirken. So zeigen Analysen der Barmer zur Sozialwahl 2017, dass dort die Wahlbeteiligung der Männer bei 21,2 % lag, die der Frauen dagegen bei 40,9 % (Bundeswahlbeauftragte für die Sozialversicherungswahlen 2018). Nachdem der Gesetzgeber im vergangenen Jahr das passive Wahlrecht angepasst hat, um eine stärker paritätisch besetzte Selbstverwaltung zu ermöglichen, gilt es nunmehr diesen Schritt beim aktiven Wahlrecht zu gehen.

Dass sich Frauen wegen ihrer familiären und beruflichen Belastungen seltener Zeit für ehrenamtliche Aufgaben in der Selbstverwaltung nehmen können als Männer, ist ein Irrglaube. Um das zu erkennen, reicht ein Blick auf den Altersdurchschnitt in den Verwaltungsräten der

---

3 https://www.bifg.de/daten-und-analysen/strukturdaten/versicherte-gkv-pkv/versicherte-gkv-zum-stichtag-0107-nach-bundeslaendern-und-altersgruppen [Zugriff am 24.06.2022].

Ersatzkassen. Bei den Frauen beträgt er 55,9 Jahre und bei den Männern 62,6 Jahre. Selbstverwalterinnen stehen also mitten im Leben, haben Erfahrungen damit, Beruf und Familie zu meistern. Selbstverständlich könnten die Arbeitsbedingungen für Selbstverwaltende ihren Lebensrealitäten noch besser angepasst werden.

Frauen in Verwaltungsräten sind im Übrigen nicht nur elementar, um die medizinische Versorgung der weiblichen Versicherten zu verbessern. Sie können auch die Chancengleichheit in Unternehmen stärken und sie damit erfolgreicher machen. So hatte der Verwaltungsrat der Barmer im Jahr 2010 einstimmig beschlossen und 2019 nochmals als Beschluss verstärkt, dass der Frauenanteil auf allen Führungsebenen 50 % betragen soll. Warum haben wir das gemacht? Aus einem naheliegenden Grund: Moderne Unternehmen benötigen weibliche Führungskräfte. Studien belegen, dass sich ein hoher Anteil von Frauen im Management eindeutig positiv auf das wirtschaftliche Ergebnis des Unternehmens auswirkt. Unternehmen mit einem hohen Frauenanteil in den Vorständen sind auch nachweislich finanziell erfolgreicher.[4]

Frauen in Führungspositionen bereichern ein Unternehmen zudem im doppelten Sinne. Sie führen nicht besser oder schlechter als Männer, aber anders. Deshalb ist es gut und richtig, dass der Frauenanteil in den Führungspositionen der Barmer in den letzten Jahren stetig gestiegen ist. Bei den jungen Beschäftigten bis 34 Jahren ist die Geschlechterparität bereits erreicht (▶ Abb. 3).

---

4 Siehe auch: Boston Consulting Group/LMU München (2021). Gender Diversity Index 2019 (https://www.bcg.com/de-de/boarding-call-bcg-gender-diversity-index-deutschland-2019-wie-unternehmen-mit-vielfalt-den-sprung-nach-oben-schaffen [letzter Zugriff 29. 06.2022]) und 2021 (https://web-assets.bcg.com/7b/8b/850022a9438b974c7d92162d4420/bcg-gender-diversity-index-2021-key-insights.pdf [letzter Zugriff 29. 6.2022]): Der Index untersucht die hundert größten deutschen börsennotierten Unternehmen zur Gleichstellung in der Unternehmensführung in Verbindung zur Entwicklung des Dax. Und McKinsey & Company (2015).Why Diversity Matters (https://www.mckinsey.com/business-functions/people-and-organizational-performance/our-insights/why-diversity-matters [letzter Zugriff 29.6.2022]); McKinsey & Company (2018).Delivering through Diversity (https://www.mckinsey.com/ [letzter Zugriff 29.6.2022]) und McKinsey & Company (2020). Diversity wins (https://www.mckinsey.com/featured-insights/diversity-and-inclusion/diversity-wins-how-inclusion-matters [letzter Zugriff 29.6.2022]).

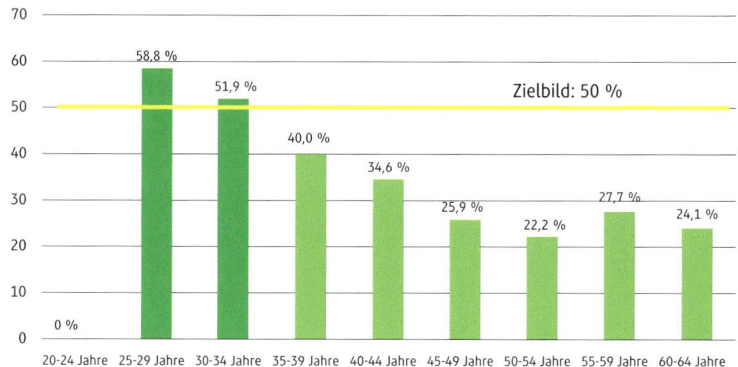

Abb. 3: Frauenquote nach Alter bei der Barmer.

Vom Gesamtziel ist die Barmer noch ein Stück entfernt. Angesichts von mehr als 65 % Frauenanteil im Unternehmen ist aber mehr als genug Potenzial vorhanden, um diese wichtige Marke zu erreichen. Der jüngste, mit dem Verwaltungsrat der Barmer abgestimmte Gleichstellungsplan ist deshalb auch sehr ambitioniert.[5]

Auch der Gesetzgeber hat die Zeichen der Zeit erkannt und mit dem *Gesetz zur Ergänzung und Änderung der Regelungen für die gleichberechtigte Teilhabe von Frauen an Führungspositionen in der Privatwirtschaft und im öffentlichen Dienst* vom 12. August 2021 dafür gesorgt, dass in Zukunft mehr Frauen in die Führungsgremien der Krankenkassen gewählt werden müssen. Zwar braucht diese Neuregelung noch einige Zeit bis zur vollständigen Umsetzung, da sie mit einer Besitzstandsregelung verknüpft ist, die eine Wiederwahl bestehender männlicher Vorstände ermöglicht, doch ein Anfang ist gemacht. So haben sich die Barmer (Barmer 2021), die DAK-Gesundheit (DAK 2021), die KKH und der AOK

---

[5] Barmer Gleichstellungsplan: Miteinander gleich stark bei der Barmer (https://www.barmer.de/resource/blob/1031792/3bf72b47f1b73aba43d4cb23b4ee0f39/gleichstellungsplan-barrierefrei-6280gp-data.pdf [letzter Zugriff: 29.6.2022]).

Bundesverband im Jahr 2021 im Rahmen von Vorstandsneubesetzungen für Frauen entschieden.

Frauen selbst können ganz zentral dazu beitragen, die Geschlechterungleichheit zu bekämpfen, indem sie konsequent ihre Netzwerke aufbauen und pflegen. Deshalb war ich auch 2019 Gründungsmitglied des Vereins *spitzenfrauengesundheit e. V.* Die Mitglieder des Vereins eint das Ziel, mehr Frauen in die Spitzenpositionen im Gesundheitswesen zu bringen. In unserem Netzwerk unterstützen wir Frauen, die auf dem Weg an die Spitze sind, aber auch diejenigen, die diese Entwicklung wollen. Damit Frauen es in Zukunft leichter haben, machen wir politische Lobbyarbeit für bessere Strukturen und Arbeitsbedingungen in Führungspositionen und Gremien.

Die jetzige Ampel-Regierung hat sich in ihrem Koalitionsvertrag das Ziel gesetzt, die Gleichstellung von Frauen und Männern in diesem Jahrzehnt zu erreichen (SPD / Bündnis 90/Die Grünen / FDP 2021). Die ressortübergreifende Gleichstellungsstrategie und ein Gleichstellungs-Check für künftige Gesetze und Maßnahmen sind hier wichtige Elemente. Zudem will die Koalition den Gender Data Gap (also die geschlechtsspezifische Datenlücke) im medizinischen Bereich schließen. Geschlechtsbezogene Unterschiede in der Versorgung, bei Gesundheitsförderung und Prävention sowie in der Forschung sollen gestärkt werden. Die Gendermedizin wird Teil des Medizinstudiums und der Aus-, Fort- und Weiterbildung in den Gesundheitsberufen. Aus meiner Sicht sind dies ganz wesentliche Elemente, die die Gesundheit von Frauen nachhaltig verbessern werden. Ganz besonders wichtig ist aus meiner Sicht das erklärte Ziel der Ampel-Koalition, die paritätische Beteiligung von Frauen in den Führungsgremien der Kassenärztlichen und Kassenzahnärztlichen Vereinigungen sowie in den Spitzenverbänden auf Bundesebene und in den gesetzlichen Krankenkassen zu stärken.

Der Koalitionsvertrag bietet damit eine Steilvorlage, um der Geschlechterparität in der Sozialen Selbstverwaltung den Weg zu ebnen und damit die Versorgung geschlechtsspezifischer zu gestalten. Diese Chance sollten wir ergreifen.

Literatur

Barmer 2021: Simone Schwerig komplettiert den Barmer-Vorstand. Pressemitteilung vom 22.10.2021. Online: https://www.barmer.de/presse/presseinformationen/pressearchiv/vorstand-simone-schwering-1059436 [Zugriff: 24.06.2022].

Bundeswahlbeauftragte für die Sozialversicherungswahlen (Hrsg.) 2018: Schlussbericht der Bundeswahlbeauftragten für die Sozialversicherungswahlen zu den Sozialwahlen 2017. Bonn.

DAK 2021: DAK-Verwaltungsrat wählt Krankenhausmanagerin Ute Haase in den Vorstand. Pressemitteilung vom 24.09.2021. Online: https://www.dak.de/dak/bundesthemen/dak-verwaltungsrat-waehlt-krankenhausmanagerin-ute-haase-in-den-vorstand-2498988.html [Zugriff: 24.06.2022].

Regitz-Zagrosek V. 2018: Unsettled Issues and Future Directions for Research on Cardiovascular Diseases in Women. In: Korean Circulation Journal 48 (9): 792–812. DOI: https://doi.org/10.4070/kcj.2018.0249.

SPD / Bündnis 90/Die Grünen / FDP 2021: Mehr Fortschritt wagen. Bündnis für Freiheit, Gerechtigkeit und Nachhaltigkeit. Online: https://www.bundesregierung.de/resource/blob/974430/1990812/04221173eef9a6720059cc353d759a2b/2021-12-10-koav2021-data.pdf [Zugriff: 06.02.2022].

Soziale Selbstverwaltung zwischen Legitimationszweifeln und Innovationsstau

Winfried Kluth

Die Soziale Selbstverwaltung wird als Teil der funktionalen Selbstverwaltung verstanden, für die das Bundesverfassungsgericht in den letzten beiden Jahrzehnten eine ausdifferenzierte Bereichsdogmatik entwickelt hat. Diese eröffnet Gestaltungsspielräume für partizipative Verwaltungsmodelle in thematisch abgegrenzten Aufgabenfeldern und verlangt zugleich eine interessenadäquate Binnenverfassung. Im Bereich der Sozialen Selbstverwaltung orientiert sich der Gesetzgeber traditionell an den Beitragspflichten. Die Forderung nach einer stärkeren Beachtung der Belange der Patienten lässt sich rechtlich schwer umsetzen, weil »Patienten« keine rechtlich leicht fassbare Gruppe darstellen und ihre Interessen auch in Konkurrenzbeziehungen untereinander stehen. Die zahlreichen Notwendigkeiten technischer und sozialer Innovationen stellen ebenfalls eine Herausforderung für die Soziale Selbstverwaltung dar und verlangen entsprechende Impulse des Gesetzgebers, wenn die Macht- und Interessenkonstellationen innerhalb der Selbstverwaltung einen entsprechenden Wandel blockieren. Die Betroffenenvertreter:innen müssen aktiv legitimiert sein und in Entscheidungen einbezogen werden. Insbesondere Urwahlen anstelle der Friedenswahlen sind daher ein wichtiger Beitrag zur Stärkung der Selbstverwaltung.

Die Soziale Selbstverwaltung gehört zu den Markenzeichen des deutschen Wohlfahrtsstaats. Er ist im internationalen Vergleich durch ein hohes und mit Ausnahme der Rentenversicherung weitgehend egalitäres Leistungsniveau sowie die Anknüpfung der Finanzierung an die Erwerbstätigkeit gekennzeichnet. An diese Finanzierungsstruktur knüpft auch die Organisationsverfassung an, denn in der Selbstverwaltung sind die versicherten Arbeitnehmer:innen auf der einen Seite und die Arbeitgeber auf der anderen Seite die zentralen Akteure, wobei den Organisationen der Sozialpartner eine wichtige Mittlerrolle zukommt.

Das auf dem Konzept eines Generationsvertrags basierende Finanzierungsmodell steht angesichts des demographischen Übergangs, der durch den Eintritt der sog. Baby-Boomer-Generation in die länger andauernde Empfängerphase ausgelöst wird, während der Geburtenrückgang seit mehreren Jahrzehnten anhält, vor einer großen Herausforderung (Morland 2019; Kluth 2009) Diese betrifft zwar in erster Linie die Rentenversicherung, wirkt sich aber auch in den anderen Bereichen spürbar aus. Entsprechende Reformvorschläge werden seit Jahren kontrovers diskutiert.

Während die Kernbereiche der Sozialen Selbstverwaltung (die einzelnen Versicherungsträger und die Kassenärztlichen und Kassenzahnärztlichen Vereinigungen) in ihrer Konstruktion und Legitimation allenfalls einer verhaltenen Grundsatzkritik ausgesetzt sind, die sich vor allem auf Finanzierungsfragen bezieht, ist dies bei einem zentralen steuernden Akteur anders.

Der Gemeinsame Bundesausschuss, dem im Laufe der Jahre durch den Bundesgesetzgeber immer mehr Aufgaben im Bereich der Detailsteuerung der Leistungserbringung im Gesundheitswesen zugewiesen wurden, sieht sich einer fundamentalen konzeptionellen und verfassungsrechtlichen Kritik ausgesetzt (Kluth 2015 und 2018). Vorgetragen wird sie vor allem von Akteuren, die von seinen Entscheidungen betroffen sind, ohne am System der gemeinsamen Selbstverwaltung beteiligt zu sein (Kluth 2018). Diese Kritik hat sogar Eingang in einen Beschluss des Bundesverfassungsgerichts gefunden, das sie als grundsätzlich plausibel gewürdigt hat, auch wenn im konkreten Fall die Beschwerde als unzulässig zurückgewiesen wurde (BVerfGE 140, 229 ff.). Das Bundesministerium für Gesundheit hat die kritische Aussage in dem Beschluss zum Anlass für eine umfangreiche Begutachtung der Thematik genommen, ohne dass daraus jedoch ein Bedarf für gesetzliche Anpassungen abgeleitet wurde.

Eine Kritik an der deutschen Sozialen Selbstverwaltung selbst betrifft ihre Leistungsfähigkeit. In der Tradition des New Public Management wird kritisch nach den Kosten des Organisationsmodells und seinem Outcome gefragt (Schröter 2019: 115 ff.). In der Sache werden vor allem die Wirtschaftlichkeit und Effizienz eines Organisationsmodells hinterfragt, das auf Selbstverwaltung und Ehrenamt setzt (Klenk 2008). Derartige Debatten gibt es zu vielen Bereichen der Selbstverwaltung, und sie müssen auch immer wieder geführt werden, damit vor dem Hintergrund veränderter Rahmenbedingungen auch in den öffentlichen Verwaltungen entsprechende Anpassungen vorgenommen werden.

Eng damit verbunden ist ein weiterer Pfad der Kritik, der die Innovationsfähigkeit der Selbstverwaltung als einen Unteraspekt der Leistungsfähigkeit in Zweifel zieht, u. a. vor dem Hintergrund einer mehr als schleppend verlaufenden Digitalisierung im Gesundheitswesen. Diese Kritik hat sich auch die Bundespolitik zu eigen gemacht und die Möglichkeiten der Ministerialverwaltung zur Einflussnahme auf die Soziale Selbstverwaltung erweitert. Die Kritiker werfen die Frage auf, welche Systemakteure zu Innovationen fähig bzw. für diese zuständig sind.

Vor diesem Hintergrund zielen die nachfolgenden Überlegungen darauf ab, den aktuellen Stand der Rechtsprechung des Bundesverfassungsgerichts zur funktionalen und Sozialen Selbstverwaltung aus dem Blickwinkel der Partizipation der gesetzlichen Pflichtmitglieder zu beleuchten und dabei auch zu prüfen, wie Innovationen in diesem System vereinfacht und gefördert werden können.

Legitimationszweifel und die Antworten des Bundesverfassungsgerichts

Die staatsrechtliche Kritik und ihr etatistisch-zentralistischer Kern

Die Entwicklung von Staat und Verwaltung ist in Deutschland stark durch eine dezentrale Ausrichtung geprägt. Das betrifft nicht nur die staatliche Ebene, deren bundesstaatliches Modell im Bereich der Verwaltung (Art. 83 ff. GG) anders als in den Bereichen von Gesetzgebung (Art. 70 ff.) und Finanzen (Art. 104a ff. GG) von einer Dominanz der Länderzuständigkeit ausgeht. Das gilt auch für die örtliche und regionale Ebene, da mit dem frühen Bekenntnis zur kommunalen Selbstverwaltung (heute in Art. 28 GG) und dem nur wenig später etablierten zweiten Pfad der funktionalen Selbstverwaltung im Bereich von Wirtschaft, Freiberuflichkeit und Sozialversicherung (Kluth 1997) zentrale Bereiche neuer Aufgabenfelder in der Industriegesellschaft den zu diesem Zweck errichteten Selbstverwaltungsträgern übertragen wurden.

Mit diesem Bekenntnis zur Selbstverwaltung war eine Minderung des steuernden Einflusses und somit der Macht der zentralen staatlichen Ebenen verbunden, die aus dem Blickwinkel eines rein volks- und staatsfixierten Demokratieverständnisses auch eine Kritik an der Legitimation der Selbstverwaltung zur Folge hatte. Wo nach dem durch Rousseau geprägten französischen Verständnis die Demokratie auf die Nation bezogen ist, erweisen sich Selbstverwaltungsräume mit dezentralen Entscheidungs- und Legitimationsfeldern als Schwächung der auf die staatlichen Ebene bezogenen und (nur) vor ihr abzuleitenden demokratischen Legitimation (Peters 1928). Dies kommt in dem vor allem von Ernst-Wolfgang Böckenförde ausbuchstabierten Modell der ununterbrochenen Legitimationsketten zum Ausdruck (Böckenförde 2004), das sich auch das Bundesverfassungsgericht für den Bereich der Ministerialverwaltung zu eigen gemacht hat.

Die Antworten des Bundesverfassungsgerichts

Anders als Böckenförde, der die funktionale Selbstverwaltung nur als Ausnahmeerscheinung gerechtfertigt sehen wollte, sieht das Bundesverfassungsgericht vor allem in seiner Rechtsprechung ab dem Jahr 2002 in der funktionalen Selbstverwaltung eine gleichberechtigte Form der Verwirklichung des Demokratieprinzips, die zwar an bestimmte Bedingungen und Voraussetzungen gebunden, aber nicht als defizitär zu qualifizieren ist. Das wird an den beiden Grundsatzentscheidungen deutlich, die das Bundesverfassungsgericht zu den Wasser- und Bodenverbänden sowie zu den Industrie- und Handelskammern erlassen hat.

Nachdem das Bundesverfassungsgericht über Jahrzehnte hinweg nur knapp festgestellt hatte, dass die funktionale Selbstverwaltung mit dem Demokratie- und Rechtsstaatprinzip vereinbar ist (BVerfGE 33, 125, 159), ging es in der Wasserverbands-Entscheidung vom 5. Dezember 2002 näher auf die dogmatische Konstruktion ein, die zu diesem Ergebnis führt (BVerGE 107, 59 ff.). Danach ist das Demokratiegebot des Art. 20 GG außerhalb der unmittelbaren Staatsverwaltung und der gemeindlichen Selbstverwaltung offen für Formen der Organisation und Ausübung von Staatsgewalt, die vom Erfordernis lückenloser personeller demokratischer Legitimation aller Entscheidungsbefugten abweichen. Es erlaubt, für abgegrenzte Bereiche der Erledigung öffentlicher Aufgaben durch Gesetz besondere Organisationsformen der Selbstverwaltung zu schaffen.

Die legitimatorische Wirkung der funktionalen Selbstverwaltung wird dahingehend beschrieben, dass sie das demokratische Prinzip ergänzt und verstärkt. Der Gesetzgeber dürfe ein wirksames Mitspracherecht der Betroffenen schaffen und verwaltungsexternen Sachverstand aktivieren, einen sachgerechten Interessenausgleich erleichtern und so dazu beitragen, dass die von ihm beschlossenen Zwecke und Ziele effektiver erreicht werden. Damit wird die partizipatorische Komponente genauer beschrieben. Als Bedingung für verbindliches Handeln mit Entscheidungscharakter ist dabei zu beachten, dass die Organe von Trägern funktionaler Selbstverwaltung aus verfassungsrechtlicher Sicht nur insoweit tätig werden dürfen, als die Aufgaben und Handlungsbefugnisse der Organe in einem von der Volksvertretung beschlossenen Gesetz ausreichend vorherbestimmt sind und dass dieses Handeln der Aufsicht personell demokratisch legitimierter Amtswalter unterliegt. Nach diesen Kriterien stellt auch die Soziale Selbstverwaltung eine den Vorgaben des Art. 20 II GG genügende Konkretisierung des Demokratieprinzips dar.

In der zweiten Grundsatzentscheidung vom 17. Juli 2017 zu den Industrie- und Handelskammern (BVerfGE 146, 164) knüpft das Bundesverfassungsgericht einerseits an diese Maßstäbe an, verdeutlicht darüber hinaus aber weitere Vorgaben für die organisationsinternen Anforderungen an den Interessenausgleich und die Bildung eines Gesamtinteresses.

Die Ausgestaltung des Wahlrechts im Bereich der funktionalen Selbstverwaltung wird nach der Rechtsprechung des Bundesverfassungsgerichts nur dadurch begrenzt, dass diese mit dem Grundgedanken autonomer interessengerechter Selbstverwaltung einerseits und effektiver öffentlicher Aufgabenwahrnehmung andererseits vereinbar sein muss. Die Organe müssen nach demokratischen Grundsätzen gebildet werden. Es bedarf ausreichender institutioneller Vorkehrungen dafür, dass die betroffenen Interessen angemessen berücksichtigt und nicht einzelne Interessen bevorzugt werden.

Übertragung auf die Soziale Selbstverwaltung

In Bezug auf die Soziale Selbstverwaltung orientiert sich die Interessenrepräsentation traditionell überwiegend an den Finanzierungslasten mit der Folge, dass die meisten Leitungsorgane paritätisch durch Vertreter der Arbeitnehmer und der Arbeitgeber besetzt sind. Das ist im Ausgangspunkt sicher auch mit Blick auf die Interessenlage zutreffend. Es stellt sich jedoch die Frage, ob damit insbesondere im Bereich der gesetzlichen Krankenversicherung den Patienteninteressen hinreichend Rechnung getragen wird. Diese sind nämlich nicht mit den Versicherteninteressen identisch. Allerdings ist es auch schwierig, eine angemessene Repräsentation von Patienteninteressen zu organisieren, da es sich um eine nur auf einer abstrakten Ebene leicht identifizierbare Personengruppe handelt.

Konkret fassbar sind vor allen die Interessen von chronisch erkrankten Personen, weil diese durch eigene Interessenorganisationen sprechen können (Rheumaliga usw.). Zivilgesellschaftliche Organisationen wie die Deutsche Stiftung Patientenschutz, die Patienteninteressen vertreten, verfügen nicht über ein ausreichend legitimiertes Mandat, das es erlauben würde, ihnen einen herausgehobenen Einfluss gesetzlich zuzuweisen. Das bedeutet im Ergebnis, dass den bestehenden Patientenorganisationen keine echten Mitentscheidungsrechte eingeräumt werden dürfen, während sie aber unterhalb dieser Schwelle durchaus einbezogen werden dürfen. Entsprechende Regelungen wurden in den letzten Jahren bereits geschaffen.

Die Rechtsgrundlage für eine über den Arbeitsbereich des Gemeinsamen Bundesausschusses hinausgehende Beteiligung von Vertretern der Patienteninteressen findet sich in § 140f SGB V sowie in der nach § 140g SGB V erlassenen Patientenbeteiligungsverordnung. Die Regelung soll die Patientensouveränität stärken und dazu beitragen, dass die Versicherten von Betroffenen zu Beteiligten im Gesundheitswesen werden. Zu diesem Zweck regelt die Vorschrift die Partizipation der Interessenvertretungen der Betroffenen in wesentlichen Entscheidungsgremien der GKV.

Konkret sieht dies so aus, dass die für die Wahrnehmung der Interessen der Patient:innen und der Selbsthilfe chronisch kranker und behinderter Menschen auf Bundesebene maßgeblichen Organisationen ein Mitberatungsrecht im Gemeinsamen Bundesausschuss ausüben. Die Organisationen benennen hierzu sachkundige Personen. Das Mitberatungsrecht beinhaltet auch das Recht zur Anwesenheit bei der Beschlussfassung. Die Anzahl der sachkundigen Personen soll höchstens der Anzahl der von dem Spitzenverband Bund der Krankenkassen entsandten Mitglieder in diesem Gremium entsprechen.

Die Patientenbeteiligungsverordnung führt in § 2 als anerkannte Organisationen den Deutschen Behindertenrat, die Bundesarbeitsgemeinschaft der Patient:innenstellen, die Deutsche Arbeitsgemeinschaft Selbsthilfegruppen e. V. und den Verbraucherzentrale Bundesverband e. V. auf. Eine Erweiterung ist nach § 3 PatBeteiligungsV möglich. Die anerkannten Organisationen benennen nach § 4 PatBeteiligungsV zu spezifischen Themen sachkundige Personen, von denen mindestens die Hälfte selbst Betroffene sein sollen. Dabei ist das Einvernehmen kenntlich zu machen. Die sachkundigen Personen haben ein Mitberatungsrecht, aber kein Stimmrecht. Sie können damit nur durch Argumente auf die Beschlussfassung einwirken.

Den sachkundigen Personen wird damit eine stärkere Position in den Gremien des Gemeinsamen Bundesausschusses eingeräumt als den anzuhörenden Organisationen und Leistungserbringern. Es fehlt zwar am »Entscheidungscharakter« mit der Folge, dass eine förmliche demokratische Legitimation verzichtbar ist (Ebsen 2006: 531). Es ist aber auch darauf hingewiesen worden, dass in der derzeitigen Konstruktion die Verbandsinteressen dominieren und nicht die »wirklichen« Interessen der Patienten vermittelt werden (Pitschas 2006 spricht deshalb von mediatisierter Patientenbeteiligung). Das entscheidende Problem wird aber durchaus gesehen, denn dieses besteht darin, dass eine Mobilisierung der Patienten auf breiter, repräsentativer Front mehr als schwierig ist, weshalb der Rückgriff auf die Verbände pragmatisch betrachtet wohl der einzige Weg ist, um Patienteninteressen wirksam zu Wort kommen zu lassen.

Darüber hinaus gibt es durchaus an vielen Stellen der Übertragung von Aufgaben auf den Gemeinsamen Bundesausschuss die Möglichkeit, die gesetzlichen Vorgaben genauer zu fassen. Dabei wäre es auch möglich, den Sachverstand des Gemeinsamen Bundesausschusses bereits in der Phase der Vorbereitung einer gesetzlichen Regelung zu nutzen, anstatt die Ausgestaltung vollständig an ihn zu übertragen. Diese Vorgehensweise ist auch sinnvoller als die Etablierung von Genehmigungsvorbehalten zugunsten des Bundesministeriums für Gesundheit, die ebenfalls zur Kompensation von Legitimationsdefiziten vorgeschlagen wird.

Weitere Herausforderungen

Notwendigkeit der weiteren Belebung des Wahlgeschehens

Die Soziale Selbstverwaltung ist für die Wahrnehmung des ihr gesetzlich zugewiesenen Normsetzungs- und Normanwendungsauftrags auf eine hinreichende personelle demokratische Legitimation der Leitungsorgane durch Wahl angewiesen. In der Praxis der Sozialwahlen ist aber weiterhin in einem erheblichen Umfang das Modell der sog. Friedenswahl anzutreffen. Dabei wird auf einen Wahlakt der Mitglieder »verzichtet« und stattdessen für die Gruppe gem. § 46 Abs. 2 SGB IV nur ein Wahlvorschlag eingereicht, dessen Kandidat:innen als gewählt gelten. Gleiches gilt für die Gruppe der Arbeitgeber, für die im öffentlichen Diskurs nicht einmal mehr hinterfragt wird, wo denn die persönliche demokratische Legitimation der Selbstverwalter:innen eigentlich herrührt.

Friedenswahlen mögen, soweit es dafür eine gesetzliche Grundlage gibt, verfassungsrechtlich hinnehmbar sein (BVerwG, GewArch 1980: 296). Sie entsprechen aber nicht (mehr) den Anforderungen, die an eine wirksame Selbstverwaltung zu stellen sind und die aus dem Leitbild folgen, das das Bundesverfassungsgericht in seiner neueren Rechtsprechung entwickelt hat. Wenn es bei der funktionalen Selbstverwaltung darum geht, das Demokratieprinzip weiter im Sinne einer Betroffenen-Selbstverwaltung zu entfalten, dann müssen die Betroffenen auch aktiv einbezogen werden. Der Bundesgesetzgeber hat 2021 die Transparenz der Listenaufstellung verbessert, Vorgaben zur Geschlechterquote eingeführt und die Zahl der Unterstützungsunterschriften für die Einreichung von Kandidatenlisten reduziert. Der Forderung nach Online-Sozialwahlen ist er aber unter Verweis auf nach wie vor ungeklärte verfassungsrechtliche Fragen (dazu Spieker gen. Döhmann/Bretthauer 2020) nur begrenzt nachgekommen, indem er ausschließlich für den Bereich der gesetzlichen Krankenversicherung Modellprojekte ermöglichte.

Die Rolle der Funktionäre

Die Träger der Sozialen Selbstverwaltung unterscheiden sich von den anderen Bereichen der funktionalen Selbstverwaltung (z. B. Universitäten, Anwalts- und Ärztekammern) nicht nur in ihrer Größe und wirtschaftlichen Bedeutung, sondern auch dadurch, dass es im Unterschied zur wirtschaftlichen, beruflichen und wissenschaftlichen Selbstverwaltung keinen vergleichbar engen Bezug zwischen der jeweiligen beruflichen Sphäre und der diesbezüglichen Expertise und den in den Selbstverwaltungsorganen zu treffenden Entscheidungen gibt. Angesichts der rein formalen Anknüpfung der Versicherungspflicht an eine Beschäftigung ist das auch nicht überraschend.

Eine strukturelle Folge dieses Unterschiedes besteht darin, dass die ehrenamtliche Tätigkeit in den Organen der Sozialen Selbstverwaltung stärker durch den Funktionärstypus geprägt ist, also durch Personen, die einen hohen Anteil ihres Zeitbudgets für die ehrenamtliche Tätigkeit einsetzen. Damit ist der Vorteil verbunden, dass die gesellschaftspolitische Kompetenz der Organisationen, die die Wahllisten aufstellen, in die Organe der Sozialen Selbstverwaltung eingebracht werden kann. Der Nachteil eines Funktionärsmodells ist allerdings, dass die Eigeninteressen dieser Organisationen einen hohen Einfluss gewinnen. Vor- und Nachteile müssen also gegeneinander abgewogen werden.

Komplexität der Aufgaben und Dominanz der Sozialpartner

In diesem Befund spiegelt sich zugleich die Komplexität der Aufgaben bzw. Entscheidungen, die in den modernen Systemen sozialer Sicherung zu erledigen bzw. zu treffen sind. Sie dürfte zugleich die Erklärung dafür sein, warum für die anspruchsvolleren Entscheidungen hochkomplexe Substrukturen entwickelt worden sind, von denen der Gemeinsame Bundesausschuss mit den beiden ihm zugeordneten wissenschaftlichen Einrichtungen die prominenteste und meistumstrittene ist, aber nicht die einzige.

Die Soziale Selbstverwaltung ist in einem anderen Sinne als Betroffenen-Selbstverwaltung konstruiert und zu »verstehen«, als dies in den Bereichen der beruflichen und wirtschaftlichen Selbstverwaltung der Fall ist. Während es dort darum geht, die spezifische berufliche Expertise und spezielle Gruppen-Interessen über verschiedene Formen der generischen Partizipation als Wissens- und Entscheidungsgrundlage der Leitungsorgane der Selbstverwaltung zu nutzen, geht es bei der Sozialen Selbstverwaltung jedenfalls im Bereich der Versicherungsträger deutlich stärker darum, die Qualität und Ausgewogenheit der Leistungserbringung zu sichern, ohne dass bei den Versicherten und Arbeitgebern diesbezüglich ein spezifischer Sachverstand allgemein vorausgesetzt werden kann. Das ist nur bei den Kassen(zahn)ärztlichen Vereinigungen und den Krankenhausgesellschaften der Fall, die in den Organen der Gemeinsamen Selbstverwaltung als Unterform der Sozialen Selbstverwaltung einbezogen werden.

Die Soziale Selbstverwaltung ist somit durch die Betroffenheit von zwei durch eine formale Stellung identifizierten Gruppen (versicherungspflichtige abhängige Beschäftigung einerseits und Arbeitgebereigenschaft diesbezüglich andererseits) geprägt, deren Interessen in der Praxis überwiegend gebündelt durch Arbeitnehmer- und Arbeitgeberorganisationen wahrgenommen werden. Um dabei eine hinreichende Transparenz zu sichern, hat der Gesetzgeber in den §§ 48 ff. SGB IV konkrete Vorgaben formuliert, denen die Organisationen genügen müssen. Dadurch soll insbesondere verhindert werden, dass ein zu großer Einfluss von Beschäftigten der Versicherungsträger in den Selbstverwaltungsorganen entsteht. Gleichzeitig wird aber deutlich, dass anders als bei den übrigen Bereichen der funktionalen Selbstverwaltung nicht von einer spontanen Kandidatur einzelner Mitglieder ausgegangen wird, sondern von einer Repräsentation aggregierter Interessen, wie es auch im allgemeinen politischen Prozess der Fall ist, bei dem die politischen Parteien diese Aufgabe übernehmen.

Wie gelingt Innovation in der Sozialen Selbstverwaltung, und wer ist dafür »zuständig«?

Konservative Struktur der Selbstverwaltung?

Der funktionalen Selbstverwaltung wird im Allgemeinen eine konservative und besitzstandswahrende Struktur zugeschrieben. Das Bundesverfassungsgericht hat dies in seinem Facharztbeschluss damit begründet, dass in den Leitungsorganen die Interessen der etablierten Berufsträger dominieren. Diese Argumentation lässt sich zwar nicht direkt auf die Soziale Selbstverwaltung übertragen. In der Debatte über die demokratische Legitimation des Gemeinsamen Bundesausschusses wurde aber auch darauf hingewiesen, dass die Interessen der für die Finanzierung zuständigen Organisationen vor allem auf eine Beschränkung des Leistungsangebots ausgerichtet sind.

Relativierend ist indes zu berücksichtigen, dass im Gesundheitswesen alle Beteiligten auch aus ökonomischer Perspektive ein Interesse an Nachhaltigkeit und damit einer möglichst guten Versorgung haben, weil dadurch die Leistungsfähigkeit von Gesellschaft und Wirtschaft am besten gefördert wird.

Wenn gleichwohl in vielen Bereichen eine deutliche Zurückhaltung gegenüber Innovationen und strukturellen Veränderungen zu beobachten ist, so dürfte dies vor allem damit zusammenhängen, dass es in dem stark durch Gruppeninteressen determinierten Gesundheitsmarkt zahlreiche wirtschaftliche Partikularinteressen gibt, die zu Vetopositionen führen und Reformentscheidungen verhindern. Das kann unter anderem am Beispiel der Digitalisierung beobachtet werden, die seit vielen Jahren nur schleppend vorangetrieben wird (Moreno 2022).

Die Rolle des Gesetzgebers

In einer solchen Konstellation ist es die Aufgabe des parlamentarischen Gesetzgebers, bestehende Blockaden durch klare Zielvorgaben zu überwinden und zugleich die jeweiligen Marktordnungen so neu auszurichten, dass etwa digitale Leistungserbringung nicht zu einem Rosinenpicken führt und eine flächendeckende Versorgung mit Gesundheitsdienstleistungen weiter gewährleistet ist (Kluth 2021).

Der Gesetzgeber ist wegen der grundsätzlichen Bedeutung und der Grundrechtsrelevanz immer dann für Innovationen zuständig, wenn die Veränderungen in den Märkten zu einer grundlegenden Neuordnung (auch in Teilbereichen) führen, die eine distanzierte Beurteilung verlangt. Diese Voraussetzungen sind im Bereich der grundlegenden Neuordnung der Gesundheitsversorgung, die schon seit Jahren ansteht, gegeben. Sie betrifft die Neuordnung zwischen ambulanter und stationärer Versorgung, die Neuausrichtung der Krankenhausstrukturen und der digitalen Leistungserbringung. Die Selbstverwaltung ist weder legitimiert noch in der Lage, derartige Entscheidungen zu treffen, kann und sollte aber ihre Expertise in die gesetzgeberischen Beratungen einbringen.

Weiterentwicklung der partizipatorischen Governance

Aufgabe des Gesetzgebers ist es auch, die partizipatorische Governance in der Sozialen Selbstverwaltung weiter zu modernisieren. Durch die Änderung des gesetzlichen Rahmens im Jahr 2021 für die Sozialwahlen ist ein wichtiger Anfang gemacht worden, an den nun mit weiteren Schritten angeknüpft werden kann und muss.

Perspektiven

Die Soziale Selbstverwaltung erweist sich als eine besondere Erscheinungsform der funktionalen Selbstverwaltung, für die das Bundesverfassungsgericht in seiner Rechtsprechung nach dem Jahr 2001 eine inzwischen ausdifferenzierte, dogmatische Grundlage entwickelt hat. Diese Rechtsprechung hat zu verfassungsrechtlicher Rechtssicherheit geführt, die auch und vor allem bedeutet, dass den Wahlen eine herausgehobene Bedeutung zukommt. Deshalb ist die Abkehr von den Friedenswahlen, auch unter Nutzung von Online-Wahlen, ein wichtiger Beitrag zur Stärkung der Sozialen Selbstverwaltung.

Literatur

Böckenförde E.-W. 2004: Demokratie. In: Isensee J./Kirchhof P. (Hrsg.): Handbuch des Staatsrechts. Bd. II: Demokratische Willensbildung – Die Staatsorgane des Bundes. 3. Aufl. Heidelberg. § 24: 429–495.

Bretthauer S./Spieker gen. Döhmann I. 2020: Die rechtliche Zulässigkeit einer Online-Wahl zur Sozialwahl. In: NZS: 241–247.

Ebsen I. 2006: Patientenpartizipation in der gemeinsamen Selbstverwaltung der GKV. Ein Irrweg oder ein Desiderat? In: Medizinrecht 24 (9): 528–532.

Klenk T. 2008: Modernisierung der funktionalen Selbstverwaltung. Frankfurt a. M./New York.

Kluth W. 1997: Funktionale Selbstverwaltung. Verfassungsrechtlicher Status, verfassungsrechtlicher Schutz. Tübingen.

Kluth W. 2009: Demografischer Wandel und Generationengerechtigkeit. In: VVDStRL 68: 246–289.

Kluth W. 2015: Der Gemeinsame Bundesausschuss (G-BA) nach § 91 SGB V aus der Perspektive des Verfassungsrechts: Aufgaben, Funktionen und Legitimation. Berlin.

Kluth W. 2018: Verfassungsrechtliche Legitimation des Gemeinsamen Bundesausschusses. In: Jahrbuch des Kammer- und Berufsrechts 2017: 239–386.

Kluth W. 2021: Die Auswirkungen der Digitalisierung auf die Abgrenzung freiberuflicher und gewerblicher Tätigkeiten. In: GewArch: 302–307.

Moreno A. H. 2022: Schaffung einer patientenzentrierten Interoperabilität im Gesundheitswesen durch die öffentliche Hand. Baden-Baden.

Morland P. 2019: Die Macht der Demografie. Und wie sie die moderne Welt erklärt. Salzburg/München.

Peters H. 1928: Zentralisation und Dezentralisation. Berlin.

Pitschas R. 2006: Mediatisierte Patientenbeteiligung im Gemeinsamen Bundesausschuss als Verfassungsproblem. In: Medizinrecht 24 (8): 451–457.

Schröter E. 2019: New Public Management. In: Veit S./Reichhard C./Wewer G. (Hrsg.): Handbuch zur Verwaltungsreform. 5. Aufl. Wiesbaden: 115–126.

Verfassungsmäßigkeit von Online-Wahlen im Rahmen der Sozialwahlen

Hans-Jürgen Papier[1]

Grundvoraussetzung für die Einführung von Online-Wahlen im Sozialrecht ist ihre verfassungsrechtliche Zulässigkeit. Sozialwahlen sind grundsätzlich, anders als die Parlamentswahlen, nicht als Urnen-, sondern als Briefwahl ausgestaltet. Eine Online-Wahl würde also den wesentlichen Wahlakt nicht maßgeblich verändern. Verfassungsrechtlich entgegenstehende Vorgaben könnten sich aber aus den allgemeinen Wahlrechtsgrundsätzen des Art. 38 Abs. 1 des Grundgesetzes ergeben. Maßgeblich sind hier vor allem der Grundsatz der Öffentlichkeit und der Allgemeinheit der Wahl, entwickelt durch das Bundesverfassungsgericht in seiner Entscheidung zu den Wahlcomputern. Da ein Teil der Wahlhandlung und Ergebnisermittlung bei den Online-Wahlen nur elektronisch-virtuell stattfindet, bildet der Grundsatz der Öffentlichkeit den Haupteinwand. Der Grundsatz der Öffentlichkeit steht der Einführung von Online-Wahlen bei den Sozialwahlen indes nicht entgegen, weil dieser Grundsatz aus dem Demokratieprinzip und der demokratischen Bedeutung der Parlamentswahlen abgeleitet wird. Darum geht es bei den Sozialwahlen aber gerade nicht. Da Online-Wahlen die Wahlbeteiligung erhöhen können, also die Allgemeinheit der Wahl stärken, sind sie verfassungsrechtlich zu rechtfertigen.

In der Politik wird seit längerem diskutiert, ob die Sozialwahlen als Online-Wahlen durchgeführt werden können. Sind Online-Wahlen verfassungsrechtlich unzulässig, wäre das eine unüberwindbare Hürde für die

---

[1] Herrn Dr. Martin Heidebach danke ich für seine Unterstützung bei der Bearbeitung der Thematik.

Einführung bzw. Zulassung von Online-Wahlen im Sozialrecht. Die verfassungsrechtliche Bewertung spielt mithin eine Schlüsselrolle in der angesprochenen Diskussion.

Die Sozialversicherungsträger sind als Selbstverwaltungskörperschaften organisiert. Die Sozialwahlen haben den Zweck, die Vertreter:innen in den Selbstverwaltungsorganen der Sozialversicherungsträger (Vertreterversammlung oder Verwaltungsrat) zu wählen. Die Selbstverwaltungsorgane in der funktionalen Selbstverwaltung sind nicht unmittelbar vergleichbar mit den Parlamenten in Bund und Ländern, also mit dem Deutschen Bundestag und den Landesparlamenten. Die Parlamente sind die unmittelbar durch das Volk legitimierten Staatsorgane in einem demokratischen Staatswesen, in denen die gewählten Abgeordneten ein umfassendes, allgemein-politisches Mandat wahrnehmen. Bei den Selbstverwaltungsorganen in der funktionalen Selbstverwaltung geht es letztlich um eine Betroffenenbeteiligung bei der Wahrnehmung öffentlicher Aufgaben.[2]

Die Sozialwahlen im Bereich der funktionalen Selbstverwaltung im Sozialwesen sind – anders als die Wahlen zu den Parlamenten – nicht am Modell der Urnenwahl orientiert. Soweit überhaupt eine echte Wahl stattfindet, ist diese als reine Briefwahl ausgestaltet. Daneben ist für die Vertreterversammlungen und Verwaltungsräte die sogenannte Friedenswahl anzutreffen, die letztlich überhaupt keinen Wahlakt im eigentlichen Sinne darstellt. Wird aus einer Gruppe nur eine Vorschlagsliste zugelassen, oder werden in mehreren Vorschlagslisten insgesamt nicht mehr Bewerber benannt, als in dieser Gruppe Mitglieder zu wählen sind, gelten die Vorschlagslisten als gewählt (§ 46 II SGB IV). Seit längerem wird die Idee verfolgt, jedenfalls eine zusätzliche Option der Online-Wahl bei den Wahlen der funktionalen Selbstverwaltung im Sozialwesen einzuführen.

An dieser Stelle sei erwähnt, dass der Gesetzgeber jedenfalls für die Sozialversicherungswahlen im Rahmen eines Modellprojektes die Möglichkeit einer Online-Wahl in § 194a SGB V mit Wirkung zum 24. Juni 2020 bereits vorgesehen hat. Zur Sicherstellung der Einhaltung wesentlicher Sicherheitsanforderungen hat das Bundesgesundheitsministerium

---

2 Vgl. BVerfGE 107, S. 59 (91 f.).

zudem die »Verordnung über die technischen und organisatorischen Vorgaben für die Durchführung einer Online-Wahl im Rahmen des Modellprojekts nach § 194a des Fünften Buches Sozialgesetzbuch«, die sogenannte »Online-Wahl-Verordnung« vom 23. September 2020, vorgesehen. Ergänzt wird diese durch die Technische Richtlinie (TR-03162) des Bundesamtes für Sicherheit in der Informationstechnik. Danach ist Grundvoraussetzung für eine Online-Wahl beispielsweise zunächst ein Informationssicherheits-Management-System, Kommunikationswege müssen durch kryptografische Verfahren abgesichert sowie übermittelte Daten verschlüsselt, signiert und mit einem Zeitstempel versehen werden. Solange diese Voraussetzungen gewährleistet werden, lässt sich ein wesentlicher Unterschied zu der Briefwahl als der bisherigen Ausgestaltung des Wahlaktes – jedenfalls vom Ablauf her – nicht grundsätzlich erkennen.

Will der Gesetzgeber die Option einer Online-Wahl bei den Trägern der funktionalen Sozialen Selbstverwaltung einführen, könnte er nur durch das geltende Bundesverfassungsrecht daran gehindert sein. Es geht daher im Folgenden darum, ob und inwieweit das Grundgesetz dem Bundesgesetzgeber, der eine solche Option oder Ausgestaltung des Wahlrechts vorsieht, einschränkende Vorgaben macht. Im Rahmen einer Prüfung der Verfassungsmäßigkeit von Online-Wahlen kommt insbesondere den Wahlrechtsgrundsätzen eine zentrale Bedeutung zu. Wesentlich sind hier zwei Fragen: erstens, ob eine Online-Wahl den Grundsatz der Öffentlichkeit beeinträchtigt und zweitens, ob eine Online-Wahl dabei helfen kann, den Grundsatz der Allgemeinheit der Wahl besser umzusetzen.

Wahlrechtsgrundsätze des Grundgesetzes

Zunächst gilt es festzustellen, dass das Grundgesetz keine ausdrücklichen und speziellen Regelungen zu den Sozialwahlen enthält. Das Grundgesetz formuliert in Artikel 38 Wahlrechtsgrundsätze zu den Wahlen zum Deutschen Bundestag. Diese Wahlen müssen allgemein, unmittelbar, frei, gleich und geheim erfolgen. Zugleich hat das Bundesverfassungsgericht betont, dass über den Gleichheitssatz des Art. 3 Abs. 1 GG diese Wahlrechtsgrundsätze im Prinzip für alle Wahlen, also nicht nur für die Parlamentswahlen, gelten (vgl. BVerfGE 30, S. 227, 246 sowie Jarass/Pieroth 2020, Rn. 7 mwN). Diese Aussage dürfte im Grundsatz auch für die hier in Rede stehenden Sozialwahlen gelten.

Die angesprochenen Wahlrechtsgrundsätze des Grundgesetzes können bei einer manipulationssicheren Ausgestaltung auch bei den Online-Wahlen im Sozialrecht gewahrt werden. Ist diese Sicherheit nicht gewährleistet, dann können selbstverständlich die genannten Wahlrechtsgrundsätze gefährdet sein.

Online-Wahlen finden im Übrigen auch in anderen Ländern, die demokratisch strukturiert sind, anstandslos statt; innerhalb Deutschlands werden Online-Wahlen auch bei anderen Selbstverwaltungskörperschaften wie Universitäten oder Industrie- und Handelskammern praktiziert. Bei manipulationssicherer Ausgestaltung ist im Hinblick auf die Einhaltung der erwähnten Wahlrechtsgrundsätze des Art. 38 Abs. 1 GG kein Unterschied zur Briefwahl erkennbar.

Grundsatz der Öffentlichkeit

Wesentlich für die verfassungsrechtliche Beurteilung von Online-Wahlen ist jedoch, dass das Bundesverfassungsgericht in seiner Grundsatzentscheidung zur Zulässigkeit von Wahlcomputern bei Parlamentswahlen im Jahre 2009 (BVerfGE 123, S. 39 ff.) aus den allgemeinen Vorgaben des Grundgesetzes einen weiteren Wahlrechtsgrundsatz entwickelt hat, nämlich den Grundsatz der Öffentlichkeit der Wahl (BVerfGE 123, S. 39, 68 ff.). Er verlangt, dass alle wesentlichen Schritte der Wahl der öffentlichen Überprüfbarkeit unterliegen. In der Entscheidung zu den Wahlcomputern hat das Bundesverfassungsgericht mithin einen ungeschriebenen Grundsatz des Wahlrechts entwickelt. Es gilt also für verfassungskonforme Wahlen ein sechster Wahlrechtsgrundsatz.

An diesem Wahlrechtsgrundsatz sind prinzipiell künftig alle Wahlen zu messen. Auch die Sozialwahlen müssen folglich in Einklang mit dem Grundsatz der Öffentlichkeit der Wahl stehen. Online-Wahlen bei den Sozialwahlen könnten mit diesem Grundsatz unvereinbar sein, da hier ein Teil der Wahlhandlung und der Ergebnisermittlung nur elektronisch-virtuell erfolgt und daher möglicherweise nicht hinreichend transparent ist. Dieser Aspekt bildet deshalb den Haupteinwand gegen die verfassungsrechtliche Zulässigkeit von Online-Wahlen bei den Sozialwahlen. Diesem Einwand gilt es im Folgenden gründlich nachzugehen.

Anwendung auf Sozialwahlen

Der vom Bundesverfassungsgericht für die Parlamentswahlen entwickelte Grundsatz der Öffentlichkeit der Wahl kann in Hinblick auf die Sozialwahlen im Bereich der funktionalen Sozialen Selbstverwaltung aus drei Gründen nicht angewendet werden: Bei den Sozialwahlen handelt es sich im Vergleich zu den Parlamentswahlen erstens um eine andere Form des Wahlaktes, zweitens geht es um eine andere Art von Wahlen, und drittens gilt: Selbst wenn die Rechtsprechung im Grundsatz übertragbar wäre, so wäre die Einschränkung des Grundsatzes der Öffentlichkeit der Wahl durch den Grundsatz der Allgemeinheit der Wahl im Fall der Sozialwahlen gerechtfertigt. Diese drei Argumente sollen im Folgenden näher erläutert werden:

a) Die erwähnte Entscheidung des Bundesverfassungsgerichtes, in der der Grundsatz der Öffentlichkeit der Wahl herausgearbeitet wurde, erging zu den Wahlcomputern im Rahmen von Parlamentswahlen. Hier sollte die traditionelle Präsenz- oder Urnenwahl massiv verändert werden. Diese traditionellen Wahlhandlungen sind für die Bürger:innen transparent und nachvollziehbar. Sie machen ein Kreuz auf einem Blatt Papier, werfen es in die Urne und können dann bei der öffentlichen Auszählung der Papierzettel anwesend sein.

Diese traditionelle Wahlhandlung sollte durch Wahlcomputer ersetzt werden. In diesem Fall des Einsatzes von Wahlcomputern drückt der Wähler nur noch einen Knopf, dann »spuckt« der Computer am Ende das Ergebnis der abgegebenen Stimmen aus, und man kann als Laie nicht nachvollziehen, was in dieser Blackbox wirklich passierte oder passiert.

Diese Intransparenz ging dem Bundesverfassungsgericht zu weit, hier wurde der Grundsatz der Öffentlichkeit der Wahl erstmals in Stellung gebracht: Wahlcomputer seien danach nur zulässig, wenn der Vorgang der Stimmabgabe und der Ergebnisermittlung für den Wähler ähnlich transparent ausgestaltet ist wie bei der Urnenwahl. Anderenfalls sah das Bundesverfassungsgericht eine Gefahr für das Vertrauen der Wähler in die Legitimität der Wahl, insoweit geht es nämlich um den eigentlichen Kern des Grundsatzes der Öffentlichkeit der Wahl. So heißt es in der Entscheidung des Bundesverfassungsgerichts ausdrücklich: »Die Öffentlichkeit der Wahl sichert die Ordnungsgemäßheit und Nachvollziehbarkeit der Wahlvorgänge und schafft damit eine wesentliche Voraussetzung für begründetes Vertrauen der Bürger in den korrekten Ablauf der Wahl.« (BVerfGE 123, 39, 68) Ein Wahlverfahren, in dem die Wähler:innen nicht zuverlässig nachvollziehen könnten, ob ihre Stimmen unverfälscht erfasst und in die Ermittlung des Wahlergebnisses einbezogen und wie die insgesamt abgegebenen Stimmen zugeordnet und gezählt würden, schließe zentrale Verfahrensbestandteile der Wahl von der öffentlichen Kontrolle aus und genüge daher nicht den verfassungsrechtlichen Anforderungen (BVerfGE 123, 39, 70). Es geht also, sehr allgemein formuliert, um das Sichtbarmachen und Erfahrbarmachen von Demokratie.

Berücksichtigt man diese Erwägungen des Bundesverfassungsgerichts zur Begründung des Wahlrechtsgrundsatzes der Öffentlichkeit der Wahl, dann wird klar, dass dieser Grundsatz nicht auf die Sozialwahlen übertragen werden kann. Die Sozialwahlen waren seit Jahrzehnten keine Präsenzwahlen, sondern stets Fernwahlen. Das Niveau der Öffentlichkeit einer Urnenwahl war daher in all dieser Zeit nicht gegeben und wurde bislang auch nicht für notwendig erachtet. Ein Grundsatz der Öffentlichkeit passt auf diese Form des Wahlaktes also von vornherein nicht. Durch die Online-Wahl würde sich in der Hinsicht der Transparenz nichts ändern, im Gegenteil, sie könnte sogar transparenter ausgestaltet sein, weil den Wahlberechtigten die Registrierung ihrer Stimme bestätigt werden könnte.

Als Fazit kann festgehalten werden, dass der Grundsatz der Öffentlichkeit auf Online-Wahlen schon nicht anwendbar ist, weil es um eine ganz andere Form des Wahlaktes geht. Darüber hinaus ist der Grundsatz der Öffentlichkeit der Wahl auf die Sozialwahlen auch deshalb nicht übertragbar, weil die Sozialwahl von der Art der Wahl mit der Parlamentswahl nicht vergleichbar ist.

b) Der Grundsatz der Öffentlichkeit der Wahl ist – wie gesagt – vom Bundesverfassungsgericht für die Wahlen zum Deutschen Bundestag entwickelt worden. Im Grundgesetz, speziell im Art. 38 Abs. 1 GG, ist dieser Grundsatz explizit nicht enthalten. Das Bundesverfassungsgericht hat den Grundsatz der Öffentlichkeit der Wahl im Wesentlichen aus dem Demokratieprinzip des Art. 20 Abs. 1 des GG entwickelt. Die Wahl der Volksvertretung stelle in der repräsentativen Demokratie den grundlegenden Legitimationsakt dar. Die Beachtung der hierfür geltenden Wahlgrundsätze und das Vertrauen in ihre Beachtung seien daher Voraussetzungen funktionsfähiger Demokratie.

Nur wenn sich das Wahlvolk zuverlässig selbst von der Rechtmäßigkeit des Übertragungsaktes überzeugen könne, wenn die Wahl also »vor den Augen der Öffentlichkeit« durchgeführt werde, könne das für das Funktionieren der Demokratie und die demokratische Legitimation staatlicher Entscheidungen notwendige Vertrauen des Souveräns in die dem Wählerwillen entsprechende Besetzung des Parlamentes gewährleistet werden (BVerfGE 123, 39, 68 f.). Der Grundsatz der Öffentlichkeit der Wahl wird also ganz eindeutig mit dem Demokratieprinzip und mit der demokratischen Bedeutung der Parlamentswahl begründet. Es geht um die Wahlen zu dem zentralen und unmittelbar demokratisch legitimierten Verfassungsorgan »Deutscher Bundestag«.

In diesem Sinne hat auch der Verfassungsgerichtshof für das Land Nordrhein-Westfalen sich gegen eine Verallgemeinerungsfähigkeit dieses Grundsatzes entschieden. Ob und inwieweit das Öffentlichkeitsprinzip als Kontrollinstrument von Verfassungs wegen zu fordern sei, hänge von der Bedeutung des zu kontrollierenden staatlichen Handelns für die Allgemeinheit und die Betroffenen sowie von den im Übrigen zur Verfügung stehenden Kontrollmöglichkeiten ab (NRWVerf.GH, Urteil vom 19.03.1991, NVwZ 1991, S. 1175, 1179).

c) Die Sozialwahlen unterscheiden sich in dieser Hinsicht deutlich von den Parlamentswahlen. Wie bereits erwähnt, geht es hier um funktionale Selbstverwaltung, also um eine Betroffenenbeteiligung bei der Wahrnehmung öffentlicher Aufgaben, nicht aber um die Wahlen von Abgeordneten als Vertreter des gesamten Volkes und mit einem allgemein-politischen Mandat. Auch das Bundesverfassungsgericht hat in anderen Zusammenhängen, etwa bei regionalen Selbstverwaltungskörperschaften wie den Wasserverbänden, ausdrücklich festgehalten, dass die Anforderungen an die demokratische Legitimation in der funktionalen Selbstverwaltung weniger hoch und stringent sind als in der allgemeinen Staatsverwaltung.

Im Rahmen der repräsentativ verfassten Volksherrschaft erlaube das Grundgesetz auch Formen der Beteiligung von Betroffenen bei der Wahrnehmung öffentlicher Aufgaben. Demokratisches Prinzip und Selbstverwaltung stünden nach dem Grundgesetz nicht im Gegensatz zueinander. Sowohl das Demokratieprinzip in seiner traditionellen Ausprägung einer ununterbrochenen, auf das Volk zurückzuführenden Legitimationskette für alle Amtsträger als auch die funktionale Selbstverwaltung als organisierte Beteiligung der sachnahen Betroffenen an den sie berührenden Entscheidungen verwirkliche die sie verbindende Idee der sich selbst bestimmenden Menschen in einer freiheitlichen Ordnung (BVerfGE 107, 59, 91 f.).

Bei den Sozialwahlen finden mithin die besonderen und stringenten Anforderungen an die Legitimation und damit an die Transparenz des Wahlaktes, wie sie für die Parlamentswahlen aufgrund des Demokratieprinzips abgeleitet werden, keine Anwendung. In diesem Zusammenhang sei noch erwähnt, dass bei den Sozialwahlen selbst die Friedenswahlen akzeptiert werden, was bei den allgemeinpolitischen Wahlen schlechthin undenkbar wäre. Auch das Bundessozialgericht hat deshalb die Friedenswahlen für zulässig erachtet, weil die Wahlrechtsgrundsätze auf die Sozialwahlen nicht so stringent anwendbar seien.

Als weiteres Resümee kann festgehalten werden, dass die Wahlen zu den Parlamenten einerseits und zu den Organen der funktionalen Selbstverwaltung andererseits nicht unmittelbar gleichzusetzen sind. Insbesondere ist die Bedeutung für die Demokratie nicht dieselbe, sodass der besagte Grundsatz der Öffentlichkeit der Wahl auf die Sozialwahlen nicht übertragen werden kann.

Allgemeinheit der Wahl als Rechtfertigungsgrund

Selbst wenn man dies in Abrede stellen und den Grundsatz der Öffentlichkeit der Wahl auch auf diese Wahlen zu den Organen der Sozialen Selbstverwaltungsträger übertragen wollte, muss doch berücksichtigt werden, dass die Einführung von Online-Wahlen im Rahmen der Sozialwahlen in besonderer Weise durch den Grundsatz der Allgemeinheit der Wahl gerechtfertigt wäre.

Die einzelnen Wahlrechtsgrundsätze und damit auch der Grundsatz der Öffentlichkeit der Wahl können niemals absolut gelten. Die Wahlrechtsgrundsätze können in begrenztem Maße in eine Kollision geraten, sodass eine praktische Konkordanz zwischen diesen im Einzelfall widerstreitenden Grundätzen notwendig werden kann. So hat das Bundesverfassungsgericht auch in Zusammenhang mit der Verfassungsmäßigkeit der Briefwahlen bei der Europawahl festgestellt, dass der Grundsatz der Allgemeinheit der Wahl hier dem Grundsatz der Öffentlichkeit der Wahl vorgehe (BVerfGE 134, S. 25, Rn. 13). Denn auch bei der Briefwahl können die Transparenzanforderungen, die in der Entscheidung zu den Wahlcomputern für die Präsenzwahl aufgestellt wurden, keinesfalls sichergestellt werden.

Der Grundsatz der Allgemeinheit der Wahl fordert, möglichst allen Wahlberechtigten den Zugang zur Wahl zu ermöglichen. Er entfaltet bei den Sozialwahlen eine besondere Bedeutung und ein besonderes Gewicht. Hier ist die Wahlbeteiligung insgesamt äußerst niedrig, insbesondere junge Wähler:innen werden kaum erreicht. Mit Online-Wahlen könnte dem entgegengewirkt werden, sowohl die Wahlbeteiligung insgesamt als auch vor allem die der jüngeren Wähler:innen könnte erheblich gesteigert werden.

Man muss hier in der Tat die Frage stellen: Welche Gefahr im Hinblick auf die in Rede stehenden Wahlrechtsgrundsätze ist die größere? Ist die Gefahr, dass die demokratische Legitimation der Selbstverwaltungsorgane in der funktionalen Selbstverwaltung beschädigt wird, weil das Vertrauen durch Online-Wahlen sinkt, schwerwiegender, oder ist es nicht vielmehr die Gefahr, dass die Selbstverwaltungsorgane ihre demokratische Legitimation verlieren, weil sie nur von einem äußerst geringen Teil der Wahlberechtigten, insbesondere der jungen Leute, gewählt werden?

Im Hinblick auf die Sozialwahlen dürfte die Antwort ziemlich klar sein: Die Gefahr ist erheblicher, dass die Legitimation mangels Wahlbeteiligung beeinträchtigt wird. Selbst wenn man also den Grundsatz der Öffentlichkeit der Wahl auch auf die Sozialwahlen anwenden wollte, ist seine Beeinträchtigung durch Online-Wahlen wegen des Grundsatzes der Allgemeinheit der Wahl gerechtfertigt.

Schlussbemerkungen

Abschließend festzuhalten sind im Wesentlichen zwei Aspekte: Einerseits wird durch eine Online-Wahl im Rahmen der Sozialwahlen der Grundsatz der Öffentlichkeit nicht beeinträchtigt. Dieser – entwickelt durch das Bundesverfassungsgericht für die Parlamentswahlen – ist auf Wahlen innerhalb der funktionalen Selbstverwaltung schon gar nicht übertragbar. Die Sozialwahlen waren in ihrer Ausgestaltung auch bisher schon Fernwahlen, durch eine Online-Wahl würde sich also auch an ihrer Transparenz nichts ändern. Weiterhin ist der Grundsatz der Öffentlichkeit durch das Bundesverfassungsgericht eindeutig mit dem Demokratieprinzip und der demokratischen Bedeutung der Parlamentswahlen begründet. Für die Sozialwahlen als reine Betroffenenbeteiligung bei der Wahrnehmung öffentlicher Aufgaben entfällt diese Begründung also offensichtlich. Damit sind die Anforderungen an eine demokratische Legitimation in der funktionalen Selbstverwaltung zusammenfassend also weniger hoch und stringent als im politisch-parlamentarischen Bereich.

Zweitens kann eine Online-Wahl helfen, den Grundsatz der Allgemeinheit der Wahl besser umzusetzen. Insgesamt, im Besonderen jedoch bei jungen Wähler:innen, ist die Wahlbeteiligung an den Sozialwahlen äußerst niedrig. Die Verlagerung auf ein Onlineformat könnte diesbezüglich Abhilfe schaffen und so den Grundsatz der Allgemeinheit der Wahl durch höhere Wahlbeteiligung stärken. Da dieser im Rahmen der Sozialwahlen herausragende Bedeutung entfaltet, ließe sich anhand dessen eine Online-Wahl selbst dann rechtfertigen, wenn man eine Beeinträchtigung des Grundsatzes der Öffentlichkeit annähme.

Literatur

Jarass H.D./Pieroth B. 2020: GG – Grundgesetz für die Bundesrepublik Deutschland, 16. Auflage. München.

Raus aus der Dauerkrise der Sozialwahlen – Trendwende durch E-Voting?

Christian Schreiner und Nadin Fromm

Alle sechs Jahre werden in Deutschland per Briefwahl jene Vertreter:innen gewählt, die sich in Gremien der gesetzlichen Krankenkassen und der Rentenversicherung für die Interessen der Sozialversicherten einsetzen. Doch die Sozialversicherungswahlen befinden sich seit längerem in der Krise: Sie verfügen über eine geringe Bekanntheit, gleichzeitig ist die Wahlbeteiligung niedrig bei proportional gesehen hohem logistischen Aufwand und entsprechenden Kosten. Bei den kommenden Sozialwahlen im Jahr 2023 werden nun erstmals Online-Wahlen möglich sein. Im vorliegenden Artikel wird analysiert, inwieweit Online-Wahlen und allgemein Elemente von E-Democracy geeignet sind, das traditionsreiche Instrument der Sozialversicherungswahlen zu stärken und ihre Bekanntheit zu steigern. Anhand der vier Stufen von Partizipation (Information, Konsultation, Kooperation, Mitentscheidung) wird diskutiert, ob u. a. E-Voting die Möglichkeiten zur Mitbestimmung erweitert.

Gemessen am Anteil der wahlberechtigten Bevölkerung sind die Sozialversicherungswahlen (Sozialwahlen) die drittgrößten politischen Wahlen in Deutschland (Braun et al. 2008: 5). Bei den letzten Wahlen im Jahr 2017 wurden rund 15 Millionen Stimmen abgegeben. Das entsprach einer Wahlbeteiligung von rund 30 % (Bundeswahlbeauftragte Sozialversicherungswahlen 2017: 1) und bedeutete einen minimalen Anstieg im Vergleich zu den Wahlen zuvor. Auch wenn man insgesamt auf Stabilisierung hofft, ist die Wahlbeteiligung an den Sozialwahlen tendenziell seit Jahren rückläufig (Bundeswahlbeauftragte Sozialversicherungswahlen 2018: 15). Zuletzt wurden deshalb – für demokratische

Wahlen unüblich – die hohen Kosten kritisch diskutiert, die für Sozialwahlen im Jahr 2017 ca. 59 Millionen Euro betrugen (ebd.: 46).

Niedrige Beteiligungswerte sind für politische Wahlen problematisch. Eine Wahlbeteiligung von weniger als 50 % hat beispielsweise zur Folge, dass selbst ein einstimmiger Gremienbeschluss nicht mehr zwingend der Mehrheit der Wahlberechtigten entspricht (Schäfer 2010, 35). Insgesamt wird von einigen Expert:innen für die Sozialwahlen ein Legitimationsdefizit befürchtet. Als eine mögliche Ursache wird die mangelnde Bekanntheit der Sozialen Selbstverwaltung und der Sozialwahlen bei den Bürger:innen gesehen. So sind laut einer aktuellen Forsa-Umfrage die Sozialwahlen bei insgesamt 68 % der 16- bis 29-jährigen Befragten völlig unbekannt (FORSA 2019).

Dies wird seit Jahren von den Befürworter:innen wie auch den Kritiker:innen sozialer Selbstverwaltung öffentlich diskutiert, und es wurden Reformvorschläge zur Modernisierung der Sozialwahlen erarbeitet (Braun et al. 2008). Insgesamt befürchtet man, dass die Problemstellung im Zusammenhang mit fehlendem Interesse, mangelnder Akzeptanz und einer allgemeinen Politikverdrossenheit und -entfremdung steht, die seit einiger Zeit in westlichen Demokratien beobachtet werden kann. Es erstaunt daher nicht, dass die Möglichkeiten der E-Democracy zur Steigerung politischer Partizipation ins Feld geführt werden, um das »demokratische Potenzial der Selbstverwaltung« zu stärken (Deutscher Bundestag 2020).

Unter dem Schlagwort *Elektronische Demokratie* oder *E-Democracy* werden eine Vielzahl unterschiedlicher Aktivitäten zusammengefasst, bei denen mithilfe von Informations- und Kommunikationstechnologien die Rechte und die Pflichten der Bürger:innen gestärkt und unterstützt werden (Schoßböck/Rinnerbauer/Parycek 2018: 12 f.). Es soll möglich gemacht werden, demokratische Prozesse zeit- sowie ortsunabhängig und ohne großen Aufwand auszuüben (ebd.). Ein Bestandteil von E-Democracy ist E-Partizipation. Hierunter werden unterschiedliche Modi der »einflussnehmenden Beteiligung« von Bürger:innen mit Hilfe von digitalen Technologien und Anwendungen verstanden (von Informationsaustausch bis zur konkreten Wahlentscheidung; Meier 2009: 164). Bei elektronischen Wahlverfahren (E-Voting) werden zwei Formen unterschieden: Entweder wird mit Hilfe eines Wahlcomputers abgestimmt, oder die elektronische Stimmabgabe erfolgt über das Internet (I-Voting; Mursi et al. 2013: 2).

Bei den Sozialwahlen im Jahr 2023 haben die Krankenkassen die Option, parallel zur klassischen Briefwahl die Stimmabgabe über das Internet zu ermöglichen. In Fachbegriffen ausgedrückt, wird ein web- oder browserbasiertes Remote E-Voting oder Remote I-Voting durchgeführt.[1] Da dies ein Novum für politische Wahlen in Deutschland darstellt, sind die Sozialwahlen als Modellprojekt geplant und könnten bei erfolgreichem Verlauf Vorbild für andere politische Wahlen sein. Entsprechend hoch ist die Aufmerksamkeit u. a. durch die Politik.

Im vorliegenden Beitrag wird der Frage nachgegangen, ob mit Hilfe der elektronischen Stimmabgabe eine Steigerung der Wahlbeteiligung bei politischen Wahlen in Deutschland möglich ist. Im Ausland gibt es bereits Vorreiter im Bereich E-Voting und dementsprechend Erfahrungswerte, die zeigen, dass die elektronische Stimmabgabe Potenzial hat. Gleichzeitig dämpfen sie etwas die Erwartungen und belegen, dass E-Voting kein Allheilmittel gegen niedrige Wahlbeteiligung ist.

Das Modellprojekt: Online-Wahlen bei der Sozialwahl im Jahr 2023

Die Diskussion hinsichtlich der Ein- und Durchführung von Online-Wahlen bei den Sozialwahlen wird bereits über einen längeren Zeitraum geführt. So gab es beispielsweise zu diesem Thema schon 2008 eine Arbeitsgruppe mit Vertreter:innen verschiedener Bundesministerien und dem Bundeswahlbeauftragten für die Sozialversicherungswahlen (Braun et al. 2008: 9). Im Koalitionsvertrag der 18. Legislaturperiode des Bundestages (2013) zwischen CDU, CSU und SPD einigte man sich auf die Einführung eines elektronischen Wahlverfahrens mit dem Ziel der Steigerung der Wahlbeteiligung (CDU/CSU/SPD 2013:

---

1 Der Begriff »remote« kommt aus dem Englischen und bedeutet u. a. »entfernt«.

53).² Die Online-Stimmabgabe wird durch das am 1. Juli 2020 in Kraft getretene 7. Änderungsgesetz des Vierten Sozialgesetzbuches (SGB IV) rechtlich möglich. Diese Gesetzesnovellierung gilt im Rahmen eines Modellprojektes bei den nächsten Sozialwahlen im Jahr 2023 eingeschränkt für den Bereich der Krankenversicherung. Eine Ausweitung ist geplant und hängt u. a. vom Erfolg des Modellprojektes ab.

Insgesamt haben 15 Krankenkassen Vorbereitungen getroffen, um am Modellprojekt teilnehmen zu können. Dies sind neben den sechs Ersatzkassen Techniker Krankenkasse (TK), Barmer, DAK-Gesundheit (DAK), Kaufmännische Krankenkasse (KKH), Handelskrankenkasse (hkk) und Hanseatische Krankenkasse (HEK) die Betriebskrankenkassen (BKK) RWE (seit 2022 fusioniert mit der energie-BKK), Pfalz, Verbund Plus, VBU und Herkules, die Bundesinnungskrankenkasse Gesundheit (BIG direkt gesund), die Bergische Krankenkasse und die Ortskrankenkassen AOK Hessen und AOK Plus. Online-Wahlen auf Seiten der Arbeitgeber sind zunächst nicht vorgesehen (§ 194a Abs. 1 SGB V).

Für die Teilnahme am Modellprojekt sind für die Krankenkassen zwei Voraussetzungen verpflichtend: (1) Die Sozialwahlen werden bei der jeweiligen Krankenkasse als Urwahlen durchgeführt. (2) Die nötigen Änderungen an den Satzungen erfolgten bis Ende September 2020 (Verband der Ersatzkassen 2020). Darüber hinaus wurden die am Modellprojekt beteiligten Krankenkassen vom Gesetzgeber verpflichtet, die Online-Wahlen gemeinschaftlich vorzubereiten. Dazu hat man eine Arbeitsgemeinschaft gegründet. So können Entscheidungen u. a. hinsichtlich eines IT-Dienstleisters zur Bereitstellung und des Betriebs des Online-Wahlsystems gemeinsam vorbereitet und getroffen werden. Die Arbeitsgemeinschaft dient ebenfalls dem Erfahrungs- und Wissensaustausch. Die Kosten für die Vorbereitung und die Durchführung der Online-Wahl werden auf alle Krankenkassen gleichermaßen aufgeteilt (§ 194a Abs. 3 SGB V), unabhängig davon, ob sie sich an dem Modellprojekt beteiligen (ebd.). Auf diese Weise hält der Gesetzgeber am gemeinschaftlichen Prinzip der Selbstverwaltung fest und setzt indirekt ei-

---

2 Für eine Analyse der Gründe der langen Verfahrensdauer siehe Fromm/Schreiner (2021).

nen Themenschwerpunkt auch bei den Krankenkassen, die nicht am Modellprojekt teilnehmen.

Die Grundsätze von allgemeinen, freien und geheimen Wahlen gemäß Artikel 38 Grundgesetz sind unter Berücksichtigung der technischen Besonderheiten auch bei Online-Wahlen zu wahren (siehe dazu Beitrag von Hans-Jürgen Papier in diesem Band). Die Möglichkeit der Online-Stimmabgabe wird die Briefwahl nicht ersetzen, sondern diese ergänzen. Somit können die Versicherten der genannten Krankenkassen im kommenden Jahr ihre Stimme online über das Internet abgeben oder weiterhin per Briefwahl wählen, falls bei den Kassen denn tatsächlich eine Urwahl stattfindet. Bei doppelter Stimmabgabe zählt nur die Online-Stimme.

Die beteiligten Krankenkassen haben nach § 194b Abs. 3 Nr. 9 SGB V sicherzustellen, dass die Stimmabgabe per Online-Wahl barrierefrei möglich ist. Technisch ungeübten Wahlberechtigten (u. a. älteren Personen) und Menschen mit Beeinträchtigungen soll durch eine benutzerorientierte Ausgestaltung des Online-Wahlsystems eine Stimmabgabe ermöglicht werden (§ 10 Abs. 1 Online-Wahl-Verordnung).

Die vom Bundesgesundheitsministerium erlassene Online-Wahl-Verordnung sieht zudem vor, dass der Wahlzeitraum für die Online-Wahl am 51. Tag vor dem Wahlstichtag um 0 Uhr beginnt und am Wahlstichtag um 23:59 Uhr endet (§ 7 Abs. 1 Online-Wahl-Verordnung). Nach Ablauf des Wahlzeitraums hat der Bundeswahlbeauftragte die Ordnungsmäßigkeit des Wahlablaufs zu kontrollieren und die Nachvollziehbarkeit des Wahlergebnisses für die Öffentlichkeit herzustellen (§ 17 Abs. 2 Online-Wahl-Verordnung). Dies erfolgt unter Berücksichtigung der Besonderheiten der Online-Wahl (ebd.).

Das Bundesamt für Sicherheit in der Informationstechnik (BSI) hat in einer technischen Richtline die Sicherheitsanforderungen für Online-Wahlen bei den Sozialwahlen definiert (BSI 2020). Als Schutzziele für ein gültiges Wahlergebnis nennt das BSI vorrangig Vertraulichkeit, Verfügbarkeit und Integrität. Sie haben ausgehend von den Wahlgrundsätzen und mit Blick auf die technische Umsetzung sowie die Durchführung Priorität. Beispielsweise darf die Entnahme von Stimmen vor der Auszählung nicht möglich sein, und das Online-Wahlsystem muss stabil zur Verfügung stehen. Es muss gewährleistet sein, dass Stimmen nicht ausgetauscht werden.

Zur Absicherung will man Risikoanalysen durchführen, um jede Form von Einflussnahme und Manipulation auszuschließen und/oder rechtzeitig zu erkennen. Die BSI-Richtlinie gibt die Installation eines IT-Notfallmanagements vor. Dies beinhaltet das Erstellen eines Notfallvorsorgekonzepts sowie verschiedene Notfall-, Wiederanlauf- und Wiederherstellungspläne. Der Datenschutz muss laut Richtlinie auch innerhalb des Online-Wahlsystems gewährleistet sein. Trotz gemeinschaftlicher Nutzung des Systems durch alle am Modellprojekt beteiligten Krankenkassen muss der Zugriff einer Krankenkasse auf Daten einer anderen verhindert werden.

Gemäß den Sicherheitsanforderungen ist der Prozess der Online-Stimmabgabe in fünf Schritten geplant (ebd.: 25): Zunächst muss die Wahlberechtigung der einzelnen Nutzer:innen durch die Wahlplattform festgestellt werden, indem überprüft wird, ob eine Eintragung der jeweiligen Person im Wählerverzeichnis vorliegt (Schritt 1). Anschließend erfolgt die Authentifizierung des oder der Wählenden. Hierzu ist eine Identifizierung beispielsweise mittels des Personalausweises erforderlich (Schritt 2). Die Wahlplattform bestätigt nun die Wahlberechtigung, wenn die im Wählerverzeichnis hinterlegten Daten mit der nun nachgewiesenen Identität der einzelnen Nutzer:innen übereinstimmen (Schritt 3). Nach erfolgter Authentifizierung wird schließlich geprüft, ob die jeweiligen Wahlberechtigten bereits ihre Stimme abgegeben haben (Schritt 4). Wenn dies nicht der Fall ist, kann die Online-Stimme abgegeben werden (Schritt 5). Ist dies erfolgt, wird es erforderlich, dass die Stimmdaten getrennt von den Identitätsdaten der Wählenden gespeichert werden, um eine geheime Abstimmung zu garantieren und Rückschlüsse auf das individuelle Wahlverhalten der Wählenden unmöglich zu machen (ebd.: 27).

E-Voting bei politischen Wahlen im internationalen Vergleich

Ausgehend von einem normativ geprägten Verständnis von politischer Partizipation, die als zielgerichtete »individuelle und organisierte Entscheidungsfindung politischer Entscheidungsprozesse« definiert wird (Kersting 2019: 105), stellt sich die Frage, ob und in welcher Weise E-Voting positive Effekte auf die Wahlbeteiligung bei politischen Wahlen hat. Dazu gibt es aus wissenschaftlicher Sicht unterschiedliche Befunde. Zwar können einige Studien keinen oder nur einen sehr geringen Effekt einer Steigerung feststellen, u. a. für Belgien (Dandoy 2014) und Estland (Trechsel/Breuer 2006). Andere Studien hingegen bestätigen einen positiven Zusammenhang, u. a. für Estland (Trechsel/Vassil 2010) und Finnland (Krimmer et al. 2019). Die Einführung der Möglichkeit einer elektronischen Stimmangabe wirkt sich nach diesen Angaben insbesondere positiv auf bestimmte Alterskohorten, Geschlechter sowie Wählertypen aus (Petitpas/Jaquet/Sciarini 2021; Gerlach/Gasser 2009).

In Estland besteht seit dem Jahr 2005 die Möglichkeit des E-Voting bei Kommunal-, Parlaments- und Europawahlen (Hall 2012: 159). Dabei ist der Anteil der per E-Voting abgegebenen Stimmen stark angestiegen. Während bei den Kommunalwahlen 2017 31,7 % der Stimmen online abgegeben wurden, waren es bei den letzten Parlamentswahlen im Jahr 2019 bereits 43,8 % (OSZE 2019: 7). Die Akzeptanz des E-Voting in Estland steigt also. Eine Forsa-Umfrage aus dem Jahr 2019 legt den Schluss nahe, dass auch bei den Sozialwahlen in Deutschland von einer hohen Akzeptanz von Online-Wahlen bei den Versicherten ausgegangen werden kann. Demnach würden 64 % der Befragten die Möglichkeit einer Online-Stimmabgabe grundsätzlich begrüßen (FORSA 2019).

Generell ist es eine richtungsweisende Entscheidung, dass E-Voting bei den Sozialwahlen als eine zusätzliche Möglichkeit zur Stimmabgabe zur Verfügung steht. Mit Blick auf die Wahlbeteiligung müssen mögliche aus Wählersicht wahrgenommenen Risiken zur Verlässlichkeit des E-Voting reduziert werden, da sich dies wiederum negativ auf die Wahlbeteiligung auswirken kann (Mendez/Serdült 2017).

Neben den positiven Effekten des E-Voting auf die Wahlbeteiligung soll in diesem Zusammenhang noch ein Nebeneffekt herausgestellt werden. Die Einführung von E-Voting als ein »zeitgemäßes Abstimmungsinstrument« in ein Wahlsystem kann eine Aufmerksamkeitssteigerung u. a. bei den Medien erzeugen und somit insgesamt eine Mobilisierung der Wahlberechtigten auslösen (Petitpas/Jaquet/Sciarini 2021: 3).

Dieser Nebeneffekt kann gerade bei den Sozialwahlen von großer Bedeutung sein. Denn wie oben aufgeführt, mangelt es den Sozialwahlen an einer großen Bekanntheit.

Potenziale und Grenzen des E-Voting

Um die Grenzen des E-Voting bei den Sozialwahlen zu verstehen, ist es notwendig, die Potenziale anderer Modi der E-Partizipation zu betrachten, denn wie eingangs bereits kurz dargestellt, beinhaltet E-Democracy eine Reihe unterschiedlicher Aktivitäten. Nachfolgend wird deshalb anhand eines Vier-Ebenen-Modells der Partizipation dargestellt, wie der Einsatz von E-Democracy-Aktivitäten einen Beitrag zur Stärkung der Wahlen und damit auch der Sozialen Selbstverwaltung leisten kann.

Die erste Ebene umfasst die Informationsbeschaffung: Im Rahmen einer »informativen Öffentlichkeitsbeteiligung« erhalten die Bürger:innen mithilfe des Internets Informationen über Strukturen und Arbeitsweisen staatlicher Organe, Parteiprogramme und Kandidat:innen sowie über politische Vorhaben und Entscheidungen (Parycek 2008: 13). Geeignete Werkzeuge sind Internetseiten/Webinhalte, Newsletter, Rich Site Summary Feeds und Online-Übertragungen von Parlamentssitzungen (Kersting 2012: 24).

Wichtigstes Informationsportal der Sozialen Selbstverwaltung ist eine von der DRV Bund und den im vdek zusammengeschlossenen Ersatzkassen gemeinsam betriebene Homepage, die seit 2019 unter der Adresse *soziale-selbstverwaltung.de* zu erreichen ist. Neben Beiträgen zu aktuellen Themen der Selbstverwaltung sind hier auch Informationen zu den

Aufgaben der Selbstverwaltungsgremien sowie den Sozialwahlen zu finden. Zudem werden Selbstverwalter:innen vorgestellt, die per E-Mail kontaktiert werden können.

Auch auf den Internetseiten der einzelnen Träger sind Informationen zur Selbstverwaltung zu finden, jedoch in sehr unterschiedlicher Ausführlichkeit. So informieren beispielsweise die DRV Bund und die Ersatzkassen Techniker Krankenkasse, Barmer und DAK-Gesundheit umfangreich über die Zusammensetzung ihrer Selbstverwaltungsgremien und deren Arbeit. Zusätzlich sind Kontaktadressen der Selbstverwalter:innen angegeben, sodass eine Kommunikation mit den Versicherten- und Arbeitgebervertreter:innen möglich ist. Die DRV Bund bietet darüber hinaus eine Video-Zusammenfassung der letzten Sitzung der Vertreterversammlung an.

Anders gestaltet sich das Informationsangebot von nicht urwählenden Trägern der Sozialversicherung. So finden sich beispielsweise auf den Internetseiten der AOK Hessen, der vivida BKK und der DRV Bayern Süd lediglich Basisinformationen über die Zusammensetzung der Selbstverwaltungsgremien und deren Aufgaben. Die nächsten Sitzungstermine der Gremien oder gefasste Beschlüsse sind auf keiner der drei Internetseiten zu finden.

Auf der zweiten Ebene der Partizipation, der Konsultationsebene, findet Kommunikation in mehr als nur einer Richtung statt (Kubicek/Lippa/Westholm 2009: 19; Westholm 2002: 4). Bei der »konsultativen Öffentlichkeitsbeteiligung« stehen der Meinungsaustausch und die Diskussion im Mittelpunkt (Kleinsteuber/Hagen 1998: 133). Diese politische Kommunikation kann zwischen Politik und Bürger:innen oder unter den Bürger:innen stattfinden (Kleinsteuber 2001: 19). Auch hier erweitert das Internet die Möglichkeiten im Vergleich zu herkömmlichen Kommunikationskanälen. Instrumente dieser Partizipationsstufe sind Internetforen, Online-Chats und ein elektronisches Beschwerdemanagement (Kersting 2012: 26; Parycek 2008: 10).

Vor den letzten Sozialwahlen im Jahr 2017 richtete die Vereinte Dienstleistungsgewerkschaft (ver.di) die Kommunikationsplattform *sozialversicherung.watch* ein. Die Internetplattform *abgeordneten-watch.de*, auf der Bürger:innen den Abgeordneten des Deutschen Bundestages, der Landtage und des Europaparlaments öffentlich sichtbar Fragen stellen, diente als Vorbild. Bis Anfang Oktober 2017 verzeichnete man 40.000 Aufrufe und mehr als 300 an die Selbstverwalter:innen gerichtete Fragen (ver.di 2017). Im Zeitraum zwischen den Wahlen hat das Interesse an diesem Austausch seitens der Öffentlichkeit nachgelassen, sodass die letzten Beiträge aus dem Jahr 2019 stammen (Stand Februar 2022).

Nach Auskunft des ver.di-Vorstandsmitglieds Dagmar König ist diese Seite in Bearbeitung. Ziel ist es, dieses Angebot noch vor Beginn der nächsten Sozialwahlen neu zu beleben. Durch die Einbeziehung der Bürger:innen können neue Ideen entstehen und ausgetauscht, eigene Standpunkte verdeutlicht und diejenigen anderer kommentiert werden (Kleinsteuber 2001: 19; Kersting 2012: 27). Auch die erwähnte Seite *soziale-selbstverwaltung.de* bietet die Möglichkeit der Kontaktaufnahme zu Selbstverwalter:innen. Ermöglicht wird dort aber ausschließlich eine private Kommunikation, ein öffentlicher Meinungsaustausch kann nicht stattfinden. Darüber hinaus sind die Kontaktdaten von Selbstverwalter:innen fast nur bei den Ersatzkassen öffentlich abrufbar, sodass eine Kontaktaufnahme nur schwer möglich ist.

Eine Kontaktaufnahme zur Selbstverwaltung bei einzelnen Kassen und bei der Rentenversicherung war im Vorfeld der Sozialwahlen 2017 auch über die sozialen Netzwerke möglich (Bundeswahlbeauftragte Sozialversicherungswahlen 2018: 122). Von den Ersatzkassen und der DRV Bund gab es einen gemeinsamen Facebook-Auftritt sowie Aktivitäten bei Twitter und Erklär- und Werbevideos bei YouTube (ebd.). Zusammenfassend lässt sich aber festhalten, dass die Maßnahmen auch auf der zweiten Ebene der Partizipation auf wenige Akteure und auf die Zeit vor den Sozialwahlen beschränkt sind.

Die dritte Stufe der Partizipation umfasst die »kooperative Öffentlichkeitsbeteiligung«, in deren Zentrum die Mitbestimmung steht (Kubicek/Lippa/Westholm 2009: 19; Parycek 2008: 10 ff.). Die beiden zuvor genannten Stufen bilden die Basis der dritten Stufe der Partizipation: Informierte Bürger:innen, die sich eine Meinung bilden und diese einbringen konnten, haben nun die Möglichkeit, aktiv Einfluss auf die Entscheidungsfindung zu nehmen (Parycek 2008: 11). Die Verantwortung für die finale Entscheidung verbleibt jedoch beim Gesetzgeber (Macintosh 2003: 32). Zu den Werkzeugen auf dieser Stufe zählen u. a. E-Polls, Bürgerhaushalte und E-Petitionen (Schoßböck/Rinnerbauer/Parycek 2018: 20).

Die Einsatzmöglichkeiten der genannten Werkzeuge im Kontext der Sozialen Selbstverwaltung sind begrenzt. Vorstellbar wäre der Einsatz von E-Petitionen. Hierbei können die Bürger:innen über die Themensetzung von Treffen einer Organisation mitbestimmen (OECD 2003: 14). Über diese formalen Ersuche, die Bürger:innen an Parlamente oder andere höhere Autoritäten richten können, ist eine Einflussnahme auf die Entscheidungsfindung möglich (Macintosh 2003: 56). Petitionsausschüsse wie im Deutschen Bundestag oder in den Landesparlamenten, die die Eingaben prüfen und beraten, wurden bei den Sozialversicherungsträgern bislang nicht eingerichtet. Dementsprechend besteht derzeit auch nicht die Möglichkeit, Petitionen online einzureichen. Die Betroffenen der Sozialversicherung können ihre Bitten und Beschwerden dennoch an die Selbstverwalter:innen richten. Dies geschieht nicht förmlich über einen Petitionsausschuss, sondern direkt per Post oder vorzugsweise per E-Mail.

Die vierte Stufe der Partizipation schafft maximale Verbindlichkeit (Kubicek et al. 2009: 19; Westholm 2002: 4). Die Bürger:innen werden auf der Stufe der Mitentscheidung selbst zu Entscheidungsträgern (ebd.). Zentrales Partizipationsinstrument ist die Durchführung von rechtsverbindlichen Wahlen mithilfe elektronischer Unterstützung (ebd.: 39).

Fazit

Mit der Möglichkeit des E-Voting bei politischen Wahlen schließt sich Deutschland einer Entwicklung an, die international zunehmend stärker um sich greift. Dass Deutschland diese Entwicklung eher zögerlich vollzieht, kann sich längerfristig als Vorteil erweisen. Denn es sind Erfahrungsberichte in Form von empirischen Studien verfügbar, welche die Bedingungsfaktoren einer erfolgreichen Umsetzung belegen und die überzogenen Erwartungen zu Beginn der digitalen Transformation etwas dämpfen, so dass insgesamt eine nüchterne, abwägende Herangehensweise gewährleistet ist. Das Modellprojekt im Rahmen der Sozialwahlen ist längerfristig gesehen ein wichtiger Schritt dahingehend, dass man – ausgehend von den internationalen Erfahrungswerten – einen Schritt in Richtung einer eigenständigen Strategie für Deutschland geht, die nationale Kontextfaktoren berücksichtigt.

Die am Projekt beteiligten Krankenkassen sind als Pioniere in dem Bereich anzusehen, da Online-Wahlen erstmals bei bundesweiten Wahlen dieser Größenordnung zum Einsatz kommen werden. Man sollte jedoch vor überzogenen Erwartungen seitens der Politik warnen, und die am Modellversuch Beteiligten sollten sich auch diesbezüglich nicht instrumentalisieren lassen. Vielmehr ist es wichtig, im Rahmen der Arbeitsgruppe – beispielsweise durch die wissenschaftliche Begleitung – festzustellen, welches Potenzial die elektronische Stimmangabe bei politischen Wahlen hat, und entsprechende Prämissen für Nachbesserungen an den Gesetzgeber zurückspielen. Die Aufgabe der Politik ist es, der möglichen Spaltung der Sozialen Selbstverwaltung entgegenzuwirken, die sich ausgehend von der Frage, ob eine Urwahl durchgeführt wird und – sofern eine Urwahl überhaupt stattfindet – ob man sich am Projekt des E-Voting beteiligt, bereits jetzt in verschiedene Lager teilt.

Mit der Einführung des E-Voting gelangen die Sozialwahlen in das Medium, in dem die jüngeren Alterskohorten täglich unterwegs sind. Laut Statistischem Bundesamt nutzen 98 % der 16- bis 24-Jährigen das Internet täglich oder fast täglich (Destatis 2020). Die eingangs erwähnten Studien zeigen, dass die Sozialwahlen gerade bei jüngeren Wähler:innen weitestgehend unbekannt sind und dass hier die Wahlbeteiligung sehr niedrig ist.

Allein die Verlagerung des Wahlaktes in das Medium Internet wird die Wahlbeteiligung nicht dauerhaft steigern. Erforderlich ist es, dass vor allem auch die ersten beiden Ebenen der Partizipation digital stattfinden, um die Bekanntheit der Sozialwahlen zu steigern und Interesse für die Arbeit der Selbstverwaltung zu generieren. Nur wenn auch hier Informationen benutzerfreundlich bereitgestellt werden und der Meinungsbildungsprozess aktiv gefördert wird, kann das E-Voting als finale Ebene der E-Democracy zu einem nachhaltigen Anstieg der Wahlbeteiligung beitragen.

Gleichzeitig muss jedoch darauf geachtet werden, dass die bestehende Wählerschaft nicht vernachlässigt wird. Während die jüngeren Wählerschichten nahezu täglich das Internet nutzen, nimmt die Zahl der Nutzer:innen mit steigendem Lebensalter ab (ebd.). Um dem Problem eines Digital Divide zu begegnen, ist es daher erforderlich, dass weiterhin parallel Angebote außerhalb des Internets aufrechterhalten oder neue geschaffen werden. Die im Rahmen des Modellprojektes vorgesehene Beibehaltung der Briefwahl als eine von dann zwei Optionen ist vor diesem Hintergrund unabdingbar.

Das E-Voting kann ein Baustein sein, um das »demokratische Potenzial der Sozialen Selbstverwaltung« zu stärken (Deutscher Bundestag 2020), wenn der Wahlakt nicht das einzige vorzeigbare Partizipationsangebot im Internet ist, sondern auch andere, niedrigschwellige Angebote einer breiten Öffentlichkeit zur Verfügung stehen.

Literatur

Braun B./Klenk T./Kluth W./Nullmeier F./Welti F. 2008: Modernisierung der Sozialversicherungswahlen. Baden-Baden.
BSI 2020: Technische Richtlinie TR-03162. Bonn.
Bundeswahlbeauftragte Sozialversicherungswahlen 2017: Ergebnisse der Sozialwahlen 2017. Berlin.
Bundeswahlbeauftragte Sozialversicherungswahlen 2018: Schlussbericht zu den Sozialwahlen 2017. Berlin.
CDU/CSU/SPD 2013: Deutschlands Zukunft gestalten. Koalitionsvertrag zwischen CDU, CSU und SPD. Online: https://www.cdu.de/sites/default/files/media/dokumente/koalitionsvertrag.pdf [Zugriff: 20.01.2022].
Dandoy R. 2014: The impact of e-voting on turnout. Insights from the Belgian case. Online: https://ieeexplore.ieee.org/abstract/document/6819940 [Zugriff: 19.02.2022].
Destatis 2020: IT-Nutzung. Durchschnittliche Nutzung des Internets durch Personen nach Altersgruppen. Online: https://www.destatis.de/DE/Themen/Gesellschaft-Umwelt/Einkommen-Konsum-Lebensbedingungen/IT-Nutzung/Tabellen/durchschnittl-nutzung-alter-ikt.html [Zugriff: 05.03.2022].
Deutscher Bundestag 2020: Sozialversicherungswahlen reformieren – Demokratische Beteiligung sicherstellen. Antrag der Bundestagsfraktion Bündnis 90/Die Grünen. Berlin.

FORSA 2019: Einstellungen von Ersatzkassenversicherten zum Thema »Online-Wahl bei der Sozialwahl«. Online: https://www.vdek.com/presse/pressemitteilungen/2019/forsa-umfrage-gutachten-online-sozial-wahl/_jcr_content/par/download_487069496/file.res/05_forsa_Umfrage_final.pdf [Zugriff: 14.02.2022].

Fromm N./Schreiner C. 2021: Die Sozialwahlen in der Krise. E-Democracy als Chance? In: Der moderne Staat 1/2021: 185–206.

Gerlach J./Gasser U. 2009: Three Case Studies from Switzerland: E-Voting. Cambridge.

Hall T. 2012: Electronic Voting. In: Kersting, N. (Hrsg.): Electronic democracy. Berlin/Toronto: 153–176.

Kersting N. 2012: The Future of Electronic Democracy. In: Kersting, N. (Hrsg.): Electronic democracy. Berlin/Toronto: 11–54.

Kersting N. 2019: Online Partizipation: Evaluation und Entwicklung – Status quo und Zukunft. In: Hofmann J./Kersting N. et al. (Hrsg.): Politik in der digitalen Gesellschaft. Bielefeld: 105–122.

Kleinsteuber H. J. 2001: Das Internet in der Demokratie – Euphorie und Ernüchterung. In: Holznagel B. (Hrsg.): Elektronische Demokratie. München: 7–28.

Kleinsteuber H. J./Hagen M. 1998: Was bedeutet »elektronische Demokratie«? Zur Diskussion und Praxis in den USA und Deutschland. In: Zeitschrift für Parlamentsfragen 29 (1): 128–143.

Krimmer R./Duenas-Cid D. et al. 2019: Nordic Pioneers. Facing the first use of Internet Voting in the Åland Islands (Parliamentary Elections 2019). DOI: https://doi.org/10.31235/osf.io/5zr2e.

Kubicek H./Lippa B. et al. 2009: Medienmix in der Bürgerbeteiligung. Die Integration von Online-Elementen in Beteiligungsverfahren auf lokaler Ebene. Baden-Baden.

Macintosh A. 2003: Using Information and Communication Technologies to Enhance Citizen Engagement in the Policy Process. In: OECD (Hrsg.): Promise and Problems of E-Democracy. Challenges of Online Citizen Engagement. Paris: 19–143.

Meier A. 2009: eDemocracy & eGovernment. Entwicklungsstufen einer demokratischen Wissensgesellschaft. Berlin/Heidelberg.

Mendez F./Serdült U. 2017: What drives fidelity to internet voting? Evidence from the roll-out of internet voting in Switzerland. In: Government Information Quarterly 34 (3): 511–523.

Mursi M./Assassa G. et al. 2013: On the Development of Electronic Voting. A Survey. In: International Journal of Computer Applications 61 (16): 1–11.

OECD (Hrsg.) 2003: Promise and Problems of E-Democracy. Challenges of Online Citizen Engagement. Paris.

OSZE (Hrsg.) 2019: Estonia. Parliamentary Elections. Online: https://www.osce.org/files/f/documents/8/e/424229.pdf [Zugriff: 03.05.2022].

Parycek P. 2008: Positionspapier zu E-Democracy und E-Participation in Österreich. Wien.

Petitpas A./Jaquet J. M./Sciarini P. 2021: Does E-Voting matter for turnout, and to whom? In: Electoral Studies 71 (4), 102245.

Schäfer A. 2010: Alles halb so schlimm? Warum eine sinkende Wahlbeteiligung der Demokratie schadet. In: Max-Planck-Institut für Gesellschaftsforschung (Hrsg.): MPIfG Jahrbuch 2009-2010. Köln: 33–38.

Schoßböck J./Rinnerbauer B./Parycek P. 2018: Digitale Bürgerbeteiligung und Elektronische Demokratie. In: Leitner (Hrsg.): Digitale Bürgerbeteiligung. Wiesbaden: 11–40.

Trechsel A. H./Breuer F. 2006: E-voting in the 2005 local elections in Estonia and the broader impact for future e-voting projects. In: Fortes J. /Macintosh A. (Hrsg.): Proceedings of the 2006 national conference on digital government research. San Diego: 40-41.

Trechsel A. H./Vassil K. 2010: Internet Voting in Estonia. A Comparative Analysis of Four Elections since 2005. Technical Report, Council of Europe. Straßburg.

Verband der Ersatzkassen 2020: Arbeitsgemeinschaft zur gemeinsamen Vorbereitung und Durchführung der Online-Sozialwahl nimmt Arbeit auf. Pressemitteilung vom 20.10.2020 Online: https://www.vdek.com/presse/pressemitteilungen/2020/arge-modellprojekt-online-wahlen-2023.html [Zugriff: 20.01.2022].

ver.di 2017: Erfolgreiche Sozialwahlen 2017. Online: https://arbeitsmarkt-und-sozialpolitik.verdi.de/ueber-uns/nachrichten/++co++817b8758-d901-11e7-a466-525400423e78 [Zugriff: 11.12.2020].

Westholm H. 2002: Mit eDemocracy zu deliberativer Politik? Zur Praxis und Anschlussfähigkeit eines neuen Mediums. Wien.

Ausblick

Einflussverluste und Reformpotenziale in der Sozialen Selbstverwaltung der gesetzlichen Krankenkassen

Wolfgang Schroeder[1]

Seit Jahren wird aufgrund der zunehmenden Vermarktlichung der Sozialversicherung bei gleichzeitig verstärkten Tendenzen von Staatsnähe ein Bedeutungsverlust der klassischen, semiprofessionellen Selbstverwaltung festgestellt. Dennoch gibt es Gründe, optimistisch auf die Zukunft der Sozialen Selbstverwaltung zu blicken: Wir befinden uns in einem politischen Zyklus, in dem die staatlichen und parteipolitischen Akteur:innen Interesse an einer Weiterentwicklung der Sozialversicherung sowie der Sozialen Selbstverwaltung artikulieren. Es gibt daher ein Gelegenheitsfenster, um neue normative und funktionale Begründungen für die Institution der Selbstverwaltung zu finden und entsprechende Modernisierungsmaßnahmen politisch durchzusetzen. Um die Strukturen der Sozialen Selbstverwaltung mit den veränderten gesellschaftlichen Rahmenbedingungen passfähig zu machen, sind weitere Reformen bei den Sozialwahlen, bei der Öffentlichkeitsarbeit und der Rekrutierung ehrenamtlicher Verwaltungsräte sowie bei der Qualifizierung und Vernetzung der Mitglieder von Selbstverwaltungsorganen mit anderen gesellschaftlichen Initiativen notwendig.

In den letzten drei Jahrzehnten sah sich die Soziale Selbstverwaltung in Deutschland regelmäßig Angriffen auf ihre Existenz ausgesetzt. Dabei wurde sie nicht selten als Teil eines überkommenen industriekapitalistischen Arrangements gesehen, das angesichts der veränderten gesellschaftlichen, ökonomischen und sozialen Verhältnisse nicht mehr in die Land-

---

[1] Dieser Beitrag entwickelt die bereits 2020 formulierte Grundargumentation weiter und aktualisiert diese: Schroeder 2020: 105–130.

schaft passe. Was sind die konkreteren Hintergründe für diese grundsätzliche Kritik?

Zum einen wird behauptet, dass die Selbstverwaltung ineffizient, undemokratisch, teuer und somit letztlich klientelistisch sei. In diesem Sinne sei diese Institution primär an sich selbst interessiert. Zugleich wird die bei etwa 30 % liegende Wahlbeteiligung an den turnusmäßigen Sozialwahlen als Beleg dafür gewertet, dass auch die Mehrheit der Versicherten kein Interesse an der Selbstverwaltung habe. Zum anderen steht der Befund im Raum, dass durch Strukturveränderungen in der Leistungs- und Ablauforganisation der Krankenkassen der Mitentscheidungsspielraum für die Selbstverwaltung minimalisiert worden sei. Alle entscheidenden Positionen hinsichtlich des Leistungskataloges, des Finanz- und Beitragsniveaus seien kaum noch zugänglich für die gestaltende Einflussnahme durch die Selbstverwaltung. Ähnlich skeptisch sehen die Urteile hinsichtlich der Einflussnahme auf die Rekrutierung des Spitzenpersonals aus.

Wenngleich weder Befund noch Kritik verschwunden sind, scheint die jüngste Entwicklung auf eine pragmatische Weiterentwicklung der Sozialen Selbstverwaltung hinzudeuten.

Die pragmatische Wende im Blick auf die Selbstverwaltung lässt sich hinsichtlich des politischen Raums insbesondere an zwei Positionen festmachen: Erstens ist im November 2020 ein »Gesetz zur […] Modernisierung der Sozialversicherungswahlen« verabschiedet worden. Mit einer Frauenquote und durch erstmals auch online durchzuführende Sozialwahlen (2023) wird eine Attraktivitätssteigerung angestrebt, die sich positiv auf die aktive Mitarbeit und die Wahlbeteiligung auswirken soll. Damit könnten die Sozialwahlen vom Stiefkind der demokratischen Selbstorganisation zu einer positiven Blaupause für die großen politischen Wahlen in Deutschland werden. Zweitens strebt die Ampel-Regierung in ihrem Koalitionsvertrag eine Reform des Gemeinsamen Bundesausschusses an, mit der künftig die Entscheidungen der Selbstverwaltung beschleunigt und die Patientenvertretung gestärkt werden sollen. Zudem sollen den Pflege- und weiteren Gesundheitsberufen größere Mitsprachemöglichkeiten eingeräumt werden, sobald diese von Entscheidungen im Rahmen der Selbstverwaltung betroffen sind (SPD / Bündnis 90/Die Grünen / FDP 2021: 87).

Die soziale Krankenversicherung ist der wichtigste Bereich der partizipativen Selbstverwaltung der deutschen Sozialversicherungen. Von den gegenwärtig 3.423 Mandatsträger:innen in den Selbstverwaltungen sind 1.844 im Gesundheitssektor engagiert (BfS 2018: 21). Zugleich ist in diesem Versicherungszweig der solidarische Ausgleich am stärksten ausgebildet und damit die Distanz zur äquivalenten Risikoabsicherung am größten. Das deutsche Gesundheitssystem kennt seit jeher einen Steuerungsmix, der aus staatlicher Regulierung, korporatistischer Steuerung durch Verbände und Selbstverwaltungen sowie wettbewerbliche Lenkung durch den Markt besteht. Wir können beobachten, dass sowohl staatliche Vorgaben als auch wettbewerbliche Parameter als Steuerungsform aufgewertet worden sind. Entscheidend ist also die Frage: Wie verändert sich dieses spezifische Mischungsverhältnis – vor allem durch die zu erwartende größere Bedeutung von Staat und Markt – im Hinblick auf die Selbstverwaltungen im Gesundheitswesen?

In diesem Beitrag werden Reformpotenziale analysiert, die dazu beitragen könnten, die Attraktivität und Legitimation der Selbstverwaltung zu festigen. Dabei gehe ich von der Beobachtung aus, dass wir uns in einem politischen Zyklus befinden, in dem nun auch die staatlichen und parteipolitischen Akteure Interesse an einer Weiterentwicklung der Sozialversicherung sowie der Sozialen Selbstverwaltung artikulieren. Dies könnte ein Gelegenheitsfenster sein, um attraktivitätssteigernde Maßnahmen umzusetzen. Ungeachtet dessen ist die Frage weiterhin virulent, inwieweit überhaupt substantielle Einflussnahmen und Mitentscheidungsthemen vorhanden sind, die die Rede von der Selbstverwaltung rechtfertigen.

In diesem Text werden auch Prozesse reflektiert, die sich aus den Veränderungen der Sozialversicherungen selbst ergeben. Dazu zählt auch, dass im Laufe der Zeit immer mehr soziale Gruppen jenseits der Erwerbsgesellschaft in die Sozialversicherungen eingebunden worden sind. Damit hat sich die strukturelle Zusammensetzung der Selbstverwaltung weit über den Kreis der erwerbsarbeitsbezogenen Beitragszahler:innen hinaus entwickelt. Aus den ehemaligen Arbeiterversicherungen sind Versicherungen für fast alle Bürger:innen geworden. Mit dieser Ausweitung ist auch das Prinzip der arbeitsweltbezogenen, also ursprünglich primär auf der Arbeit-Kapital-Logik basierenden Selbstverwaltung relativiert worden, ohne dass damit die Dominanz der erwerbsbezogenen Basis angetastet worden wäre. Mit der gruppenbezogenen Erweiterung des Bezugsrahmens von Sozialversicherung und Selbstverwaltung gehen Konflikte zwischen den Gruppen und Akteuren einher, die gleichsam zu den Metamorphosen der Selbstverwaltung beitrugen.

Dabei folgt dieser Aufsatz folgender Argumentation: Aus einer funktionalen Perspektive betrachtet, wandelt sich die Selbstverwaltung von einer Institution, deren legitimatorischer Mehrwert zu einer Befriedung des Klassenkonfliktes beiträgt, zu einer gesamtgesellschaftlichen Legitimationsinstitution. Doch inwieweit lässt sich diese Funktion wirklich mit Leben füllen, wenn sowohl Kompetenzdefizite auf Seiten der Selbstverwalter als auch ein Defizit an Entscheidungsmöglichkeiten der Selbstverwaltung das Profil nachhaltig bestimmen?

Aktuelle Reformperspektiven zur Sozialen Selbstverwaltung aus der klassischen Selbstverwaltung

Die Selbstverwaltung ist angesichts gesellschaftlicher Ausdifferenzierung, zunehmenden Staatseinflusses und selektiver Marktliberalisierung vielfach in die Kritik geraten: von links, weil die Selbstverwaltung die Marktliberalisierung nicht nachhaltig einschränke, sondern diesen Prozess eher legitimiere; von Seiten der Verfechter:innen einer stärkeren Privatisierung des Gesundheitssystems, weil mit dieser Institution eine stärkere Marktliberalisierung gehemmt werde. Seitens des Staates wird immer wieder auf Input- und Outputdefizite der Selbstverwaltung verwiesen. Von Seiten der Patienten- und Verbraucherverbände wird kritisiert, dass die Gewerkschaften zu viel Einfluss für sich beanspruchten.

Wie gehen die klassischen Akteure der Selbstverwaltung mit dieser Kritik um? Zwischen Arbeitgeberorganisationen und Gewerkschaften besteht Konsens darüber, dass die Krankenkassen sich einem stärkeren Wettbewerb aussetzen sollten, wenn so Leistungen verbessert und Kosten stabilisiert werden können und damit die die Effizenz gesteigert werden kann. Gleichwohl stehen sich eher offensive Arbeitgeber- und eher defensive Gewerkschaftspositionen gegenüber.

Die Bundesvereinigung Deutscher Arbeitgeberverbände (BDA) favorisiert ein Wettbewerbskonzept, das die Selbstverwaltungen in allen sozialen Sicherungssystemen als Verwaltungsrätemodell einheitlich ausrichten möchte (Aufsichtsratsmodell) (BDA 2004, erneuert 2019). Diese Option fokussiert stark auf eine von wenigen Beteiligten getragene und an den Binnenstrukturen der Kassen orientierte Kontrollinstanz, die zugleich an der Auswahl des Spitzenpersonals beteiligt werden soll. Eine solche Variante würde die Attraktivität der Selbstverwaltung als betroffenen- und basisbezogene Veranstaltung weiter reduzieren und die Kassen den Unternehmen der Privatwirtschaft ähnlicher machen. Vor allem würde eine solche Konzeption die Öffnung zur Gesellschaft weiter einschränken. So würde nicht nur die Zahl der beteiligten Selbstverwalter:innen drastisch reduziert, sondern auch ihre Kompetenzen würden eingeschränkt.

Nicht zuletzt wegen der gesellschaftlichen Bedarfsperspektive, die den Krankenversicherungen eigen ist, fallen die Reformvorstellungen im Bereich der Gewerkschaften zurückhaltender aus (DGB 2012; IGM 2012): Einerseits kann man sich vorstellen, dass auch bei den Selbstverwaltungen der Krankenversicherungen eine Kooptation der Akteure durch den Staat stattfindet, so wie es bei der Selbstverwaltung der Bundesagentur für Arbeit schon Praxis ist. Hintergrund für dieses Vorgehen bildet die Einschätzung, dass die Sozialwahlen kaum in der Lage sein werden, eine angemessene Berücksichtigung der gewerkschaftlichen Interessen in Zukunft sicherzustellen. Darüber hinaus spielt auch eine Rolle, dass man vor dem Hintergrund der prekären Mitgliederentwicklung der letzten Jahre sich vor die Herausforderung gestellt sieht, die eigenen Kräfte zu bündeln. Und dies heißt für die Gewerkschaften: Konzentration aufs Kerngeschäft, welches nicht in der Selbstverwaltung der Kassen liege, sondern in der betrieblichen Mitgliederarbeit. Diese Variante wäre im Ergebnis vermutlich gar nicht so weit entfernt von der BDA-Option.

Allerdings halten die Gewerkschaften für die Krankenkassen weiterhin am Leitbild bedarfsgerechter und effizient wirtschaftender öffentlicher Unternehmen mit offenen und konstruktiven Beteiligungsmöglichkeiten fest. Um diesem Ziel näherzukommen, ist jedoch auch bei ihnen unklar, welche Rolle die Selbstverwaltung als positiver Steuerungsmodus besitzt. Teilweise plädieren sie dafür, die Sozialwahlen bürgernäher zu gestalten und den Organen der Selbstverwaltung zu mehr Öffentlichkeit zu verhelfen, damit sie tatsächlich als Scharniere zwischen den Versicherten und den Trägern der Versicherungssysteme fungieren und entsprechend wahrgenommen werden können. Defensiv ist dieses Vorgehen der Gewerkschaften deshalb, weil es auf eine Verteidigung des Status quo hinausläuft – und dies bei schwacher öffentlicher Attraktivität und Legitimation der Selbstverwaltungen. Zudem ist unklar, welche Option sich in den Gewerkschaften selbst durchsetzen wird. Es ist auch nicht erkennbar, dass zusätzliche Mittel für eine bessere Selbstverwaltungsarbeit inner- und außerhalb der Gewerkschaften generiert werden könnten.

Der Wandel der Kassen und ihrer Selbstverwaltungen hat ganz konkrete Auswirkungen auf die Akteur:innen in den Selbstverwaltungsorganen. Viele erleben, dass sich ihre Handlungsspielräume in den Sozialversicherungen verkleinern. Manche sprechen ausdrücklich von einer Entmachtung der Selbstverwaltung. Andere erleben die Veränderungen als angemessene Reaktion auf die Herausforderungen, denen das deutsche Gesundheitssystem ausgesetzt ist. Denn durch die Aufwertung betriebswirtschaftlichen Denkens müssten auch die Selbstverwaltungsakteure ein neues Selbstbewusstsein entwickeln. Um den Herausforderungen höherer Effizienz in der GKV gewachsen zu sein, sollten sie Professionalisierungsstrategien entwickeln und über den Status reaktiver Aufsichtsräte hinauswachsen, um als Vertreter:innen der Versicherten deren Bedürfnisse sensibel und strategisch ambitioniert aufnehmen und vertreten zu können.

Angesichts des Strukturwandels der deutschen Krankenkassen sei ein »konstruktives Identitätsmanagement« (Bode 2005) notwendig, das sich weder in purer Managementorientierung noch in schlichter wohlfahrtsbürokratischer Identitätspolitik wiederfinde. Um vor dem Hintergrund eines veränderten Steuerungsmixes innovativ wirken zu können, bedürfe es auch einer veränderten strategischen Synthese, um die verschiedenen Handlungslogiken zu verbinden. Im Folgenden sind einige Reformpunkte aufgelistet, die in der gewerkschaftlichen, aber auch in der darüber hinausgehenden politischen Debatte seit etwa zwei Jahrzehnten eine Rolle spielen:

1. Kompetenz- und Anreizoffensive

Durch eine umfassende Kompetenz- und Anreizoffensive kann die Mindestqualifizierung sichergestellt und eine Selbstverpflichtung der Selbstverwalter:innen zur Weiterbildung geschaffen werden. Ermöglicht werden könnte dies beispielsweise durch anreizorientierte Strukturen wie u. a. Trainee-Programme, Mentorenprogramme und eine »Selbstverwaltungsakademie«. Zugleich gilt es, den Stellenwert der Selbstverwalter:innen in ihren Herkunftsorganisationen durch anerkennende Verfahren aufzuwerten und »Freistellungsregelungen für ehrenamtliche Tätigkeiten und Weiterbildung [zu] präzisieren« (BfS 2018: 221). Ein ausdrücklicher Anspruch der ehrenamtlichen Mitglieder der Selbstverwaltungsorgane auf Freistellung für die Teilnahme an Sitzungen wurde bereits gesetzlich fixiert. Bessere Karriereperspektiven für ehren- und hauptamtliche Gewerkschafter:innen im Bereich der Gesundheitspolitik sind auch zum Nutzen der Herkunftsorganisation, weil sie auf diese Weise in der Sozialpolitik Expertise aufbauen könnte. Nicht zuletzt würde eine einheitliche steuerrechtliche Bewertung der Aufwandsentschädigung für Mitglieder der Selbstverwaltungsorgane weitere Anreize zur Beteiligung schaffen.

2. Stärkung der Öffentlichkeitsarbeit und der Versichertennähe

In der Öffentlichkeit ist die Soziale Selbstverwaltung mit ihren Gestaltungsmöglichkeiten kaum präsent. So ist es kaum verwunderlich, dass insbesondere jüngere Menschen über die Existenz eines solchen Verwaltungsorgans und über seine Arbeit wenig wissen. Daher gilt es, die Öffentlichkeitsarbeit auszubauen, beispielsweise durch *Patient:innentage*, um sowohl die Anforderungen als auch die Kritik der Versicherten an der Politik der Krankenkassen transparent zu machen. Zudem könnte durch die Schaffung eines gewählten Sprechergremiums die Außendarstellung der aktiven Selbstverwalter:innen gestärkt werden und durch den Aufbau eines regionalen Netzes an Ansprechpartner:innen die Anbindung an bzw. die Nähe zu den Patient:innen gestärkt werden. Zudem betonen die Selbstverwalter:innen in einer vdek-Umfrage ihren Einfluss auf die Satzungsleistungen und die Wiederherstellung der Beitragsparität als wichtigen Mehrwert ihrer Arbeit.

Förderlich wären in diesem Kontext auch eine intensive Kooperation mit der:m Bundeswahlbeauftragten für die Selbstverwaltung. Hierbei wurde im November 2020 ebenfalls bereits gesetzlich festgehalten, dass die:der Bundeswahlbeauftragte künftig über die Arbeit der Selbstverwaltungsorgane berichten soll, sodass die Öffentlichkeit besser informiert und eine Steigerung der Wahlbeteiligung bei den Sozialwahlen ermöglicht wird.

3. Nutzen der Selbstverwaltung stärken: Widerspruchausschüsse profilieren

Es hat sich gezeigt, dass vor allem die Arbeit der Widerspruchsausschüsse das besondere Interesse der Selbstverwalter:innen trifft (vdek 2018: 27). Denn auf diesem Wege sehen sie die Möglichkeit, unmittelbare Interessenkonflikte zwischen den Versicherten und den Kassen zu bearbeiten, aufzulösen oder zu befrieden. Aus dieser Perspektive wird deshalb auch gefordert, diesen Aspekt der versichertenorientierten Arbeit in der Selbstverwaltung stärker herauszustellen.

4. Abbau von Repräsentationslücken und Integration von Betroffeneninteressen aus dem Patienten-/Selbsthilfebereich

Um den Abbau von Repräsentationslücken zu realisieren und eine umfassendere Integration von Interessen in die Arbeit der Selbstverwaltung zu erreichen, ist auch eine stärkere Einbindung von Vertreter:innen der Patienten- und Sozialverbände in die bestehenden Strukturen nötig. Zu diesem Zweck könnten auch Betroffene von Maßnahmen als »Expert:innen in eigener Sache« durch Forcierung regelmäßiger Beratertreffen und Hearings eingebunden werden. Zugleich ist die Frauenquote weiter zu steigern. Aktuell sollen Frauen bei der Aufstellung der Vorschlagslisten zu mindestens 40 % berücksichtigt werden – eine Quote, die noch steigerungsfähig ist.

5. Revitalisierung der Sozialwahl

In enger Verbindung zur Stärkung der Öffentlichkeitsarbeit steht eine Revitalisierung der Sozialwahl, um nicht zuletzt eine höhere Wahlbeteiligung zu erreichen. Dazu muss zum einen die Bekanntheit der Wahl gestärkt werden, beispielsweise durch eine offensive Wahlkampagne mit Wahlwerbesendungen. Zum anderen sollte die Transparenz der Listen und die der Mandatsträger:innen erhöht werden. Förderlich ist dafür ein Verbot von Wahllisten mit Kassennamen und ein Abbau von Anforderungen an die Aufstellung von Kandidat:innen. Ein besonderes Augenmerk liegt darauf, die Listen auch für jüngere Akteur:innen attraktiver zu machen und damit sowohl eine höhere Wahlbeteiligung als auch mehr Mitarbeit in den Gremien selbst zu bewirken.

Diese – keineswegs abschließende – Aufzählung der Reformvorschläge in der politischen Debatte verdeutlicht die Bandbreite der Möglichkeiten für eine Stärkung und Revitalisierung der Sozialen Selbstverwaltung. Zuletzt zeigte der Gesetzgeber ein gesteigertes Interesse an diesem Ziel und lieferte vor allem mit dem »Gesetz zur [...] Modernisierung der Sozialversicherungswahlen« eine wichtige Grundlage zur Umsetzung erster Reformpunkte. Dennoch sorgt die Gesetzgebung auch für neue Herausforderungen für die Selbstverwalter:innen. Beispielsweise tun sich vor allem die Arbeitgeber-Listen mit der Realisierung der Frauenquote und der Freistellung vom Arbeitsplatz für Sitzungen im Rahmen der Selbstverwaltung besonders schwer.

Fazit: Selbstverwaltung im deutschen Sozialstaat

Die Selbstverwaltung in den deutschen Sozialversicherungen ist ein Institut gelebter Demokratie. Doch zugleich ist diese Form der bereichsspezifischen Selbstorganisation umstritten und aufgrund des begrenzten Einflusses wenig attraktiv. Insofern ist die Suche nach den Potentialen dieses Instituts eine stete Aufgabe und Herausforderung.

Wie sich die Selbstverwaltung als Steuerungsinstanz entwickelt, hängt auch von den weiteren Weichenstellungen im politischen Raum ab. Sollte sich beispielsweise im Bereich der Krankenversicherungen ein Finanzierungsmodell durchsetzen, das nicht mehr auf die Erwerbsarbeit rekurriert, sondern primär auf Steuern, so hätte dies auch Auswirkungen auf die Legitimationsbasis der Selbstverwaltung. Von Relevanz ist auch, dass die Sozialversicherungssysteme im europäischen Integrationsmodell noch einen Sonderstatus als Non-Profit-Unternehmen genießen. Sollte ihr solidarischer Charakter verloren gehen, würden sie auch europarechtlich der Sphäre des Marktes zugerechnet und steuerrechtlich als normale Unternehmen behandelt. Die hier vorgetragenen Überlegungen lassen sich wie folgt zusammenfassen:

1. Die Selbstverwaltung in den Sozialversicherungen ist ursprünglich vor allem deshalb eingeführt worden, um integrativ und sozial befriedend die Klassenkonflikte im Kaiserreich zu entschärfen. Die partizipativen, sozial ausgleichenden und symbolischen Aspekte der Sozialpartnerschaft haben im Laufe der Jahre an Bedeutung für die Akzeptanz der Selbstverwaltung verloren.
2. Im Ergebnis führen sowohl verstärkte Tendenzen von Staatsnähe als auch solche von Vermarktlichung dazu, dass sich die Bedeutung und die Funktionen der Selbstverwaltung in den Sozialversicherungen verändern. Diese Entwicklung hat ambivalente Auswirkungen auf die Handlungskorridore der Selbstverwaltung. Einerseits werden die marktbezogenen Mitentscheidungsmöglichkeiten der Selbstverwalter:innen im Sinne effizienzbezogener Haushaltsstrategien der Kassen gestärkt. Andererseits sind politische Ziele im Sinne einer be-

darfsbezogenen Agenda schwerer realisierbar, es sei denn, dass sie mit den Zielen des Wettbewerbs vereinbar sind.

3. Solange Sozialversicherungen sich von staatlichen und unternehmerischen Einheiten unterscheiden, werden sie auch spezifische Steuerungsmodi benötigen, um diese exklusive Stellung als eher »genossenschaftliche Unternehmen« im Markt (mit politischem und gesellschaftlichem Auftrag) ausfüllen zu können. Aus dieser Perspektive ist die Soziale Selbstverwaltung ein zusätzlicher und notwendiger Beteiligungs- und Steuerungsmodus, der dieser Spezifik entspricht, indem er gesellschaftliche Beteiligung und Legitimation wie auch Effizienz und Kontrolle verbessert.

4. Vor diesem Hintergrund ist es notwendig und auch möglich, neue normative und funktionale Begründungen sowie Ziele für die Institution der Selbstverwaltung unter veränderten Bedingungen zu finden. Denkbar ist auch, dass mit der gesellschaftlichen Revitalisierung des Themas »soziale Sicherheit« und der Zunahme von Verteilungskonflikten die sozial ausgleichende Begründung, Friktionen in den Sozialversicherungen abzubauen und Legitimation zu stiften, wieder eine größere Bedeutung dafür erlangen kann. Sollte jedoch die paritätische, beitragsbezogene Finanzierung zurückgehen und die steuerfinanzierte Basis der Sozialversicherungen weiter an Bedeutung gewinnen, so kann dies auch nachhaltige Auswirkungen auf die Legitimation und Rekrutierung der Selbstverwaltung nach sich ziehen. Insofern sind nicht nur die gestiegenen steuerlichen Anteile in den Sozialversicherungen eine Herausforderung, sondern auch die Debatten über das bedingungslose Grundeinkommen.

5. Seit Jahren wird ein Bedeutungsverlust der klassischen, semiprofessionellen Selbstverwaltung festgestellt. Zugleich nähert sich die Arbeit der Selbstverwaltungen dem Funktionsmodell des Aufsichtsrats an. Ob dies jedoch zwangsläufig eine weitere Professionalisierung der Arbeit in der Selbstverwaltung nach sich zieht, ist noch offen. Einerseits führt die Tatsache, dass die Zahl der Selbstverwaltungen und damit der Selbstverwalter:innen abgenommen hat, dazu, dass es einfacher wird, die dafür notwendigen Personen zu finden. Andererseits lässt sich allerdings auch feststellen, dass der Stellenwert dieser ehrenamtlichen Arbeit in den Verbänden nachgelassen hat. Um diesen ne-

gativen Entwicklungen für die klassische Selbstverwaltungsarbeit der Versicherten zu begegnen, werden Verbesserungen in folgenden Feldern diskutiert: Sozialwahlen, Öffentlichkeitsarbeit und Rekrutierung ehrenamtlicher Verwaltungsräte, Qualifizierung und Vernetzung der Mitglieder von Selbstverwaltungsorganen mit anderen gesellschaftlichen Initiativen. Verbesserungen hier würden nicht zuletzt auch die Kompetenzen der Selbstverwalter:innen stärken.
6. Da sich neben den Vertreter:innen der Beschäftigten und der Arbeitgeber:innen auch Leistungsempfänger:innen und Betroffenengruppen (Selbsthilfe- und Patientengruppen) stärker um Einfluss im Bereich der Selbstverwaltungen bemühen, ist auf Seiten der Versicherten auch von mehr Interessenvielfalt, Wettbewerb und Friktionen zwischen den Gruppen auszugehen. Eine weitere Herausforderung für die Selbstverwaltungsarbeit besteht also auch darin, die gesellschaftliche Ausdifferenzierung der unterschiedlichen Interessen aufzunehmen und sich für deren Integration zu engagieren. Andersfalls können Repräsentationslücken dazu beitragen, die Legitimationsschwäche der Sozialen Selbstverwaltung weiter zu vertiefen.

Aus alledem ergibt sich folgendes Resümee: Auf der einen Seite ist ein Substanzverlust der Sozialen Selbstverwaltung erkennbar, der sich vor allem an abnehmenden Mitbestimmungsmöglichkeiten der Selbstverwalter:innen ablesen lässt. In diesem Sinne benötigt die Selbstverwaltung wieder stärkere Möglichkeiten der Gestaltung. Anlass zur Hoffnung bieten der pragmatische Wille des Gesetzgebers, die Beteiligung von Frauen zu bewerben und mit der Online-Wahl eine höhere Wahlbeteiligung zu erreichen. Beides könnte die Legitimation der Selbstverwaltung befördern. Aber ohne substantielle Verbesserungen im Bereich der Entscheidungskompetenzen werden diese Initiativen eher Placeboeffekte zur Folge haben. Denn ohne substantielle Mitentscheidungspotentiale kann kaum von einer »Sozialen Selbstverwaltung« die Rede sein.

Der Staat kann heute weniger stark als vor der deutschen Einheit auf die Verbände von Arbeit und Kapital rekurrieren. Zugleich orientiert er sich im Zuge gesellschaftlicher Ausdifferenzierung und damit einhergehender Ansprüche anderer gesellschaftlicher Gruppen und Interessen daran, jene Gruppen stärker einzubinden, die ihre Ansprüche besonders pointiert und spezialisiert stellen. Dazu zählen vor allem die vielfältig organisierten und vernetzten Patientengruppen. Damit ist jedoch die Rolle der ursprünglich tragenden Kräfte aus dem organisierten Konfliktbereich von Arbeit und Kapital nicht erloschen. Im Gegenteil: Da sie nach wie vor jene Gruppen repräsentieren, die das größte Gewicht und am stärksten das Allgemeine verkörpern, liegt es an ihnen, Brücken zu den spezialisierten Interessen aufzubauen. Zugleich könnten sie mit diesen in neue Bündnisse einsteigen bzw. sich als Konfliktpartner im Sinne eines Ausgleiches zwischen der Logik des Allgemeinen und der Logik des Besonderen (Reckwitz 2018) mit deren Ansprüchen auseinandersetzen.

Die Akteursvielfalt innerhalb der Gesellschaft ist gewachsen. Dies sollte sich auch innerhalb der Selbstverwaltung widerspiegeln, wenn sie weiterhin im Sinne gesellschaftlicher Repräsentativität und Legitimität wirken will. Tatsächlich ist die Selbstverwaltung pluraler denn je. Dies bietet durchaus Möglichkeiten, das Verhältnis von Mehrheits- und Minderheitsinteressen in ein demokratisch und sozial ausbalanciertes Verhältnis zu bringen. In diesem Sinne kann die Selbstverwaltung auch in Zukunft eine wichtige Plattform sein, um den gesellschaftlichen Bedarf in den Sozialversicherungen abzubilden und sie demokratisch abzusichern.

Literatur

Bundesvereinigung der Deutschen Arbeitgeberverbände (BDA) 2004: Aufsichtsfunktion stärken – Autonomie erweitern. Positionspapier zur Reform der Sozialen Selbstverwaltung. Berlin.
Bode I. 2005: Von Bürokraten zu Managern? Identitätsmanagement im Organisationswandel von Krankenkassen. In: Arbeit 3/2005: 191–205.
Bundesbeauftragte für die Sozialwahlen (BfS) 2018: Schlussbericht der BfS zu den Sozialwahlen 2017. Berlin.
DGB 2012: Soziale Selbstverwaltung systemgerecht weiterentwickeln. Anforderungen des DGB an die Reform der Sozialen Selbstverwaltung. Online: www.dgb.de/themen/++co++d9a0a81a-2a5a-11e2-a60c-00188b4dc422 [Zugriff: 19.01.2020].

Gerlinger T. 2002: Korporatismus und Wettbewerb als Instrumente politischer Steuerung im Gesundheitswesen. Wissenschaftszentrum Berlin für Sozialforschung, Arbeitsgruppe Public Health, Discussion Paper P 02-204. Berlin.

Reckwitz A. 2018: Die Gesellschaft der Singularitäten. Zum Strukturwandel der Moderne. 5. Aufl. Berlin.

Schroeder W. 2020: Strukturwandel und Mehrwert der Sozialen Selbstverwaltung im deutschen Sozialstaat am Beispiel der gesetzlichen Krankenkassen. In: Hofmann M./Spiecker I./Wallrabenstein A. (Hrsg.): Mehrwert der Selbstverwaltung. Frankfurt a. M./New York: 105–130.

SPD / Bündnis 90/Die Grünen / FDP 2021: Mehr Fortschritt wagen. Bündnis für Freiheit, Gerechtigkeit und Nachhaltigkeit. Online: https://www.bundesregierung.de/resource/blob/974430/1990812/04221173eef9a6720059cc353d759a2b/2021-12-10-koav2021-data.pdf [Zugriff: 06.02.2022].

Verband der Ersatzkassen e. V. (vdek) 2018: Was uns antreibt. Engagiert in der Selbstverwaltung. Eine Befragung von Selbstverwalterinnen und Selbstverwaltern der Ersatzkassen. Online: www.soziale-selbstverwaltung.de/fileadmin/user_upload/Studie_Kernergebnisse.pdf [Zugriff: 19.01.2020].

Die Zukunft der Sozialen Selbstverwaltung

Peter Weiß, Amtierender Bundeswahlbeauftragter für die Sozialversicherungswahlen

Das gegliederte Sozialversicherungssystem in Deutschland mit seinen Trägern der Arbeitslosen-, der Kranken-, der Renten- und der Unfallversicherung, die jeweils über eigene Selbstverwaltungsorgane verfügen, zeigt sich bis zum heutigen Tag als außergewöhnlich leistungsstark. Die Sozialversicherungsträger garantieren ein hohes Maß an sozialer Sicherheit und sind tragende Säulen eines gut organisierten sozialen Netzes in Deutschland.

Das Etablieren eines solches Systems von Sozialversicherungen mit Selbstverwaltung war keinesfalls selbstverständlich. Reichskanzler Otto von Bismarck wollte die Sozialversicherungen als staatliche Organisationen mit Steuerfinanzierung einführen – ein Projekt, dass er mit der Kaiserlichen Botschaft von 1881 auf den Weg brachte. Für sein Reformprojekt benötigte er jedoch die Unterstützung und Zustimmung des Reichstages. Dort bestanden vor allem die Zentrumsfraktion, aber auch Abgeordnete aus dem liberalen und dem konservativen Lager auf einer staatsferneren Lösung. So setzte sich das Konzept einer sozialen Absicherung der großen Lebensrisiken nach dem Versicherungsprinzip und mit einer Selbstverwaltung durch.

Die Selbstverwaltung mit Repräsentant:innen der Versicherten und der Arbeitgeber ist heute ein unverzichtbares Strukturelement bei der Bundesagentur für Arbeit (Arbeitslosenversicherung) sowie bei der gesetzlichen Renten-, Kranken- und Unfallversicherung.

Die Sozialversicherungsträger haben ganz wesentlich zum Erfolg des sozialen Netzes in Deutschland beigetragen. Ihre Verlässlichkeit basiert auch auf dem Verantwortungsbewusstsein und dem Engagement der Selbstverwaltungen mit gewählten Vertreter:innen der Versicherten und der Arbeitgeber.

Kann die Soziale Selbstverwaltung ihren Erfolgsweg auch in der Zukunft fortsetzen? Unbedingt: Ja! Aber dazu müssen Selbstverwaltung und Sozialwahl moderner, offensiver und profilierter werden. Also: Sie müssen also ihr etwas angestaubtes Image abstreifen und ihren Bekanntheitsgrad deutlich erhöhen.

Die gesetzlichen Neuregelungen der letzten Jahre geben dazu geeignete Vorlagen. Die Sozialwahl wird ein Modernisierungstreiber: Erstmals wird 2023, vorerst nur im Bereich der Krankenkassen, das Online-Wählen als Alternative zur Briefwahl praktiziert werden. Der Erfolg dieses Modellprojekts wird darüber entscheiden, ob künftig auch bei anderen Wahlen Online-Voting möglich wird. Die Sozialwahl setzt also die Maßstäbe für die Zukunft.

Zum ersten Mal gibt es bei einer bundesweiten öffentlichen Wahl eine gesetzlich verbindliche Geschlechterquote von 40 % bei den Wahllisten. Frauen werden mehr denn je die Gremien der Selbstverwaltung erobern.

Wird die Versicherung als eine Versichertengemeinschaft oder lediglich als fremde Institution gesehen, an die man einen Teil des Lohnes abführen muss? Die Zukunft der Sozialen Selbstverwaltung hängt von der Frage ab, ob diese bei den Versicherten wieder mehr Ansehen und Wertschätzung gewinnt. Mehr bürgerschaftliches Engagement, mehr Bürgerbeteiligung, mehr Demokratie – das sind die Forderungen unserer Zeit. Die Soziale Selbstverwaltung macht all dies möglich. Doch sie muss ihr Potenzial auch in die Praxis umsetzen und ihr Wirken in die Öffentlichkeit tragen. Die Alternative zur Sozialen Selbstverwaltung wäre staatlicher Dirigismus.

Ein weiteres Thema, das sich aufdrängt, ist die Frage der Kompetenzen der Sozialen Selbstverwaltung. Letztlich entscheidet sich an dieser Frage die Zukunft der Sozialen Selbstverwaltung. Es bedarf einer Trendumkehr, wie sie schon im Schlussbericht über die Sozialwahlen 2011 der damalige Bundeswahlbeauftragte für die Sozialversicherungswahlen, Gerald Weiß, und sein Stellvertreter Klaus Kirschner gefordert haben (Bundeswahlbeauftragte für die Sozialversicherungswahlen 2012: 215): »Die Tendenz der letzten Jahrzehnte, die der Selbstverwaltung zunehmend Kompetenzen entzogen hat, sollte gestoppt und umgekehrt werden. Der Selbstverwaltung sollten wieder mehr Rechte übertragen und diese damit gestärkt werden.«

Gerald Weiß hat damals ein interessantes politisches »Koppelungsgeschäft« vorgeschlagen, das ich gerne wieder aufgreifen würde: Die bisher bestehende Möglichkeit einer »Wahl ohne Wahlhandlung« (§ 46 Abs. 2 SGB IV), die sogenannte Friedenswahl, solle künftig nicht mehr zur Anwendung kommen. Bei allen Sozialversicherungsträgern solle eine Wahl durch die Versicherten erfolgen. Im Gegenzug solle der Gesetzgeber der Selbstverwaltung wieder mehr Kompetenzen und Zuständigkeiten übertragen. Über diese Idee sollte in der Tat nochmals ernsthaft diskutiert werden. Mehr Wahlen und mehr Gestaltungsmacht – beides würde die Sozialwahlen und die Selbstverwaltung deutlich aufwerten. Ein erster Schritt wurde bereits unternommen: Die Zahl der Unterstützerunterschriften für die Einreichung einer Liste zur Sozialwahl wurde gesenkt. Das sollte den Mut derer beflügeln, die vielleicht mit neuen Listen erstmals zu einer Sozialwahl antreten wollen.

Gerald Weiß und Klaus Kirschner haben im Schlussbericht 2011 auch konkrete Vorschläge unterbreitet, welche Kompetenzen der Selbstverwaltung wieder gestärkt oder neu verankert werden könnten. Für den Bereich der gesetzlichen Krankenkassen haben sie damals unter anderem vorgeschlagen:

- die Rückkehr zur vollen Finanzautonomie unter Berücksichtigung des morbiditätsorientierten Risikostrukturausgleichs (Morbi-RSA) und des Finanzkraftausgleichs und
- die Verpflichtung der Vorstände der Krankenkassen, ihren Verwaltungsräten regelmäßig über Behandlungsfehler und über Maßnahmen für die hiervon betroffenen Versicherten zu berichten.

Für den Bereich der gesetzlichen Rentenversicherung machten sie folgende Vorschläge:

- Die Festsetzung des Beitragssatzes zur Rentenversicherung sollte künftig in einem gestuften Verfahren stattfinden, in das die Selbstverwaltung der Deutschen Rentenversicherung mit beratender Stimme eingebunden wird.

- Die Selbstverwaltung sollte die Voraussetzungen zur Rehabilitation und die jährliche Festsetzung des Umfangs des medizinisch notwendigen Reha-Budgets selbst festlegen.
- Die Selbstverwaltung sollte an der Festsetzung der Mindest- und Höchstgrenzen für die Nachhaltigkeitsrücklage der Rentenversicherung beteiligt werden.

Die politisch Verantwortlichen in Regierungen und Parlamenten müssen sich immer wieder klarmachen, dass auch sie ein grundsätzliches Interesse an einer starken Selbstverwaltung haben. Viele Angelegenheiten des Verwaltungsalltags der Träger fangen die Selbstverwaltungen auf. Die Politik kann froh sein, dass sie in diesen Fragen nicht der erste Ansprechpartner ist.

Die Politik sollte durch Akte der Wertschätzung deutlich machen, wie wichtig ihr das Engagement der Selbstverwalter:innen ist. Zugleich müssen die Selbstverwaltungen dafür sorgen, dass ihre Arbeit in den eigenen Medien der Träger gebührend dargestellt wird.

Die öffentlich-rechtlichen Medien besitzen einen Bildungsauftrag, den sie in Sachen Selbstverwaltung leider nicht nachkommen. Auch das muss sich ändern.

Besonders schwach verbreitet ist das Wissen über die Soziale Selbstverwaltung bei jungen Leuten. Künftig sollte es zum Bildungsauftrag jeder weiterführenden Schulart gehören, über das Sozialversicherungssystem – einschließlich der Selbstverwaltungen – zu informieren. Das Thema Sozialversicherungen und Soziale Selbstverwaltung muss verpflichtend in die Bildungspläne. Selbstverwalter:innen sind auch sachkundige Personen, die man in den Unterricht einladen kann. Das sollte offensiv angeboten werden.

Trotz aller Widrigkeiten steht für mich fest: Die Soziale Selbstverwaltung wird eine erfolgreiche Zukunft haben. Aber hierfür müssen sich Politik und Selbstverwaltungen noch kräftig ins Zeug legen.

Literatur

Bundeswahlbeauftragte Sozialversicherungswahlen 2012: Schlussbericht zu den Sozialwahlen 2011. Berlin.

Anhang

Die Autorinnen und Autoren

Bernard JM Braun, Dr. rer. pol., ist Sozial- und Gesundheitswissenschaftler und assoziiertes Mitglied des SOCIUM der Universität Bremen. Forschungsschwerpunkte: Gesundheitspolitikfolgenforschung, Gesundheitsberichterstattung mit GKV-Routinedaten und Befragungen, Repräsentation der Interessen von GKV-Versicherten durch Selbstverwaltung, patientenorientierte Versorgungsforschung u. a. zur Krankenhausversorgung und kieferorthopädischen Behandlung von Kindern. Seit 2005 Herausgeber und Mitautor der gesundheitswissenschaftlichen Website http://www.forum-gesundheitspolitik.de/.

Anke Fritz ist examinierte Krankenschwester, ausgebildete verhaltenstherapeutische Co-Therapeutin und Fachwirtin im Gesundheits- und Sozialwesen. Seit 2006 ist sie als kaufmännische Leiterin in einer auf psychische und psychiatrische Erkrankungen spezialisierten Reha-Klinik tätig. Als gewählte Versichertenvertreterin ist sie seit 2011 Mitglied des Verwaltungsrates der Kaufmännischen Krankenkasse – KKH.

Nadin Fromm, Dr. rer. pol., ist wissenschaftliche Mitarbeiterin am Lehrstuhl für Public Management im Fachbereich Wirtschaftswissenschaften der Universität Kassel. In ihrer Forschung befasst sie sich insbesondere mit Fragen der Politisierung der Verwaltung, der Ministerialelitenforschung und der Digitalisierung der öffentlichen Verwaltung, etwa am Beispiel der Online-Wahl bei den Sozialwahlen.

Harry Fuchs, Dr. phil., ist Verwaltungs und Rehabilitationswissenschaftler und Honorarprofessor am Fachbereich Kultur- und Sozialwissenschaften der Hochschule Düsseldorf. Er war Abteilungsleiter Sozialversicherung, Kassenarzt- und Kassenzahnarztrecht des Sächsischen Staatsministeriums für Soziales, Familie und Gesundheit sowie Stellvertreter des Präsidenten des Landesamtes für Jugend, Soziales und Versorgung des Landes Rheinland-Pfalz. 29 Jahre lang war er Mitglied der Selbstverwaltung einer Ersatzkrankenkasse.

Thomas Gerlinger ist Professor und Leiter der Arbeitsgruppe Gesundheitssysteme, Gesundheitspolitik und Gesundheitssoziologie an der Fakultät für Gesundheitswissenschaften der Universität Bielefeld. Arbeitsschwerpunkte: Gesundheitspolitik und Gesundheitssystem(e) in Deutschland und im internationalen Vergleich.

Ulrike Hauffe war Landesbeauftragte für Frauen des Landes Bremen. Seit 2005 ist sie Verwaltungsratsmitglied, seit 2017 stellvertretende Verwaltungsratsvorsitzende der Barmer und ebenfalls seit 2017 für alle Selbstverwalterinnen und Selbstverwalter der gesetzlichen Krankenkassen Mitglied im beschlussfassenden Plenum des Gemeinsamen Bundesausschuss (G-BA). Sie ist ferner Mitglied der AG des Nationalen Gesundheitsziels »Gesundheit rund um die Geburt«, Mitglied im Arbeitskreis Frauengesundheit in Medizin, Psychotherapie und Gesellschaft (AKF) und Ehrenmitglied der Deutschen Gesellschaft für Psychosomatische Frauenheilkunde und Geburtshilfe (DGPFG).

Claudia Maria Hofmann ist Professorin für Öffentliches Recht und Europäisches Sozialrecht mit Schwerpunkt in der interdisziplinären Sozialrechtsforschung an der Europa-Universität Viadrina Frankfurt (Oder).

Armin Höland ist Professor im Ruhestand an der Juristischen und Wirtschaftswissenschaftlichen Fakultät der Martin-Luther-Universität Halle-Wittenberg. In seiner Forschung befasst er sich mit Fragen der Wirkungen von Arbeits-, Sozial- und Zivilrecht in der Rechtswirklichkeit. Hinzu kommen Untersuchungen des Handelns von Personen und Institutionen in den genannten Rechtsgebieten.

Elvisa Kantarevic ist stellvertretende Geschäftsführerin und kaufmännische Leiterin einer Bildungs- und Beratungsorganisation, die Projekte und Programme in den Bereichen Internationales, Fachkräftesicherung, Diversity und Politische Bildung durchführt. Seit 2017 ist sie Mitglied im Verwaltungsrat, seit 2021 zugleich Mitglied im Hauptausschuss der Hanseatischen Krankenkasse (HEK).

Luise Klemens ist Landesbezirksleiterin der Vereinten Dienstleistungsgewerkschaft ver.di in Bayern. Seit 2012 ist sie Mitglied im Verwaltungsrat der DAK-Gesundheit, seit 2017 führt sie die Fraktion aus ver.di, Arbeitsgemeinschaft Christlicher Arbeitnehmer-Organisationen (ACA) und IG Metall. Sie ist außerdem Mitglied im Rundfunkrat des Bayerischen Rundfunks und Aufsichtsrätin bei der Bayernwerk AG.

Uwe Klemens ist Sozialversicherungsfachangestellter und war Landesbezirksleiter von ver.di in Rheinland-Pfalz. Seit 28 Jahren ist er in der Selbstverwaltung aktiv, erst bei der Barmer, seit 2014 bei der Techniker Krankenkasse (TK). Seitdem ist er auch Mitglied des Gesamtvorstandes des Verbandes der Ersatzkassen (vdek), seit 2016 ist er ehrenamtlicher Verbandsvorsitzender. Dem GKV-Spitzenverband steht er seit 2015 als alternierender Verwaltungsratsvorsitzender vor.

Tanja Klenk, Dr. rer. pol., ist Professorin für Verwaltungswissenschaft an der Helmut-Schmidt-Universität Hamburg. In ihrer Forschung befasst sie sich mit der Governance und Organisation des Sozialstaats. Sie hat sich in zahlreichen Publikationen mit Fragen der Reform der sozialen Selbstverwaltung und der sozialen Selbstverwaltung im europäischen Vergleich auseinandergesetzt. Einen weiteren Schwerpunkt ihrer Forschung bildet die Digitalisierung in Staat und Verwaltung.

Winfried Kluth, nach dem Studium der Rechtswissenschaft und Geschichte 1987 Promotion an der Universität Münster und 1996 Habilitation an der Universität zu Köln. Seit 1999 Inhaber eines Lehrstuhls für Öffentliches Recht an der Universität Halle-Wittenberg. 2000 bis 2014 Richter am Landesverfassungsgericht Sachsen-Anhalt. Forschungsschwerpunkte im deutschen und europäischen Parteien- und Parlamentsrecht, dem Öffentlichen-Wirtschaftsrecht, dem Migrationsrecht, dem Gesundheitsrecht, zu Fragen des gesellschaftlichen Zusammenhalts.

Hans-Jürgen Papier, Studium der Rechtswissenschaften in Berlin, 1967 erstes Staatsexamen, 1971 zweites Staatsexamen. 1970 Promotion, 1973 Habilitation. 1974–1991 Professur an der Universität Bielefeld und Mitbegründer und Erster Leiter des Instituts für Umweltrecht; 1977–1987 Richter am Oberverwaltungsgericht NRW, 1992–2011 Professur für Deutsches und Bayerisches Staats- und Verwaltungsrecht sowie öffentliches Sozialrecht an der LMU München. 1998 Berufung zum Richter des Bundesverfassungsgerichts als Vizepräsident und Vorsitzender des 1. Senats; 2002–2010 Präsident des Bundesverfassungsgerichts. Seit 2011 emeritiert.

Rita Pawelski ist gelernte Kontoristin und hat als Sparkassenangestellte und freie Journalistin gearbeitet. Von 1990 bis 2002 war sie für die CDU Abgeordnete des niedersächsischen Landtages und anschließend von 2002 bis 2013 des Deutschen Bundestages, wo sie unter anderem im Ausschuss für Wirtschaft und Technologie mitarbeitete. Von 2015 bis 2021 wirkte sie als Bundeswahlbeauftragte für die Sozialversicherungswahlen. Ihr Stellvertreter in diesem Amt war der frühere SPD-Bundestagsabgeordnete Klaus Wiesehügel.

Hartmut Reiners ist Ökonom und war Referatsleiter in den Gesundheitsministerien von Nordrhein-Westfalen und Brandenburg. Er hat alle Gesundheitsreformen zwischen 1988 und 2010 begleitet und war Mitglied der Enquete-Kommission zur Strukturreform der gesetzlichen Krankenversicherung. Heute arbeitet er als Publizist und hat mehrere Bücher zur Gesundheitspolitik geschrieben, u. a. »Mythen der Gesundheitspolitik« und »Geschichte der Gesundheitsreformen« (zusammen mit Franz Knieps).

Katrin Schöb ist in der Personalverwaltung der Anstalt für Kommunale Datenverarbeitung in Bayern (AKDB) tätig und seit 2011 ehrenamtlich aktiv. Sie ist Versichertenvertreterin im Verwaltungsrat der Techniker Krankenkasse (TK) sowie Mitglied des Verwaltungsrates des Medizinischen Dienstes Bayern und in der Mitgliederversammlung des Verbandes der Ersatzkassen (vdek).

Christian Schreiner, MPA, ist Mitarbeiter eines Trägers der gesetzlichen Rentenversicherung. Er absolvierte zunächst ein Duales Studium mit dem Abschluss Bachelor of Laws Sozialverwaltung – Rentenversicherung und schloss das berufsbegleitende Studium zum Master of Public Administration an der Universität Kassel ab. Für seine Masterarbeit »Sozialwahlen in der Krise: E-Democracy als Chance?« wurde ihm durch die Universität Kassel der Masterarbeitspreis verliehen.

Dieter Schröder ist gelernter Betriebswirt und war Geschäftsführer eines Wasserverbandes. Seit 1983 engagiert er sich im Verwaltungsrat der DAK-Gesundheit, seit 2017 ist er dessen Vorsitzender. Darüber hinaus ist er stellvertretender Vorsitzender des Verbandes der Ersatzkassen e. V. (vdek) und Mitglied im Verwaltungsrat des Spitzenverbandes der gesetzlichen Krankenversicherung (GKV-Spitzenverband).

Wolfgang Schroeder ist Professor für das politische System der Bundesrepublik Deutschland an der Universität Kassel und Fellow am Wissenschaftszentrum Berlin (WZB). Seine Arbeitsschwerpunkte sind Sozialpolitik, Demokratie, Verbände, politisches System sowie Wirtschaftspolitik.

Jürgen Schuder ist gelernter Elektriker und diplomierter Elektroingenieur. Er arbeitet als Ingenieur für Hochspannungs-Schaltanlagen in einem Unternehmen, das Übertragungsnetze betreibt. 2005 schloss er sich der Selbstverwaltung in der Hanseatischen Krankenkasse (HEK) an. Seit April 2019 ist er stellvertretender Vorsitzender und seit 2021 Vorsitzender des HEK-Verwaltungsrates.

Roland Schultze ist pensionierter Sparkassenangestellter. Seit über 30 Jahren ist er Versichertenvertreter in der Sozialen Selbstverwaltung. Seit 1993 ist er als alternierender Vorsitzender in einem Widerspruchsausschuss der Handelskrankenkasse (hkk) aktiv. Daneben war er auch jahrelang in einem Widerspruchsausschuss der Deutschen Rentenversicherung Bund tätig. Seit 2011 ist er alternierender Vorsitzender des Verwaltungsrates der hkk. Zusätzlich vertritt er die hkk in verschiedenen Gremien des Verbandes der Ersatzkassen und im GKV-Spitzenverband.

Tim Szent-Ivanyi studierte 1987 bis 1992 Informatik an der TU Dresden mit Spezialisierung Künstliche Intelligenz. 1993/1994 Volontariat bei der Nachrichtenagentur Reuters in Bonn, danach Korrespondent in Berlin für die neuen Länder. Ab 1999 Berichterstattung über die Finanzpolitik der Bundesregierung. 2001–2018 Parlamentskorrespondent der Berliner Zeitung (später zusätzlich Frankfurter Rundschau und DuMont-Titel), u. a. für Gesundheitspolitik. Seit 2018 Korrespondent im Hauptstadtbüro des RedaktionsNetzwerks Deutschland (RND), das über 60 Zeitungstitel mit einer täglichen Auflage von mehr als 2,3 Millionen Exemplaren beliefert. Zuständig für Gesundheits-, Finanz- und Entwicklungspolitik. Seit 2014 Mitglied im Vorstand der Bundespressekonferenz.

Anne Thomas, Dr. jur., LL.M, ist Referatsleiterin bei der Bundesvereinigung der Deutschen Arbeitgeberverbände (BDA) und mit Gesundheitspolitik befasst. Seit 2012 ist sie in der Sozialen Selbstverwaltung der gesetzlichen Krankenkassen als Arbeitgebervertreterin in verschiedenen Ämtern aktiv, unter anderem bei der Techniker Krankenkasse (TK) und beim GKV-Spitzenverband.

Peter Weiß ist der Bundeswahlbeauftragte für die Sozialversicherungswahlen. Er wurde 2021 von Bundesarbeits- und -sozialminister Hubertus Heil für die bis 2027 dauernde Amtszeit bestellt. Der Bundeswahlbeauftragte ist nicht an Weisungen gebunden. Herr Weiß war von 1998 bis 2021 Mitglied des Deutschen Bundestages und zuletzt Vorsitzender der Arbeitsgruppe Arbeit und Soziales der CDU/CSU-Bundestagsfraktion. Seine Stellvertreterin ist Doris Barnett (SPD), ehemalige Abgeordnete des Bundestages.

Felix Welti ist Professor am Fachbereich Humanwissenschaften der Universität Kassel und leitet das Fachgebiet Sozial- und Gesundheitsrecht, Recht der Rehabilitation und Behinderung. Er ist Sprecher des Forschungsverbundes für Sozialrecht und Sozialpolitik (FoSS) der Universität Kassel und der Hochschule Fulda. Seit 2010 ist er ehrenamtlicher Richter am Bundessozialgericht. Er untersucht die genannten Rechtsgebiete rechtsdogmatisch und rechtstatsächlich mit einem besonderen Interesse für den Zugang zum und die Mobilisierung von Recht.

Thomas Wüstrich ist Professor für Volkswirtschaftslehre an der Universität der Bundeswehr München. Zu seinen Forschungsschwerpunkten zählt die Ordnungs- und Steuerungsökonomik sozialer Sicherungssysteme, insbesondere der sozialen Krankenversicherung.